호주선교사

The Australian Missionary in Korea - Andrew Adamson, Belle Menzies, Agnes Brown, Mary Kelly, Alice Niven

앤드류 아담슨
•
벨레 멘지스
•
아그네스 브라운
•
메리 켈리
•
엘리스 니븐

울산 병영교회 설립 130주년 기념도서

호주선교사 앤드류 아담슨, 벨레 멘지스, 아그네스 브라운, 메리 켈리, 엘리스 니븐

편 역 자 · 양명득
발 행 인 · 서진교
발 행 처 · 울산 병영교회

펴 낸 이 · 성상건
펴 낸 날 · 2024년 9월 2일
펴 낸 곳 · 도서출판 나눔사
주　　소 · (우) 10270 경기도 고양시 덕양구 푸른마을로 15
　　　　　301동 1505호
전　　화 · 02)359-3429　팩스 02)355-3429
등록번호 · 2-489호(1988년 2월 16일)
이 메 일 · nanumsa@hanmail.net

ISBN 978-89-7027-866-7 03230

값 18,000원

The Australian Missionary in Korea
Andrew Adamson, Belle Menzies, Agnes Brown, Mary Kelly, Alice Niven

Editor & Translator: Myong Duk Yang
Publication: Ulsan Byeongyeong Church
Date: September 2, 2024

호주선교사

The Australian Missionary in Korea - Andrew Adamson, Belle Menzies, Agnes Brown, Mary Kelly, Alice Niven

앤드류 아담슨
•
벨레 멘지스
•
아그네스 브라운
•
메리 켈리
•
엘리스 니븐

양명득 Myong Duk Yang 편역

나눔사

새로운 부흥을 맞이하는 마중물

병영교회 설립 130주년을 맞아 기념 도서를 발간하게 되어 참으로 뜻깊고, 교회로서는 크나큰 영광이 아닐 수 없습니다. 특히 본 도서 안에는 아직 세간에 소개되지 않은 감춰진 보배와 같은 내용이 담겨 있습니다. 1890년대 호주 빅토리아장로교회에서 파송되어 부산을 중심으로 울산, 언양, 양산 등지에서 사역한 선교사님들의 편지와 선교 보고서를 바탕으로 엮어진 '살아있는 선교 이야기'입니다. 그 당시 활동하셨던 선교사님의 이름은 앤드류 아담슨, 벨레 멘지스, 아그네스 브라운, 메리 켈리, 엘리스 니븐 입니다. 이분들은 초기 우리 병영교회 설립과 목회에 아주 밀접한 연관이 있습니다.

이 도서의 편저자이신 양명득 호주 선교사님은 1890년대 이후 한국으로 파송된 호주 선교사님을 깊이 연구한 전문가이십니다. 양명득 선교사님에 의하면 초기 호주 선교사님들의 보고서 안에 피영(Piyung)이라는 명칭이 자주 언급되는데 그곳이 다름 아닌 현재의 '병영'이었다고 합니다. 초기 선교사님들의 입에서 그토록 자주 회자 된 피영은 역사적인 장소입니다. 왜냐하면, 그 피영 즉 병영에 드디어 울산 최초로 병영교회가 세워졌기 때문입니다. 1895년 1월 8일의 일이었습니다.

2025년 병영교회는 설립 130주년을 맞습니다. 초기 호주 선교사님들의 헌신과 희생으로 이 지역 '피영'에서 처음 교회가 시작된 것은 큰 영광이며, 동시에 오고 가는 세대 속에서 중차대한 선교적 책임으로 다가옵니다. 이 기념 도서가 우리 병영교회뿐 아니라 지역교회들과 한국교회에 도전과 격려가 되어 새로운 부흥을 맞이하는 마중물이 되기를 소망합니다. 다시금 소중한 도서를 발간하게 되어 하나님과 양명득 선교사님과 울산 병영교회 온 교우들에게 깊이 감사드립니다. 또한, 축하의 글을 흔쾌히 보내주신 이상규 교수님과 유석균 원로목사님께도 거듭 감사드립니다. 이 책이 기독교 역사에 소중한 유산으로 길이 남기를 기도합니다.

서진교

(병영교회 위임목사)

경남의 어머니 교회답게

울산 병영교회 120년사(1895~2015)를 발간한 지가 엊그제 같은데 어느덧 10년! 모든 것이 은혜였습니다. 이제 교회설립 130주년을 맞이하는 희망의 문턱에 서서 우리 병영교회가 탄생할 수 있도록 헌신하신 5인의 선교사님들(앤드류 아담슨, 벨레 멘지스, 아그네스 브라운, 메리 켈리, 앨리스 니븐)에 관하여 늦은 감이 있지만, 이제라도 기념 도서를 출판하게 되니 다행이고, 은혜이기에 감사와 함께 축하를 드립니다. 과거의 역사를 알아야 현재의 위치와 좌표를 확인할 수 있고, 또한 현재의 좌표를 알아야 나아가야 할 바른 미래의 방향을 설정할 수 있기에 교회설립 때의 역사와 신앙 정신을 상기(想起)하고 고찰하는 일은 참으로 중요한 일이 아닐 수 없습니다. 그래야 교회다운 교회로 더욱 든든히 서가게 될 것이기 때문입니다.

금번에 초대 한국 교회사 가운데 호주 선교부의 활동에 대해 깊이 있는 연구를 하시고 십수권의 저서를 집필하신 호주연합교회 양명득 선교사님을 통하여 진흙 속에 묻힌 진주처럼, 숨겨진 선교사님들의 아름다운 이야기와 가슴이 시리도록 눈물겨운 사연을 금번에 세상과 한국교회에 소개하는 계기가 되니 더없이 기쁘고 행복합니다. 또한, 이 귀한 일이 우리 병영교회 130주년 기념사업으로 이뤄지게 되니 더욱 감사할 뿐이요, 하나님께 영광입니다. 그뿐만 아니라 본 도서에 실린 내용이 한국기독교 역사 연구에도 크게 기여하리라 믿습니다. 이 지면을 빌어서 양명득 선교사님의 의미 있는 사역에 깊은 고마움을 전합니다.

특히 이 책을 통하여 교회설립 130주년을 맞이하는 우리 병영교회가 경남의 어머니 교회답게 교회의 시대적인 사명을 온전히 감당하는 계기가 되기를 바랍니다. 더 나아가 기독교가 쇠퇴하는 작금의 위기 속에서 초기 선교사님들의 숭고한 신앙 정신과 열정을 이어받아 교회가 부흥하는 기회가 되기를 소망합니다.

우리 병영교회와 130년 동안 함께하신 하나님께서 앞으로도 아름답고 감동적인 역사를 계속해서 펼쳐가실 줄 믿어 의심치 않기에 오직 하나님께 영광 돌립니다. 모든 것이 은혜입니다. 기적이고 행복입니다. 언제나 기쁨과 감사로 주님의 손에 귀하게 쓰임 받는 우리 병영교회 온 교우들에게 감사와 축하와 더불어 축복을 기원합니다.

유석균
(병영교회 원로목사)

초기 역사를 헤아릴 수 있는 소중한 자료

울산 병영교회 설립 130주년을 기념하여 '호주선교사 앤드류 아담슨, 벨레 멘지스, 아그네스 브라운, 메리 켈리, 앨리스 니븐'이 출판된 것을 환영하고 축하합니다. 병영교회는 호주장로교 선교사와 접촉했던 이희대의 회심으로 1895년 1월 시작된 교회인데, 울산지방 최초의 기독교회라고 할 수 있습니다. 호주빅토리아 장로교 선교사로 내한했던 멘지스(Belle Menzies) 아담슨(Andrew Adamson), 브라운(Agnes Brown), 켈리(Mary Kelly), 니븐(Alice Niven) 등과 같은 선교사들이 울산지방을 순회하였고 병영교회의 설립과 성장, 그리고 발전에 큰 영향을 끼쳤습니다.

호주장로교 선교부는 병영교회를 울산지방 거점교회로 인식하여 울산지방을 순회할 때는 반드시 병영교회를 방문하여 성경을 가르치고, 성경공부 모임을 인도하고, 불신 사회에서 어려움을 극복하고 믿음의 길을 갔던 초기 신자들을 격려하고, 믿음에 굳게 설 것을 당부하였습니다. 그 결과 병영교회는 오늘의 교회로 발전하였고 울산지방 초기 교회 설립에도 상당한 영향을 주었습니다.

이번에 병영교회 서진교 위임목사님께서 교회 설립 130주년을 기념하여 이런 책을 기획하고 출판하신 일은 매우 적절한 일로 생각되며 이런 역사 기록은 병영교회 초기 역사를 헤아릴 수 있는 소중한 자료가 될 것으로 확신합니다.

이 책을 집필하신 양명득 선교사님은 호주에서 유학하신 호주선교사(宣教史, 宣教師) 연구 분야의 전문가로서, 1890년대 이후 울산지방을 순회하며 병영교회 설립에 영향을 주었던 5분 선교사들의 문헌을 섭렵하고 연구하여 이런 귀한 책을 출판하게 되었습니다. 이 책은 울산지방뿐 아니라 부산 경남지방에서의 선교의 발자취, 그리고 호주선교사들의 활동을 알 수 있는 소중한 기록입니다.

이런 소중한 문헌을 출판하신 병영교회 위임목사님과 당회원, 그리고 성도들, 이 책을 집필하신 저자에게 감사를 드리며 이 책이 지난 역사(歷史)에 대하여 감사하고, 앞으로 우리와 함께하실 하나님의 역사(役事)를 기대하는 믿음의 이정표가 되기를 기대합니다.

이상규

(전 고신대학교 교수,

현 백석대학교 신학대학원 석좌교수)

1891년의 당회록이라니!

2024년 7월, 호주 빅토리아주의 발라렛을 다시 한번 방문하였다. 본 도서에 실린 벨레 멘지스, 제임스와 사라 매케이, 메리 퍼셋, 아그네스 브라운 등이 그 옛날 그 도시에서 파송을 받았고, 파송하였던 에베네저교회와 샌앤드류교회가 세월을 머금고 여전히 우뚝 서 있다. 이번에는 벨레 멘지스가 은퇴하여 모친과 함께 살던 곳을 찾았다. 주소는 210 Dana Street. 그러나 안타깝게 지금 그 집은 인도 식당이 되어 있었다.

에벤에저교회의 토비 매킨토시 목사는 여전히 우리를 웃음으로 맞이하였고, 이번에는 점심 식사까지 준비하셨다. 그런데 정작 필자의 눈을 크게 뜨게 한 것은 그가 보여준 당회록이었다. 1891년의 당회록이라니! 그 문서에 당시 그 교회 당회원들이 멘지스의 한국 파송을 축하하고 격려하는 내용이 담겨 있었다.

2022년 필자가 '호주선교사 벨레 멘지스'라는 책을 출간하고도 초기의 기록을 찾지 못하여 미진함을 느끼고 있던 차에 이번에는 그때의 문헌도 모두 발굴하여 본 도서에 실었다. 이제야 스토리가 완성되었다는 안도감이 들지만, 동시에 '멘지스 보물찾기'는 계속될 것이다.

한국선교 가장 초기에 파송 받았던 앤드류 아담슨과 네 명 여선교사들의 보고서와 편지는 당시의 상황을 생생히 알 수 있는 1차 자료이다. 이들이 직접 쓴 글을 읽노라면 그들의 희망, 고뇌, 기쁨, 분쟁 그리고 간절한 기도가 마음속에 전해진다. 그리고 그 전율치는 감동을 병영교회 교인들과 먼저 나누게 되어 기쁘다. 여선교사들이 그토록 사랑하였던 병영교회, 그리고 그 사랑을 지금까지 잊지 않은 교인들, 모든 것이 하나님의 은혜요 사랑이다.

양명득
(호주선교사)

차 례

1. 앤드류 아담슨의 편지와 보고서

2. 벨레 멘지스의 편지와 보고서

3. 아그네스 브라운의 편지와 보고서

4. 메리 켈리의 편지와 보고서

5. 엘리스 니븐의 편지와 보고서

1. 앤드류 아담슨의 편지와 보고서

아담슨 부부(Photo-'더 메신저', 1894)

앤드류 아담슨-아래 중앙, 조선야소교장로회공의회 (서울, 1901)

아담슨의 초량교회당(Photo-'더 메신저', 1901)

아담슨과 왕길지, 호주선교사 가족(사진-'왕길지의 선교발자취', 1910년경)

아담슨선교사관과 초량교회(1900년대 초)

아담슨 가족 (Photo-'더 메신저', 1905)

아담슨과 가족 (Photo-'더 메신저', 1907)

PRESBYTERIAN FELLOWSHIP UNION OF VICTORIA.

Annual Demonstration

— AT —

MASONIC HALL, COLLINS ST.,

TUESDAY, 8th OCTOBER, 1907.

Tea on tables, 6.30 ; Concert, 7.45.

Concert items by Essendon Ladies' Quartette, Miss Ruby Reilly, Miss Florrie Gordon, Messrs. Arthur Davis, Jas. H. Hardie, J. G. McNicholl.

Address on "Korea" by Rev. Andrew Adamson.

TICKETS, 1/-. Chairman—MR. W. WISHART

아담슨 한국선교 보고회 ('더 크로니클', 1907)

아담슨 부부-중간 (Photo-'더 크로니클', 1910)

아담슨 부부의 전도여행(연대 미상)

아담슨과 그의 지도자들, (Photo-'Glimpses of Korea', 1911)

1. 아담슨 목사를 부르다

북중국의 영국성서공회 선교사였던 앤드류 아담슨 목사가 영국의 다이크 학장에 의하여 한국 현장의 적절한 선교사로 추천되었다. 아담슨 씨는 안수받은 선교사로 다이크 학장에 의하여 신학 훈련을 받았다. 그는 북중국에서 수년간 성공적으로 활동하였으나 아내의 건강 문제로 런던으로 귀국하였다.

연합회(청년친교연합회-역자 주) 임원회와 총회 해외선교위원회는 길레스피 씨를 통하여 아담슨에게 임명 소식을 전하였으며, 그는 그것을 수용하였다. 자세한 사항이 담긴 서신이 곧 도착할 것이다. 그는 런던에서 직접 한국으로 갈 것이다.

아담슨 씨 부부를 기도 속에 기억해 줄 것을 친교회 회원들에게 요청하며, 하나님께서 우리의 한국선교를 풍성히 축복해 주실 것을 기도한다.

('The Presbyterian Monthly', 1894년 2월 1일, 60)

2. 임명을 받아들이다

로버트 길레스피 씨는 우리의 새 선교사 앤드류 아담슨 목사로부터 임명을 수용한다는 편지를 받았다. 그리고 아담슨 부부는 곧장 한국으로 떠날 안내를 기다린다고 하였고, 새 현장에서 즉시 선교 활동을 시작하기 희망한다고 하였다.

우리는 곧 우리 새 선교사의 일생과 사역에 관한 자세한 사항을 독자들에게 알려주기 원한다. 동시에 우리의 모든 유관단체와 회원들은 아담슨 씨 부부를 위하여 기도하며, 부산에서 이들의 사역 위에 축복이 함께 하기를 기도한다.

('The Presbyterian Monthly', 1894년 3월 1일, 95)

3. 아론과 훌

모든 교회의 진실된 기도가 하늘에 상달 되기를 바란다. 최근에 한국선교사로 임명된 아담슨 씨를 하나님이 축복하시기를 기도한다. 그의 과거 경험이 그의 활동에 크게 도움이 되기를 바라며, 친교연합회의 모든 지부가 '아론과 훌'이 되어 은혜의 보좌 앞에서 그의 손을 들어올려야 한다.

우리는 한국선교를 위한 노력을 최대한으로 하고 있으며, 눈물과 열렬한 간청이 응답되어, 우리의 새 선교사가 건강하고 영적인 힘을 갖기를 원한다.

('The Presbyterian Monthly', 1894년 3월 1일, 16)

4. 한국에 도착하다

부산, 한국
1894년 5월 25일

친애하는 케인즈 목사님께,

2월 13일 자의 친절한 편지에 감사합니다. 그 편지는 우리가 3월 29일 '발레타호'로 이미 떠난 후에 런던에 도착하였지만, 다이크 박사가 우리에게 전달해 주었습니다.

우리는 이달 20일 우리의 종착지 한국에 안전하게 도착하였습니다. 항해는 즐거웠고, 아이들도 문제없이 항해를 잘하였습니다. 우리가 도착하였을 때 이곳의 작은 선교사 무리가 우리를 환영하였습니다. 우리 선교회의 여선교사들은 매우 다정하였고, 모든 일에 사려가 깊습니다. 우리 가족의 편안한 집을 마련하기 위하여 많은 수고를 한 것이 분명합니다. 우리는 이미 이들을 좋아하게 되었고, 서로 잘 지낼 수 있을 것을 확신합니다. 이들은 어려움 중에도 자신들의 선교 활동에 매우 헌신적이고 행복하게 보입니다.

우리를 부산으로 인도하신 하나님께 감사하며, 이곳의 사람들을 위한 축복의 도구로 우리를 써 주실 것을 앙망합니다. 우리 집 근처에 작은 중국인 공동체가 있는 것을 발견하였고, 내가 한국어를 공부하는 동안 그들에게 전도할 기회가 있기를 바랍니다. 중국인 대부분은 북쪽에서 온 사람들이어서 즉시 활동을 시작하는데 언어적 어려움은 없을 것입니다. 이미 나와 이야기를 나눈 사람들은 이곳에서 서양인을 만나 자신들의 언어를 사용할 수 있어 기뻐하였습니다.

적절한 선생을 구하는 대로 나는 한국어 공부를 시작할 것이며, 나의 중국어 지식이 큰 도움이 될 것입니다.

건물 공사를 즉시 시작하는 것이 좋을 것 같습니다. 목사님이 아는 대로 지금 우리가 있는 나무로 된 집은 비좁고 비가 오거나 추운 날은 불편할 것입니다. 만약 지금 공사를 시작하면 성탄절까지는 새집에 들어갈 수 있을 것입니다. 바로 공사를 진행할 권한이 내게 있는 것으로 추측합니다. 여선교사들은 8월에 자신들의 새집으로 이사할 것을 희망하고 있습니다.

나가사키를 지날 때 미국의 네델란드개혁교회 헨리 스토우트 목사는 호주교회의 전 선교사였던 매케이 목사가 일본인 구역에 일본인 전도자 한 명을 임명할 생각이었다고 말하였습니다. 만약 원한다면 일본의 선교사들로부터 좋은 추천을 받은 그를 아직 확보할 수 있습니다.

일본인 구역에 최소 6,000명이 살고 있고, 지금까지 그곳에 선교 활동이 없는 것으로 알고 있습니다. 마찰을 피하고자 나는 이곳의 미국인 형제들과

이 문제를 상의하였는바, 그들은 우리가 그 일을 맡기를 원하는 것처럼 보였습니다. 가능한 이른 시간에 목사님의 위원회가 그 일본인 사역자 고용을 허락할는지 알려주세요. 그의 봉급은 달에 10달러나 12달러 정도일 것 같습니다. 그가 영어를 조금 하기에 내가 그를 감독하는 것은 문제가 없을 것입니다. 이 일이 잘 진행되어 머지않아 이곳 일본인들 사이에 주님을 위한 선한 일을 볼 수 있기를 바랍니다.

우리는 모두 잘 있으며 미래에 대한 희망으로 차 있음을 기쁘게 보고합니다. 모두에게 안부를 전합니다.

앤드류 아담슨

('The Presbyterian Monthly', 1894년 8월 1일, 295)

5. 일본인 일꾼 임명

7월 10일 임원회가 모였다. 케인즈 목사는 우리의 한국 선교사로부터 매우 흥미로운 편지를 받았는바 본 선교지에 그 글이 실렸다. 부산에 일본인 교리 문답사를 임명하자는 그의 제안을 임원회는 승인하였다.

('The Presbyterian Monthly', 1894년 8월 1일, 294)

6. 앤드류 아담슨은 누구인가

우리의 독자들은 우리의 한국선교사인 아담슨 목사 부부의 사진을 보게 되어 기쁠 것이다. 이 사진은 아직 런던에 있는 우리의 회장 길레스피 씨를 통하여 보내온 것이다.

아담슨 씨는 34살이며, 그의 아내는 좀 더 젊다. 그들은 두 명의 자녀가 있는바 5살과 7살이다. 아담슨은 북중국에서 영국성서공회 선교사로 5년간 일하였는데, 그곳의 관계된 사람들에게 진지하고 효율적인 일꾼으로 증명되었다. 아담슨 부인은 심각한 장티푸스 열로 고통받다가 천연두에도 걸렸고, 건강이 악화하여 영국으로 돌아갈 수밖에 없었다.

영국에서 4년간 있는 동안 아담슨은 런던의 장로회신학교에서 공부하였고, 1893년 런던노회에서 안수를 받았다. 그 학교 학장인 오스왈드 다이크 박사가 추천하기를 아담슨은 훌륭한 자격을 가지고 있으며, 헌신적이고 진지한 사람이며, 건강하고 노동적이며, 선교 사역을 사랑한다고 하였다.

런던에 있는 동안 그는 보우교회에 출석하였다. 그곳에서 그는 교회 서기를 하며 안팎으로 설교도 종종 하였다. 그는 그곳의 주변 사람들에게 확신과 존경을 얻었다.

아담슨은 부산에서 이제 막 일을 시작하였다. 그의 편지나 다른 정보를 보면, 우리 연합회의 첫 두 명 선교사의 뒤를 잇는 가치 있는 후임을 확보하였다는 것이 확실하다. 연합회 회원과 전체 교회는 아담슨 부부와 두 명의 자녀를 위하여 기도할 것을 요청한다.

친교연합회

('The Presbyterian Monthly', 1894년 10월 1일, 377)

7. 친교연합회 회원들께

얼마 전에 온 귀하의 편지와 서류 감사합니다. 여러분의 주소를 미리 알았더라면 좀 더 일찍 편지를 쓰거나 우리가 도착한 날 썼을 것입니다. 물론 케인즈 씨가 전에 친교연합회와 빅토리아장로교회와 나의 관계를 말해주었지만, 한국선교에 대한 여러분의 깊은 관심을 재차 알게 되어 새로운 만족감을 받았습니다. 그곳 연합회의 여러 지부가 계속하여 기도하고 있다는 사실에 격려를 받습니다. 이런 방법으로 우리는 이방인을 하나님의 뜻 가운데 인도하는 영광스러운 일을 하는 동역자들입니다. 그 일을 지속하는데, 내가 도움이 된다면 그것은 나의 특권일 것입니다.

이 편지가 여러분에게 도착하기 전 우리가 잘 도착하였다는 소식을 들을 것입니다. 우리는 3월 29일 런던을 떠나 7주간의 즐거운 항해 끝에 부산에 도착하였습니다. 이곳의 친구들은 잘 지내고 있었고, 선교 활동에 행복해 보였습니다. 이곳 사람들 속에 우리는 벌써 적응하고 있고, 이들의 언어로 주님의 사랑을 전하게 되기를 고대합니다.

현재 나는 우선으로 언어공부를 하고 있으며, 중국어에 대한 지식이 있으므로 어려움이 좀 적다고 할 수 있습니다. 중국어를 하는 중국인과 교육받은 한국인에게 이미 전도할 기회가 있었습니다. 외국인 선교사의 어려움은 새 언어를 배우는 것보다, 이곳의 환경이 계속해서 무너트리려는 영의 깨어있음을 잘 유지하는 것입니다. 이것에 성공하기 위해서는 계속되는 각성과 기도 속에 하나님과 씨름하는 것입니다.

선교관 건축에 관하여는 케인즈 씨가 전에 나에게 언급하였습니다. 여선교사들을 위한 집 건축은 지난 4개월 동안 진행됐고, 다음 달인 8월에 완성될 것으로 희망합니다. 이곳의 새집 건축도 곧 시작하기 바랍니다. 나는 집의 설계도를 이미 그렸고, 세부적 사항도 기록하였습니다. 한 일본인이 번역하고 있습니다. 여러분의 도면과 설명이 있었기에 그 일은 어렵지 않았지만, 경제적이고 다른 여러 가지 이유로 적지 않은 조정이 필요하였습니다. 주변의 지역 환경도 고려하였고, 원래의 계획보다 비용도 적게 들 것입니다. 자세한 사항을 나중에 여러분께 보내드릴 수 있습니다.

여러분의 친절한 지원에 감사하며, 어려운 상황에서 현실을 기꺼이 받아들입니다. 그러나 어려움은 없을 것입니다. 내가 건축을 감독할 것인바, 선교사가 피해서는 안 되는 일이고, 전에 선교사들도 했던 일입니다. 전체 비용이 3,600달러를 넘지 않을 것입니다. 현재의 환율로 치자면 390파운드 정도입니다.

이 항구에서 자기 민족을 위하여 일할 일본인 사역자 고용에 관한 문제는 케인즈 씨와 이미 상의하였습니다…. 그런데 그 일본인 선교사를 지원하려면 연 100파운드가 필요하다는 편지를 보고 놀랐습니다. 모든 비용을 지급해도 그것보다 적게 들것으로 알았기 때문입니다. 나의 한문 교사는 연 12파운드 정도 듭니다. 그러므로 나는 케인즈 씨에게 쓸 때 달 12 혹은 14 달러 정도라고 예상하였습니다. 나가사키의 그 선교사에게 즉시 편지하여 좀 더 정확한 정보를 알아내겠습니다. 물론 여러분이 결정할 때까지 그를 임명하지 않겠습니다.

이곳에서의 우리 사역은 매우 희망적입니다. 많은 어려움이 있는 것도 사실이지만, 가장 큰 어려움은 오래전 갈보리 언덕에서 극복되었습니다. 그러므로 다른 어려움도 극복되거나 치워질 것으로 기대합니다. 여선교사 집에서 하루에 두 번 한국인들을 위한 예배가 있습니다. 그리고 선포된 말씀에 관심을 보이는 자들로 인하여 우리의 마음은 기쁘고 격려를 받습니다. 매일의 이 예배에 멘지스의 교사가 언어로 도움을 주고 있습니다. 그는 최근에 세례를 받은 세 명의 회심자 중 한 명입니다. 그의 증거는 매우 단순하고 진지한 언어의 특성이 있습니다. 나중에 그를 전도자나 목회자로 세울 수 있는 길이 열리기를 희망합니다.

우리 세 명의 자매들이 젊은이들을 위하여서 하는 선한 일에 대하여 들었을 것입니다. 긍휼히 여기는 마음으로 부산의 버려진 어린이들을 돕고 있는바, 고향 여러분의 친절한 후원으로 하고 있습니다. 이런 자선 사역은 그리스도와 같은 마음으로 하기에 필요하고, 넉넉한 마음으로 헌신하는 이 자매들을 고향의 기독교인들이 연민과 기도와 실제로 도와야 합니다. 물론 우리에게 오는 어린이를 모두 받아주는 것은 장기적으로 지혜롭지 못하고 해가 될 수 있지만, 그럼에도 진짜로 갈 곳이 없거나, 굶는 아이들을 제한적이나마 받아들이는 것은 일반 사람들에게 우리의 선교 활동을 홍보하는데 적지 않은 도움이 될 것입니다. 이것을 통하여 우리는 기독교의 정신을 실제로 증거할 수 있고, 우리 이웃들에게 영향을 끼칠 것입니다.

만약 우리가 그런 아이 8명을 지금 고아원이라 부르는 그곳에 수용한다면, 그 비용이 각 연 6파운드를 넘지는 않을 것입니다. 적은 비용으로 좋은 결과를 낼 수 있습니다. 이미 이 활동을 사랑으로 지원하는 친교연합회 여성들이 계속할 방법을 찾을 수 있을 것입니다. 그들에게 이 내용을 신속히 전해 줄 수 있는지요. 나는 그들에게 이 주제로 직접 연락할 권한이 없습니다.

미래를 위한 감사와 희망이 우리의 마음을 채우고 있습니다. 주님은 이곳 사람들 속에 일하고 계시며, 머지않아 몇 명이 교회의 회원으로 들어올 준비가 될 것입니다.

1894년 7월 6일, 부산.
주님의 종
앤드류 아담슨
('The Presbyterian Monthly', 1894년 10월 1일, 377-378)

8. 새 선교관 건축

8월 30일 임원회가 모였다. 한국의 아담슨 목사에게 새 선교관을 즉시 시작하도록 송금하였다는 사실이 보고되었다. 다음은 아담슨의 8월 5일 편지 일부이다.

"이곳에서는 전반적으로 중국이 패할 것으로 전망하고 있다. 이것은 한국의 개혁파에 만족을 줄 것이 분명하다. 이들은 한국이 오랜 잠에서 깨어날 때가 되었다고 믿는 사람들이다. 어떻게 결말이 나던 한국은 지금보다 더 나빠지지는 않을 것이다.

반면에 일본이 중국을 이긴다면 한국은 새롭고 나은 시대로 접어들게 될 것이다. 새 생활과 새 희망이 한국 땅으로 이입될 것으로 생각되며, 사람들은 어떤 희망이라도 붙잡고 자신들의 존재 가치를 찾으려 할 것이다.

여러분은 전쟁이 우리에게 어떤 영향을 미칠지 염려할 것이다. 우리의 활동은 평상시대로 진행될 것이며, 미래에 어떤 위험이 기다리고 있을지 미리 예단하지는 않는다. 어떤 때보다 지금이 선교 활동하기에 좋으며, 깨어있는 사람들은 계속 우리에게 와 동정과 자문을 구한다."

('The Presbyterian Monthly', 1894년 10월 1일, 378)

9. 최근에 시작한 주일예배

다이크 학장에게 보내는 편지에 아담슨은 부산과 부산 지역의 선교 활동에 대하여 고무적으로 말하였다. 크고 훌륭한 항구를 가진 부산은 무역항으로 중국, 일본, 러시아 그리고 적은 양이지만 영국과도 교통하고 있다.

"현재 부산에는 선교사의 아내를 포함하여 9명의 선교사가 있다. 그중 4명은 미국장로교에 속하여 있고, 5명은 빅토리아장로교에 속하여 있다. 지금 3명의 회심자가 있지만(부산에서 활동한 지 이제 4년밖에 안 되었다), 많은 사람이 정기적으로 예배에 참여하고 있다. 그중 몇 명은 복음에 깊은 관심을 보이기 시작하였다. 사람들의 친절한 태도에 감사할 뿐이다….

얼마 떨어지지 않은 중국인 구역에서 적지 않은 중국인이 거의 매일같이 오고 있고, 중국어를 하는 한국인 지식인도 종종 우리를 방문하고 있다."

아담슨은 6월 19일 한국의 불안정한 상황에서 편지를 썼다.

"한국에서의 폭동은 다행히 북쪽 지역 한두 곳에서만 일어났다. 선교 활동에는 지장이 없을 것 같다…. 이곳은 매우 조용하다."

친교연합회 명예 총무 캠프 씨가 부산의 아담슨에게 받은 9월 자 편지는 '오스트레일리아 위클리'에 발표되었다. 우리의 많은 회원이 이미 보았으므로 이곳에는 또 싣지 않겠다. 다만 다음의 부분은 우리 선교사들이 점차 활동을 진전시키며 희망을 보이는 내용이다.

"우리의 일은 매일 같은 방법으로 계속되고 있다. 하나님 나라의 씨앗이 뿌려지고 있고, 하나님의 축복이 우리의 수고와 함께하는 증거가 나타나고 있다. 기회가 오는 대로 나는 시골로 짧은 순회를 나가기 원한다. 사람들의 생활상을 더 알고, 그들에게 복음을 전하기 위함이다.

결국, 나는 좀 더 많은 시간을 순회에 쓰기 원한다. 먼 거리에 있는 사람들이 복음을 들을 기회는 이 방법밖에 없다. 나의 언어 교사가 아마 나와 동행할 것이다. 그는 최근 그리스도 신앙을 고백한 세 사람 중의 한 명으로 세례를 받기 원한다. 그의 계속되는 신학적 질문은 성경을 잘 안다는 증표이고, 말씀에 진지한 학생임을 보여준다. 최근에 시작한 주일 아침 예배에 그는 이미 소중한 도움을 주고 있고, 그 자신의 이웃에게 그리스도를 전하려 하고 있다."

('The Presbyterian Monthly', 1894년 12월 1일, 463)

10. 초량교회 설립

부산초량교회가 성립하다. 선시에 미국북장로회선교사 배위량 부부가 영서현에 래왕하고 기후에 하대 의사 부부가 역래하야 동시 전도함으로 신자가 점기하고 시년에 선교사 손안로가 초량(현금례배당기지)에 래왕하야 교회를 설립하니라. (기후에 손안로가 마산에 이주할 시에 영서현교회와 병합하얏고 례배당을 영주동에 이전하니라.)

1893.

(조선예수교장로회 사기, 22)

11. 기도

총회는 한국에서의 선교 활동이 성공적으로 진행되고 있음을 하나님께 감사하였다. 아담슨 부부도 안전하게 도착하였고, 부산에 매우 가치 있는 일꾼이 될 것이다. 아담슨 씨 보조로 일본인 회심자 한 명을 임명하고 봉급으로 연 80파운드를 승인한다. 선교관 완공에 필요한 비용도 송금하기로 하다. 그 나라에서 일어나고 있는 소요 속에 선교사들의 안전과 인도함을 온 교회가 기도하기를 요청하다.

('The Presbyterian Monthly', 1895년 1월 1일, 22)

12. 생활비의 증가

총회 해외위원회에 의하여 한국의 선교를 위한 일본인 일꾼을 연 80파운드의 봉급으로 임명된다. 친교연합회는 20파운드의 봉급으로 한국인 교사를 유지한다. 그곳의 선교사가 일꾼을 뽑도록 한다.

전쟁으로 인하여 생활비가 증가하고 있으므로, 부산의 아담슨 목사에게 성탄 선물 형식으로 30파운드를 보내도록 한다.

('The Presbyterian Monthly', 1895년 1월 1일, 25)

13. 부인이 별세하다

한국 부산의 빅토리아장로교친교연합회 선교사 앤드류 아담슨 목사의 아내 사망 소식이 발라렛의 케인즈 목사에게 온 전보를 통하여 전하여 졌다.

아담슨 부인(일라이저 아담슨-역자 주)은 부산에서 사망한 장로교회의 세 번째 선교사이다. 헨리 데이비스 목사와 제임스 매케이 부인도 몇 년 전 그곳에서 사망하였다. 모두 한국에 도착한 지 얼마 안 되어 죽음을 맞이하였다.

('더 머큐리', 1895년 12월 14일, 1)

14. 첫 기독교 결혼식 주례

부산·경남 지역의 첫 기독교 결혼식은 1896년 6월 10일 오후 3시에 거행되었다. 주례는 호주선교사 앤드류 아담슨이 맡았고, 신랑은 심취명 신부는 19세의 김봉숙이었다.

심취명은 1904년 5월 27일 부산진교회에서 장로 장립을 받아 경상도의 첫 장로가 되었고, 1912년에는 이 지방의 첫 목사가 된 인물이다. 결혼할 당시 그는 여선교사 벨레 멘지스의 어학 선생으로 일하고 있었고, 그녀의 조언으로 김봉숙을 아내로 맞기로 결정하였다고 한다. 신부 김봉숙은 부산진에 사는 어부의 딸로 호주의 여선교사들이 운영하는 여자성경반에 출석하는 교인이었다.

('The Presbyterian Monthly', 1896년 11월 2일)

15. 여선교사와의 갈등에 관한 보고서

다음은 최근 한국 현장에서의 어려움을 조사한 해외선교위원회의 결의서를 프리디 씨가 빅토리아여선교연합회에 전달한 내용이다.

결의안

I. 앤드류 아담슨 목사에 관한 조사에서 그의 도적적 성격에 문제가 없음을 발견하게 되어 기쁨을 표한다. 그러므로 우리는 그에 대한 우리의 전적인 신뢰를 확인하며, 힘든 상황을 견뎠어야 했을 그에게 우리의 동정심을 보낸다.

II. 개인적으로 불편함에도 불구하고 선교를 위하여 조사를 인도한 로버트 길레스피 씨에게 감사한다. 그의 조사결과는 온전히 정당화되었고, 대표단의 보고서와 회의록을 통하여 확인되었다. 우리는 그가 돌아올 때 여전히 신뢰와 감사의 결의안을 확인한다.

III. 우리 여선교사들이 선교부 수장에 대해 이렇게 심각한 비난을 했다는 사실을 우리는 깊이 인식하지 않을 수 없게 되어 매우 유감스럽게 생각한다. 어떤 내용은 증거가 없으며, 어떤 내용은 설명으로 쉽게 오해가 풀릴 수 있는 사소한 내용이었다.

그러나 대표단은 다음과 같이 표현하였다. "지금과 같이 선교부의 인사가 계속되면 이러한 어려움에서 벗어나기 어려울 것이다…. 어려움은 임무를 수행하는 인원 때문이 아니라 불완전한 인력 배치 때문에 발생한다는 확신이다."

우리가 생각하기에는 여선교사들을 소환하는 것은 지혜롭지 못하며, 악하다고 생각하지 않는 자선 활동을 육성하도록 하는 것이 좋을 것이다. 교회가 선교사를 보강하고 선교부의 기초를 더 단단히 할 때까지 선교 활동을 평화와 조화 속에 진행하기를 촉구한다.

('The Presbyterian Monthly', 1898년 9월 1일, 331-332)

16. 신임받는 아담슨

아담슨 씨를 조사한 결과 그는 여전히 교회의 가치 있는 신임을 받고 있음을 기뻐한다. 대표단의 증언에 의하면 부산에 있는 우리의 모든 선교사가 훌륭한 소명을 가지고 사역을 잘하고 있다. 앞으로의 한국선교는 평화와 번영으로 진행될 것이다.

미국선교부에 속하는 안에 관한 위원회의 실행을 승인한다. 관계된 두 개의 연합회가 회의를 통하여 제안된 조건에 합의하도록 위원회가 이 일을 계속 진행하도록 한다.

('The Presbyterian Monthly', 1898년 12월 1일, 453)

17. 아담슨의 빅토리아 선교보고회

친교연합회 선교사인 앤드류 아담슨 목사가 4월 27일 목요일 멜버른에 도착하였다. 연합회의 초청으로 온 그는 한국의 선교 활동에 관하여 보고할 것이며, 앞으로의 전망에 대하여 임원회와 대표단과 의견을 나눌 것이다.

알려진 대로 아담슨은 자신과 함께 활동할 수 있는 의료선교사 임명이 시급히 필요하다고 친교연합회와 해외선교위원회에 제안해 왔다. 이것은 연합회의 요청으로 보고서를 보낸 미국 대표단도 같은 의견이다. 이번에 아담슨의 보고회를 통하여 한국선교에 관한 관심이 증대되어 또 한 명의 선교사를 지원할 기금이 조성될지는 두고 보아야 하겠다. 이것을 성취하기 위해서는 많은 난관을 극복해야 한다.

아담슨을 위한 친교연합회의 공식적인 환영 모임은 5월 1일 스코트교회에서 열릴 것이다. 총회장이 사회를 보는 좋은 모임이 예상되며, 그날은 총회 위원회 모임 하루 전날이다.

총회 위원회 모임 후에 아담슨은 멜버른 지역의 교회에서 보고회를 가지며, 점차로 시골 지역을 방문할 것이다. 그의 아내와 아이들이 한국에 남아 있으므로 그는 곧 한국으로 돌아가기를 바랄 것이며, 짧은 기간에 많은 곳을 다녀야 한다. 아담슨을 초청하여 예배를 드리기 원하는 교회는 237 콜린스가의 그린우드 총무에게 신청하면 된다. 시골의 친구들이 그를 자비로 환영한다면 그의 여행 경비를 줄일 수 있다.

지금까지 그의 방문계획은 다음과 같다.

주일 예배

4월 30일: 캠버웰교회(오전), 웨스트호손교회(오후)
5월 7일: 브런스위크교회(오전), 칼톤 샌앤드류스교회(오후)
5월 14일: 남멜버른 도르카스교회(오전), 포트 멜버른교회(오후)
5월 21일: 알마가 샌킬다교회(오전), 혹스번 프라한교회(오후)
5월 28일: 에센돈교회(오전), 큐교회(오후)

주 중 모임

5월 9일: 리치몬드, 10일: 아스콧베일, 11일: 윌리엄스타운, 16일: 말번, 17일: 코필드, 18일: 알버트팍, 23일: 호손 - 주중 저녁 모임은 매우 흥미로울 것이며, 헌금은 모두 연합회의 한국선교를 위하여 쓰일 것이다.

('The Presbyterian Monthly', 1899 05 01, 175)

18. 선교 활동과 개혁파

어젯밤 샌 스테판교회에서 앤드류 아담슨 목사(빅토리아 친교연합회 한국선교사)가 '나의 한국 사역'이란 제목으로 강연하였다. 총회장 딜 매케이 목사가 사회를 보았고, 영 웨이 중국인 목사도 참석하였다.

아담슨은 매우 흥미로운 보고를 하였는바, 그 광활한 지역의 천만 명의 사람들은 일본과 중국의 분쟁 사이에서 완충 역할을 하고 있다고 하였다. 이런 내용은 거의 다루어지지 않은 주제이며, 한국은 중요한 새 시대를 지나고 있다고 하였다. 그는 한국인의 태도, 습관, 관습 그리고 생활 양식을 자세히 설명하였다. 그곳의 토착인과 접한 사람만이 선교의 필요성을 알 수 있다고 언급하였다.

선교사들은 그곳에서 일부다처제, 조혼 그리고 다른 악마적인 것과 싸워야 하며, 이것들은 게으름과 나태함의 국가적인 저주로 인한 것이라 하였다. 아담슨은 한국의 개혁파를 높이 칭찬하였는바, 그들은 선한 영향력을 끼치고 있으며 서서히 효과가 나타나고 있다고 하였다. 개혁으로 인하여 혼란 속에 빠지기도 하지만, 진보의 정신은 결국 한국을 문명적인 국가로 세울 것으로 전망하였다.

선교 활동은 개혁운동과 함께 공평함을 추동하여 이 사람들을 완전히 변화시키는 영향을 줄 것이라 하였다. 청중들은 그의 강연을 큰 관심을 가지고 들었고, 마칠 때 마음의 감사함을 표하였다.

('더 데일리 텔레그래프', 1899년 8월 29일, 6)

19. 송별 편지

더 프레스비테리안 만슬리 편집인께,

나의 방문 기간 빅토리아장로교회의 친구들이 보여 준 친절과 환영에 감사를 표할 수 있도록 귀하의 소중한 신문 한 부분을 할애해 줄 것을 간곡히 요청합니다. 빅토리아의 교회와 친교연합회 지부, 그리고 주일학교는 한국선교에 관한 나의 보고에 응답해 주었습니다. 그들은 나를 친절하게 맞아주었고, 우리의 한국선교 활동에 진심으로 관심을 가졌으며, 나에게 방문 편의를 제공하여 그곳에서의 보고회가 기쁘고 즐거웠습니다.

또한, 몇 친구가 관대하게도 예배에서 사용할 수 있는 오르간과 요청한 부산의 새 교회당 건축 기금 전부를 헌금하였습니다. 미리 감사드립니다.

시드니, 1899년 8월 26일
앤드류 아담슨
('The Presbyterian Monthly', 1899년 9월 1일, 325)

20. 마산포 방문

우리의 선교사인 아담슨 목사는 12월 21일 부산에서 편지를 썼는바, 마산포를 방문한 매우 흥미로운 내용이다. 부산에서 40마일 떨어져 있는 마산포 항은 최근 외국인 무역상에게 개방되었다. 마산포에는 좋은 항구가 있고, 인상적인 산으로 둘러싸여 있는데, 울창한 숲은 별로 없다. 인구는 만 명정도이나, 일본인들의 인구가 증가하고 있다. 그들은 우편과 전신국 그리고 영사관을 설치하였다.

한국에서 떠도는 소문도 언급되었는바, 러시아와 일본이 조선을 사이좋게 나누어 러시아는 한반도의 북쪽을, 일본은 남쪽을 차지하려고 준비하고 있다는 것이다. 그런데도 러시아는 마산포와 그 주변의 대지를 많이 사들이고 있는데, 일본이 남쪽을 다 차지하여도 길을 내기 위함이다.

조선의 학당은 언어와 행실을 존중하는 여행자에게 열려있다. 아담슨도 한 학당에서 연설할 수 있었는바, 청중들에게 적지 않은 관심을 받았다. 그들의 질문은 그들에게 전한 위대한 진리에 관한 내용이었다. 많은 사람이 처음으로 복음을 들었고, 이 이방인들은 기독교인들이 그렇게 오랫동안 하나님의 은혜를 전하여 왔다는 것에 놀라워하였다.

('더 메신저', 1900년 3월 10일, 95)

21. 비상한 관심

편집자에게,

'더 메신저'에 아담슨의 선교 보고서가 아직 실리지 않는 것에 다른 독자들과 더불어 나는 매우 놀랍고 실망스럽습니다. 직접 친교회와 관계가 있지는 않아, 가끔 보고서를 접하기는 하지만, 우리는 조선 선교가 시작될 때부터 비상한 관심을 가져왔습니다. 앞으로 이 문제가 다루어져야 하겠지만, 우리는 그의 선교 소식을 정기적으로 듣기 원합니다. 그러므로 그를 위한 기도와 관심도 더 많아질 것입니다.

독자로부터.

('더 메신저', 1900년 5월 25일, 276)

22. 예배당 건축

지난 4월 6일 아담슨은 새 예배당 건축이 진행되고 있음을 보고하였다. 예배당은 목조로 지어지고 있고, 일본인 계약자가 합리적인 가격에 공사하고 있다. 장소는 그 지역의 유원지와 인접해 있다.

아담슨은 한국인 형제와 함께 내지를 방문하며 전도하였다. 그들은 항상 들을 준비가 되어있는 것 같으며, 심지어 동의하는 것 같은 모습이기도 하다. 심각한 논설의 차이가 있어도 그들은 예의를 차린다. 한국인들은 자신이 믿고 따르는 중요한 이론을 용감하고 솔직하게 충분히 주장하는 경우가 많지 않다. 이방인들 마음속에 깊은 무지와 오해가 있기에 이 나라에 기독교 학교를 설립하는 것에 어떤 노력도 아끼지 말아야 한다고 우리 선교사는 역설하고 있다.

한 시골 마을의 두 명의 한국인이 그 마을로 이사한 한 회심자의 전도를 받고 기독교인이 되었다.

부산에서 서울까지의 철도 길이 곧 개통될 것이다. 러시아는 여전히 마산포 지역에 더 많은 땅을 원하고 있다. 그리고 일본이 만약 계속 반대를 하면 두 나라 간의 적대감이 증폭될 가능성이 작지 않다. 우리의 선교사와 그의 아내는 훌륭히 일하고 있고, 우리의 실제적인 도움과 기도가 필요하다.

('더 메신저', 1900년 6월 1일, 306)

23. 조선의 딸을 위하여

제푸(현재의 중국 옌타이-역자 주)에서 아이들은 잘하고 있다. 올해 아이들은 우리와 더 오래 머물렀는데 마벨이 독감에 걸려 한 달 더 집에 있었다. 우리의 어린 루티는 이제 거의 두 살이 되었다. 이 아이는 영어를 거의 하지 못하지만, 한국어로는 끊임없이 말을 이어간다. 한국인들은 이 아이를 너무 사랑한다. '딸에 불과하지만' 말이다. 이 아이는 집 안의 보물이다.

다른 이방인처럼 이곳의 가난한 사람들도 공통으로 남아를 선호하고, 여아에게는 가족의 성도 주지 않는다. 다른 차별도 많이 있다. 한국인들은 우리의 세 딸에게 관심이 많다. 여성들은 우리에게 한국인 부모들도 우리처럼 딸을 잘 돌보았으면 좋겠다고 말한다. 우리도 그렇게 생각한다! 불쌍한 아이들은 방치되고, 배고프고, 미신으로 인하여 무지와 소외 속에 살도록 운명지어진 모습이다. 무시당하고 잔인하게 취급받는다. 오직 여자아이라는 이유 때문이다.

이 아이들과 이 땅의 모든 여성의 권리를 위해서라도 복음이 빨리 전하여져 해로운 편견과 우선이 타파되어야 하겠다. 이방 땅의 어두움을 오래 지배해 온 많은 무거운 짐이 한국인의 생활에 존재하고 있고, 그 중에도 우리의 한국인 자매들이 짊어진 짐만큼 더 슬프고 무거운 것이 없다.

우리가 마을의 소녀들에게 주 예수를 가르칠 기회를 가질 수 있어 매우 기쁘다. 주일학교에 온 그들은 즐거워 보이고, 적지 않은 아이가 주기도문, 십계명 그리고 성경 구절을 암송한다. 몇 편의 찬송도 부를 수 있다. 우리는 그들이 읽을 수 있도록 돕고 있다. 몇 명은 잘 배우고 있지만 아마 부모들이 격려하면 더 많은 아이가 열심히 배울 수 있을 것이다.

"왜 당신의 딸을 한글 공부에 보내지 않습니까?"

나는 묻지만, 부모의 대답은 같다.

"여자아이가 글을 읽어 어디에 씁니까?"

한국 아이들은 생일과 성탄 카드의 그림을 보는 것을 좋아한다. 우리는 카드 뒷면에 간단한 글을 써 훌륭한 자료로 사용하고 있다. 만약 여러분이 이 일을 돕기 원한다면 카드를 묶음으로 보내면 된다.

('더 메신저', 1900년 6월 22일, 358)

24. 잔칫집 음식

부산의 아담슨이 보고하기를 예배당이 거의 완성되고 있다고 한다. 한국인 일꾼과 함께 일하는 것은 큰 인내가 필요하다. 이곳에서 외국인이 자신의 집을 지으면서 안달하는 느낌이 없다면 무감각한 사람이라 할 수 있다.

큰 고을의 한 잔치에 매서인과 함께 그가 참석하였는데 개고기와 생선 날것이 특별한 음식으로 제공되었다고 한다.

"맛있습니다. 좀 잡수세요."

주인이 환영하며 말하였다. 그러나 그들이 이해할 만큼 충분한 의지의 힘은 없었다. 잔치가 끝날 즈음 매서인은 성경 이야기를 전하였고, 책도 몇 권 팔았다.

제국 정부는 로또 제도를 부활시켰고, 2만 명의 사람이 선교부 근처의 언덕에 3일 동안 모여 자신의 행운을 시험하였다. 이런 큰 모임은 선교사에게 복음을 전할 좋은 기회이다. 서양 땅에서도 이러한 관습은 공통된 것임을 선교사는 기억하였다.

('더 메신저', 1900년 7월 6일, 403)

25. 거제 섬 방문

지난 서신 이후, 나는 매서인과 함께 이웃 마을에서 전도하는 데 많은 시간을 할애하였고, 시골 지방도 한두 곳 방문하였다. 우리가 가는 곳 어디서나 사람들은 우리를 친절하게 환영하였고, 대부분 우리가 '전하고자 하는 말씀을 기쁘게 들었다'. 그러나 박해를 받을 수 있다는 두려움 속에 복음을 알면서도 시골 사람들은 공개적으로 그리스도의 편에 서지는 않았다.

최근 친교연합회에 쓴 편지에 이곳에서 150리 떨어진 울산 지역에서 교인들의 간증을 통하여 신앙 각성 운동이 일어났다고 언급하였었다. 우리는 얼마 전에 그 운동과 관련하여 그곳을 방문하였고, 더 최근에는 그곳의 한 젊은 지도자로부터 정보를 더 들을 수 있었다. 믿는 남녀 몇 명이 주일에 예배를 드리기 위하여 한 가정에 모였다고 한다. 동시에 그 마을에는 교회에 대한 반감도 있었다.

우리는 그곳의 상황을 기도 속에 예의주시할 것이다. 각성 운동이 사람의 운동이 아니라 하나님의 역사임을 증명할 것이라고 믿는다. 이런 운동의 초기에 세상적인 동기는 있을 수 있으며, 진리 위에 굳건히 서지 않거나 순전한 성경 말씀을 다른 사설과 혼합한다면 위험하다….

최근에 중요성을 둔 거제 섬에 러시아인 침략의 소문은 잠잠해지고 있다. 우리는 최근에야 그곳의 사람들을 방문하였는데, 러시아인들이 섬을 점령할 것이라는 잘못된 보고의 여파로 매우 불편해하고 있었다. 그들은 이제 오해가 풀려서 감사하고 있다.

지금까지 그곳의 형제들은 가정집에서 모이고 있다. 그러나 그 불편함으로 인하여 예배 활동만을 위한 작은 집을 매입할 욕구를 강하게 가지고 있다. 이곳 형제들은 도움 없이는 가난하고 능력이 없다. 진정한 마음은 있어도 예배당을 위한 집을 살 수 없다. 그러므로 우리는 머지않은 미래에 그들이 그 희망을 이루도록 지원을 하기로 하였다. 이것을 위하여 25달러와 동등한 액수의 모금을 할 수 있기를 희망한다. 그리고 나머지는 섬사람들 자신이 채워야 할 것이다. 한 사람은 예배당이 생기면 가구를 책임지겠다고 하였다. 다른 사람은 돈은 없지만, 예배당을 꾸밀 때 노동력을 제공하겠다고 약속하였다. 말보다는 이러한 노력이 더 힘이 있고, 때로 포기함으로 슬픈 일도 있지만, 행위를 통한 그들의 신앙고백이 더 깊고 진실하다.

우리의 새 교회(초량 - 역자 주)는 지난달 예배를 위하여 문을 열었다. 모두에게 유익하다. 잘 앉으면 200명 넘게 들어갈 수 있다. 중간에 가림막이 있어 남성과 여성이 따로 앉는다. 벽돌 건물을 계획하였지만 결국 나무로 지어졌다. 작은 종탑도 있다. 500달러 이상의 경비가 들었다. 빅토리아와 다른 곳의 관대한 후원자들에게 감사하는 것은, 우리가 빚을 지지 않고 공사를 마쳤다는 것이다. 이미 이곳에서 우리는 매우 좋은 모임을 하고 있다. 공사 마지막에 좀 힘들었는바, 어려움이 발생하면 선교사가 다 해결해줄 것으로 사람들은 기대하였다. 그리고 그 어려움이 해결될 때 그는 보람을 느꼈다.

('더 메신저', 1900년 9월 21일, 620)

26. 피영과 마산포 방문

최근 나는 두 곳을 방문하였다. 한 곳은 울산 지방의 피영(현재 병영-역자 주)이고, 또 한 곳은 많은 관심이 있는 마산포이다. 피영에서 나는 그곳 신자들과 매우 즐겁고 유익한 시간을 나누는 특권을 가졌다. 지난번 방문 때보다 훨씬 더 나은 새롭고 기대되는 움직임을 볼 기회가 있었다.

지난번에는 대부분 시간 사람들이 호기심으로 몰려들었지만, 이번에는 우리가 선포하는 복음에 관심을 가진 사람들만 모였다. 그러므로 우리는 개개인을 접촉할 수 있었고, 지난번에 형성된 모임을 더욱 공고히 할 수 있었다.

지금의 피할 수 없는 불완전함에도 시간이 지나 하나님을 아는 분량에까지 이르면, 이들은 근본적인 이해의 분명함과 깊은 헌신을 보일 것이다. 이 지역 신앙 운동의 발전이 매우 희망차 보이는 이유이다.

이 사역이 한국인들에 의하여 시작되고 현재 그들이 원칙적으로 진행하고 있어, 우리가 비록 도움을 주고 계속 안내한다고 하여도, 그 좋은 열매로 인하여 우리가 칭찬을 들을 것은 아니다. 그러나 그 역사를 보고하는 것은 우리의 특권이다.

그리스도를 고백하는 28명의 명단이 나에게 넘겨졌다. 그중 6명만이 16살 이하이다. 교회를 반대하는 운동이 이 작은 신앙공동체를 쓸고 지나갔다. 그것이 오히려 이들에게 영적인 유익을 되기를 희망하며 믿는다. 이웃에게 큰 영향력을 행사하는 한 사람이 진리의 반대자였는데, 기독교 신앙에 대하여 비열한 소문을 계속하여 퍼트렸다고 한다. 그러나 다행히도 신자들은 그의 해로운 악행에 큰 영향을 받지 않았다고 한다.

그의 악행은 오히려 신자들의 모임을 더욱 강하게 하였다고 나는 생각한다. 대부분의 소문은 악한 마음을 가진 중국인과 선교사와의 관계 그리고 중국인 회심자에 대한 터무니없는 이야기였다. 적들이 활동하는 것이 우리에게 꼭 나쁜 것만은 아니었다. 이제 울산은 우리에게 특별한 곳이 되었다. 선교사들이 정기적으로 방문해야 할 것이다.

전에는 비교적 중요하지 않았던 고기잡이 마을 마산포는 최근 정치적으로 그리고 상업적으로 중요한 곳으로 떠올랐다. 잠재력이 많은 곳이다. 약 2년 전에 외국과의 무역을 개방하였다. 그 후 러시아가 이곳을 주의 깊게 지켜보고 있고, 점진적으로 영향력을 강화하고 있는바, 아마 그들의 영향은 계속될 것이다. 무역 활동은 아직 적지만 발전하고 있는데 아마 수년 후에는 부산항과 같은 중요한 항구가 될 것이다.

지형적으로 마산포는 선교 활동의 중심지로 탁월한 이점이 있다. 개신교 선교회에서는 아직 체계적인 선교를 하지 못하고 있다. 로마 가톨릭 신부 한 명이 최근 이곳에 주재한다고 들었다. 나는 이곳을 두 번 방문하였다. 다른 선교사들도 방문하였고, 매서인이 때로 이곳에서 사역한다. 그러므로 말씀이 선포되었고 또 복음서도 있어 씨는 뿌려졌다.

지난번 방문 때 우리의 전도에 진실한 관심을 보인 한 남성과 계속 연락을 하고 있다. 지금쯤 마음의 결정을 내려 그리스도를 자신의 구주로 받아들이기를 나는 희망하였다. 그러나 아직 결단은 없는 듯하다. 계속 기대하고 있다. 그는 학자이면서 교사인바, 자신의 영향력 있는 위치에서 복음의 능력을 완전히 받아들여 그리스도를 위하여 헌신하면 자신의 지역에서 능력 있는 일꾼이 될 것이다.

('더 메신저', 1900년 12월 28일, 891)

27. 엥겔을 환영하다

지난번에 언급한 복음이 조용히 퍼지고 있는 두 곳은 부산에서 육로로 이틀이 걸린다. 그러므로 그곳을 왕래하는 여정에는 길가에 씨를 뿌릴 많은 기회가 있다. 최근 나는 한국인 공책에 적절한 성경 구절을 많이 적어서 다니고 있다. 길 위에서 만나는 사람에게 한 장씩 나누어 주기 편리한 방법이다. 우리의 전도를 듣거나 쪽 복음을 사지는 않아도 사람들은 그것을 받아 간다.

성경 구절을 쓴 종이는 마치 편지 같은 형식이어서 그들이 열심히 읽는 것 같다. 우리는 변화케 하는 하나님 말씀과 깨닫게 하는 성령의 능력을 무제한 믿기에, 이 간단한 전도지가 축복을 가져올 것으로 기대한다.

최근 내가 마산포로 가는 길의 한 지역은 몇 주 전에 악한 사람들이 타인의 생명을 파괴하고 재산을 강탈한 극악한 일이 있었던 곳이다. 또한, 한 번은 일본인이 공격을 당해 심하게 구타당하고 물건을 빼앗긴 곳이기도 하였다. 지금은 다행히 지역 경찰이 그 떼강도를 체포하였고, 그들은 재판을 받고 있다고 들었다. 현재 14명이 잡혀있다고 한다.

최근 우리는 엥겔 부부를 맞이하는 기쁨을 가졌다. 우리의 진실한 기도는 이들의 가치 있는 합류를 통하여 우리의 선교에 축복 되는 결과를 가져올 것이다. 우리는 이미 이들을 두어 번 만났고, 최근에는 엥겔이 약간 아파서 만남을 미루었다. 앞으로 의료선교사를 보낼 기금이 준비되어 파송한다는 소식을 우리가 들을 때 또 한 번의 감사하는 마음이 있을 것이다. 의료선교사 없이는 우리 선교회에 일꾼이 얼마나 많던 일을 하기에 불완전하고 불충분하기 때문이다.

마침내 우리의 새 교회당 사진을 보낼 수 있게 되어 기쁘다. 인상적인 건물은 아니지만, 우리의 목적에는 충분하다. 다른 사진은 마을의 중심 도로에서 찍은 우리 선교부 모습이다. 선교부의 나무로 인하여 교회당이 가리지 않았다면 전체적으로 좋은 모습일 것으로 생각한다.

('더 메신저', 1901년 2월 1일, 14)

28. 1900년을 돌아보며

외국인 거주자와 그들을 따르는 한국인들을 모함하는 소문의 진원지가 최근 발견되었다. 일제의 보호를 받는 한 단체에 속한 악명높은 파렴치한 공무원이었다. 외국의 영향력을 지난달 6일 이 나라에서 단번에 몰아낸다는 계획이었고, 모든 조선관공서는 이 계획을 지원하라는 요청을 받았다. 중국에서 의화단 운동이 일어난 이후 이곳에서 우리가 강하게 느낀 외국인에 대한 적대감이었다. 이제 정부가 이 문제를 제대로 다루어 다시는 이러한 악행이 일어나지 않게 하기를 바란다. 그러나 이 나라의 정부가 점점 더 약하고 부패하여 아마 현재 주둔하고 있는 일본군대가 지역의 외국인을 지켜주는 최선일 것이다….

정가에서의 무질서하고 가치 없는 상황과는 대조적으로 선교 활동은 전진하고 있다. 이 나라의 모든 지역에서, 특히 북쪽에서의 선교 사역이 부흥하고 있다는 소식을 우리는 듣고 있다. 이것은 현재의 불리한 영향 속에서 이루어지고 있어 더 주목할만하고 만족스럽다. 그러나 지혜로운 섭리 가운데 기독교인의 노력이 잠정적으로 멈추어질 수도 있다.

한국의 여러 전도 단체 중에 성서 공회가 앞장서고 있는데, 지난해 선교 활동 영역에서 신약 성서 전체가 한국어로 한 권의 책으로 출판된 것만큼 중요한 일이 없다.

지난 1900년 한 해의 사역을 뒤돌아보면 특별히 우리 선교부와 관련되어 감사할 것밖에 없다. 분위기는 종종 소란스러운 소문으로 둘러싸였고, 마을에 도적 떼의 출현으로 불안하였지만, 각 방면의 사역이 막힘없이 진행되었다. 다른 어느 해보다 순회 전도에 더 힘을 쏟을 수 있었다.

각기 다른 기간에 울산, 마산포, 그리고 거제 섬의 먼 거리를 다녀왔다. 수영과 구포도 짧은 거리는 아니었고, 선교부에서 걸어갈 수 있는 많은 마을을 다녀왔다. 비록 비용이 들지만 새 선교 거점을 확보하기 위한 선교사의 순회 활동이 지금보다 더 시급할 때가 없다. 올해는 순회 전도의 가시적인 결과가 있기를 희망한다.

앞서 언급한 지역 중에 울산은 현재 우리에게 가장 흥미로운 곳이다. 최근 그곳이 긍정적인 움직임의 중심이 되고 있기 때문인데, 30명 정도가 그리스도를 주님으로 고백하고 있다. 수영과 거제에도 세례받은 한국인이 있는바 보수 없이 복음을 전하고 있다. 거제에는 수개월 전에 한국인들이 예배를 드리기 위한 작은 집을 위하여 자유롭게 헌금하여 20달러를 모금하였다. 우리를 격려하는 이 관대함과 사려 깊은 행동은 말보다 더 효과적이었고, 높게 추천할 만한 가치가 있다.

우리가 성서 공회를 대신하여 감독하는 세 명의 매서인은 경상도의 남쪽 지역을 광범위하게 순회하였으며, 전제적으로 진보 있는 한해였다. 그들의 의무는 험난한 일이지만, 기쁨으로 행하였다. 때로 이들은 무자비한 태도를 보인 사람들의 고집으로 '쓴 것을 삼키어야' 했지만, 한마디의 불평도 하지 않았다. 이들과 함께 일하면서 우리는 이들이 감당하는 어려움을 더욱 이해하고 감사하게 되었다. 이러한 노력의 가치는 훌륭한 간증으로 영적인 각성이 일어나는 곳은 보통 이들의 사역과 관계되어 있다.

우리의 두 명의 전도부인의 사역도(현재는 한 명이다) 이웃 중에 성공적으로 진행되고 있다.

우리 지역에 천주교와 일본인 학교가 남학생들을 유인하고 있지만, 우리 학교의 학생 평균 숫자는 유지되고 있다. 나이 있는 몇 명의 학생이 사업하러 떠났지만, 이들의 자리는 곧 채워졌다. 소녀들을 위한 야학교에도 출석 상황이 좋으며, 이 지역의 필요를 채우는 일이란 것을 느끼고 있다. 전체적으로 이 두 학교에서 50~60명의 학생이 가르침을 받고 있다. 작년 말에 청년들을 위한 영어반을 시작하였는바, 일주일에 세 번 모인다. 선교사의 아내가 가르치고 있다. 현재 11명의 학생이 참여하고 있고, 수준 있게 하고 있다. 물론 이들은 영어를 배우기 위해 모이지만, 우리의 참 목적은 이들을 거룩한 진리의 영향 아래 두기 위함이다.

보통의 예배들은 쉼 없이 계속되고 있다. 선교사가 지방에 나가 있을 때는, 경험 있는 한국인 조사가 그 자리를 대신한다. 최근 주일예배에 남성의 수가 조금 늘었다. 최근에 세워진 예배당을 교인들이 잘 이용하고 있다. 네 명의 회심자가 세례를 받고 교회의 회원이 되었다. 한국인 형제들이 모든 목적으로 거의 40달러가 되는 헌금을 하였는데, 지난해와 비교하면 두 배나 되는 액수이다. 또한, 교인들은 우리 선교부 건물이나 교회당의 수리를 위하여 언제든지 무상으로 노동력을 제공하여 재정을 절약하게 하고 있다. 성탄절 기간을 즐겁게 보내었고, 12월 26일 저녁 한국인들과 좋은 친교 시간을 가졌다. 이제 우리는 새해를 시작하였으며, 긍정적인 마음으로 나아가고 있다.

1901년 1월 7일.
('더 메신저', 1901년 3월 8일, 105)

29. 의료선교의 긴급성

지난달 우리의 모임에서 의료선교에 관한 주제를 논의하였다. 이때 우리는 의료봉사의 긴박한 필요성과 의료선교사가 신속히 파송되어야 함을 만장일치로 동의하였다. 나와 마찬가지로 나의 동료도 이 필요성과, 자격 있는 의료인 없이 우리 선교회가 일한다는 것은 어려운 일임을 공감하였다. 그는 이 문제를 여성위원회와 소통하였고, 나는 해외선교위원회와 친교연합회에 이 문제를 또다시 제기한다. 치유의 복음은 이방인들을 복음화하는데 능력 있는 도구이다. 또한, 우리 주변에 질병으로 고통받는 사람들이 실제적인 자비를 베풀어 줄 것을 계속하여 호소하고 있다. 우리의 주님도 사람들의 영혼뿐만 아니라 육신의 고침을 위하여 제자들을 파송한 것을 우리는 잘 알고 있다.

그뿐만 아니라 지금 또 다른 문제가 떠오르고 있다. 선교회에 속한 사람들의 수가 이제 적지 않은바, 이들을 위하여 종종 외부로부터 의료적 도움을 청하고 있다. 지역의 미국 의사가 우리의 요청에 적극적으로 도움을 주는 것은 사실이고, 지금까지 그의 도움을 많이 받았지만, 그의 병원에 의지하는 것은 호주선교회 개개인들에게 항상 즐거운 일은 아니다. 또한, 그들에게도 짐이 될 수 있다.

우리 친구 어윈 박사는 가을(9월)에 휴가가 예정되어 있고, 그가 없는 동안 그 자리에 다른 의사는 없는 것으로 우리는 이해하고 있다. 만약 그렇다면, 그리고 빅토리아교회가 의사를 속히 보내지 않을 경우, 우리 선교회 안에 심각한 질병이 발생할 때 일본인 의사에게 의지해야 하거나 먼 곳으로부터 의료지원을 받아야 한다.

진실로 나는 희망하건대 호주의 한국선교를 위한 세 위원회가 이 문제를 신속하게 논의하기 바란다. 한 위원회가 파송할 수 없을 경우, 세 위원회에 연합으로 결정하여 우리의 오랜 기도와 필요에 응답해 주기를 바란다. 의료선교사 가정은 우리 집에서 당분간 같이 지낼 수 있다. 서울의 선교 지도자 한 명은 우리 선교회의 내부 사정을 잘 아는데 최근 편지에 다음과 같이 쓰고 있다. "당신의 선교회에 몇 명의 인원이 보충된다면 여러분이 가지고 있는 어려움이 나아질 것으로 확신합니다."

오늘은 한국인의 새해이다. 이날 한국인은 한 살씩 더한다. 그러므로 어제 아기가 태어났다면 그는 오늘 아침 2살이 되는 것이다. 일 년에 두 번 조상숭배가 있는데 이날이 그중 하나며, 죽은 자와 산 자가 한 가족으로 모이는 날이다. 이날은 특히 우리의 신자들을 생각하게 되는바, 유혹에 빠질 수 있기 때문이다. 그들이 그 의식을 잘 저항하고 잘 극복할 수 있도록 우리의 마음은 기도로 충만하다. 어젯밤, 우리 이웃들은 조상숭배를 위하여 많은 음식을 준비하고 있었다. 우리를 방문한 한 청년에게 자신의 집에서는 준비하지 않느냐고 묻자 다음과 같이 대답하였다. "예. 그러나 우리 집에서는 조상숭배를 더는 하지 않기에 특별한 음식을 준비하지 않습니다." 옛것은 사라지고 새것이 시작된 것이다…….

먼 곳의 선교 거점에서 일이 잘 진행되고 있다는 좋은 소식을 우리는 들었다. 우리의 한 형제는 이미 있는 신자에 더하여 그리스도를 주로 고백하는 10명의 새 교인이 들어왔다고 하였다. 이제 그 마을에 40명의 기독교인이 있는 셈이다. 곧 나는 이 형제들을 방문할 것이다.

최근에 학교에도 감사할 일이 있다. 학생 수가 늘어나고 있는 것은 그만큼 부모들이 우리 학교를 좋아한다는 의미이다. 우리가 아이들을 가르침으로 그 부모에게도 영향을 미치기 원한다. 올해 우리 선교회에 더 많은 사람이 들어오기를 희망한다.

('더 메신저', 1901년 4월 26일, 239)

30. 초량과 부산진의 선교사 모임

교회 선교지를 보내주어 감사하다. 특별한 관심을 가지고 읽을 것이다. 선교지는 보기에도 좋고 흥미로운 내용도 많이 있다. 더 많은 사람이 읽으면 좋을 것 같다. 빅토리아장로교회의 공식 소식지와 '펠로우십 메신저'가 협력하여 이곳의 이방 세계에 필요한 실제적인 정보를 많이 제공하기 바란다. 그러한 변화를 우리는 기뻐하지만, 우리의 작은 선교지 '더 메신저'를 더는 볼 수 없다는 사실에 아쉽다.

내가 스타웰에서 엥겔을 만났을 때 그리고 그가 장로교회 목회를 위하여 신청한다고 하였을 때, 나는 그에게 장래의 목회지로 한국을 고려해 보라고 제안하였다. 그 후 일이 잘 진행되어 지금 그는 한국 선교지에 와 있다. 그가 우리에게 온 것이 모든 일에 큰 축복이 되기를 기도한다. 기대하지 않은 어려움으로 사역이 중단하지 않기를 바란다.

이제 빅토리아여선교연합회 임원회에 해외선교위원회 위원이 2명이 있는바, 이 구조가 이곳의 선교에 도움이 될 것이다. 새 세기를 우리는 잘 시작하고 있다. 새해 우리는 여선교사들의 초청으로 그들의 선교관에서 함께 하였다……. 이 지역 두 개의 선교 거점 선교사들이 최근 매달 모이기 시작하였는데 서로 간에 도움이 될 것으로 희망한다.

앤드류 아담슨

('더 메신저', 1901년 5월 3일, 254)

31. 떼강도의 출몰

지난달 22일 나는 한 형제와 함께 북쪽 지역을 순회하였다. 우리는 며칠을 그 지역에서 즐겁게 보냈다. 그곳은 전에 전도하며 애를 쓴 곳이다. 첫날 여정은 뭔가 좀 특별하였다. 늦은 밤 우리는 시골의 작고 어두운 여관방에서 자려고 하는데, 갑자기 누가 창문을 두드리며 낮은 소리로 우리를 불렀다.

"큰 소리가 나도 놀라지 마세요. 이곳은 강도들이 많아요. 우리가 지키기 위하여 왔어요. 염려하지 마세요."

한 가지 언급해야 할 것은 이들의 방어 수단은 가능한 큰 소리를 많이 내는 것이었다. 그리고 곧 귀를 얼얼하게 하는 함성과 함께 큰 북소리와 나팔소리 그리고 징 소리가 났다. 이들은 반복하여 새벽까지 소리를 내었다. 우리는 잠을 포기하고 아침을 기다리는 수밖에 없었다. 얼마 후 우리가 듣기로 어제 저녁 이야기하였던 여관 주인과 강도 몇 명이 체포되었다고 하는데, 그는 강도들에게 여러 번 도움을 주었다고 하였다. 다행히 우리는 무사하였고, 다만 잠만 못 잔 것뿐이었다.

길 위에서 우리가 듣기로 이 지역에 떼강도가 많이 출몰하며, 적지 않은 인원이 체포되었다고 하여 안심이 되었다. 거의 40명이 체포되어 감옥에 갇혔고, 그중 몇 명은 사형선고를 받았다. 지난주 이미 2명이 사형장의 이슬로 사라졌다고 한다.

이번에 내가 방문한 곳 중에 울산에서 40리 떨어진 작은 어촌 마을이 있었다. 이곳에 2명의 기독교인이 있다고 들었다. 우리가 아는 한 이곳 목섬에 외국인이 전에 방문한 적이 없다. 얼마 안 되어 우리는 외국인을 보려는 많은 사람으로 둘러싸였다. 그들은 곧 우리의 방문 목적을 알았고, 그들을 사랑하는 하나님의 이야기를 들을 기회를 가졌다. 이들은 무슨 미신적인 사설을 믿고 있는 것으로 보였지만, 복음의 간단한 선포를 주의 깊게 들었다. 그러나 쪽 복음 구매를 이들은 망설였고, 전도지도 받지 않으려고 하였다. 마침내 이들은 진리의 지식이 담긴 전도지를 받아갔다. 외국인 신을 받아들이면 자신의 신이 노한다고 믿고 있는 이들을 생각하면 안타까운 마음이 든다. 우리가 전하는 복음이 자신들에게 위험하다고 생각하는 것이다. 길가에서 전도지를 나누어주면 이들이 종종 묻는 것이 있다. 이것을 읽으면 자신들에게 해악이 있는지 말이다.

피영 관가의 한 사환이 자신의 지역 기독교 신자들에게 편견이 있었다. 마침 우리가 방문하는 곳에 그가 있었다. 선교 활동에 관한 그의 오해는 많은 사람에게 부정적으로 작용하였다. 그가 미신을 믿는 사람들에게 이야기할 때 우리는 그에게 몇 가지 질문을 하였다. 그는 자신에게 주어지는 질문을 모두 부정하였다. 그러나 그와의 대화는 사람들에게 좋은 영향을 끼쳤다고 나는 생각한다. 우리가 떠날 때 몇 명의 사람들이 우리를 배웅해 주었다.

우리는 피영에서 교인들과 시간을 가졌다. 그리고 그곳에서 10리 떨어진 곳에 사는 교인 가족도 심방하였다. 새 생명을 얻고 삶이 어떻게 변했는지 증언하는 단순한 마음을 가진 이들을 만나는 것은 기쁜 일이다. 가족을 만나는 구정이 가까워져 오자 길에 사람들이 많았다. 전도지를 나누어줄 좋은 기회이다.

우리의 한 형제가 재정적으로 어려움을 겪고 있다고 들었다. 그리고 그는 법정과 관련되어 그 빚에서 빠져나올 수도 없는 형편이었다. 자신의 잘못으로 그렇게 된 것인지 나는 아직 확실히 모른다. 그렇지 않기를 바란다. 아무리 안타까워도 선교사가 이곳 형제의 필요에 도움을 줄 수 없을 때가 있다. 특히 관공서와 관계된 일이다….

구포에서도 며칠을 보냈다. 이곳은 중심지여서 여러 일을 보기에 편리하다. 그러나 이곳도 이제 시작일 뿐이다. 우리를 방문한 이곳의 학교 관계자와 좋은 만남을 가졌다. 진실한 일이 일어날 수 있을지 기대하고 있다. 이미 복음에 관심을 가진 몇 사람을 친구로 사귀고 있다. 때가 되면 우리는 복음을 전할 목적으로 이곳에 방을 하나 빌리려 한다. 그러나 아직 시행하지 못하고 있다.

수년간 선교사들은 이 항구에 씨앗을 뿌렸다. 이제 아직 복음이 전하여지지 않는 곳까지 선교가 확장될 시기이다. 열매를 보기에는 오래 걸리겠지만, 우리는 그것과는 상관없다. 하나님만이 열매를 거둘 것이다.

내가 회원으로 있는 성서위원회가 22일 서울에서 열린다. 그러나 몇 가지의 상황으로 나는 그 모임에 참석할 수 없다. 안건 중의 하나는 한국어 성경의 가격을 낮추는 것이다. 그리고 우리는 그것이 통과되기를 바란다.
현재 우리는 즐거운 봄날을 즐기고 있으며, 모두의 건강도 좋다.

('더 메신저', 1901년 5월 24일, 318)

32. 거제 옥계에서

빅토리아주의 친교회와 다른 회원들은 이 소식에 실망할 것이다. 그린우드 부부는 이곳 항구까지 가까이 왔으나 이 지역의 상황으로 우리를 방문하지 못하였다. 그를 만나기 고대해 왔기에 실망스럽다는 말도 부족할 정도이다. 그가 또한 우리의 선교부를 방문하고 하는 일도 보기를 원하였기 때문이다. 이 북동지역을 떠나기 전 부산을 방문할 수 있기를 바랄 뿐이다.

지난달 나는 섬을 방문하느라 이곳을 열흘 비웠다. 그곳까지의 뱃길은 매우 거칠었고, 파도가 높아 모험적이었다. 그럼에도 우리는 목적지까지 잘 도착하였다. 그 지역의 한국인은 우리에게 친절하지 않았다. 다행히 한 가족이 자신의 방을 비워줘 우리가 쓸 수 있었다. 한국인은 민족에 대한 자부심이 강하여 외국인에게 무심하지만, 이 집주인처럼 손님을 환대하는 친절한 마음이 있다.

신자들은 우리가 도착한 옥계에서 좀 떨어진 곳에 살고 있다. 우리가 도착하였다는 소식은 그들에게 금방 전하여졌고, 그들은 달려와 우리를 진심으로 반겼다. 그곳의 사람들은 농사일로 바빴다. 그러나 그것이 그들을 방해하지 못하였다. 그들은 한 형제의 집에서 매일 열리는 우리의 집회에 열심히 참석하였다. 우리가 떠나기 전 8명에게 세례를 베풀었다. 모두 한 가족에 속한 인원이다. 수년 동안 그리스도를 주로 고백해 온 교인 몇 명의 세례는 연기하였다. 아직 기독교 신조를 잘 몰랐지만, 가장 큰 이유는 믿는다는 좀 더 확실한 증표를 나는 원하였다. 이들을 더 잘 보살펴야 하겠지만, 소외된 섬에 사는 이들을 개인적으로 돕는 것은 실제적으로 가능치 않다. 가끔 방문하여 지원할 뿐이다.

그곳에 머무는 동안 두 가지가 인상적이었다. 과거보다 좀 더 자주 이 형제들을 방문해야 한다는 것이다. 이곳까지의 험난한 여정과 큰 비용이 이들을 돕는 일에 방해가 되지 말아야 한다. 다른 하나는 이곳에 한국인 전도자를 한 명 임명하여 전폭적으로 전도하며 교인들을 지원해야 한다는 것이다. 이곳의 형제들이 물론 열심히 하고 있지만, 가난하여 자신의 생계를 위해 일해야 한다. 이들이 시급성을 가지고 좀 더 적극적으로 전도할 수 없는 상황이다. 어떻게 이것을 성취할 수 있을까. 우리는 아직 기도 중이다. 이곳 섬사람들을 위하여 우리 선교사들의 역할을 효과적으로 조정할 필요가 있을 것이다.

이미 성취된 것에 우리는 감사하다. 보수도 없이 주로 한국인들이 감당하여 왔다. 그러나 우리는 복음의 깨달음과 자유케하는 힘이 한두 곳에서만 이루어지기 바라지 않는다. 전체 섬에 전하여지기 위해서는 헌신 된 사람들의 조직적이고 계속되는 노력이 필요하다. 이 섬에서 전도하는 선교사들은 모두 자급하는 교회가 세워지기를 바란다. 머지않아 성취될 줄로 믿고 있다. 그러나 그때까지 그 일은 호주교회들의 의무이자 특권이다.

거제에서 돌아와 나는 또 한 명의 형제에게 세례를 베푸는 특권을 가졌다. 이 사람은 전에 여러 가지 미신과 죄에 빠져있었지만, 이제 새사람이 되었다는 분명한 증거를 보였고, 계속 노력하여 장성한 분량에 이르겠다고 하였다. 그러므로 지난달에만 9명이 세례를 받았다…….

서울과 부산 간의 기찻길 공사는 아직 착공되지 않았다. 9월에 시작된다는 기대가 있다. 2천 5백만 엔 정도가 소요될 것이라고 한다. 돈은 이미 일본에서 모금되었고, 완성까지 5년이 걸린다고 한다.

('더 메신저', 1901년 6월 28일, 420)

33. 첩의 문제

한 명의 형제가 최근 나를 방문하여 상담하였다. 이웃의 남성이 두 명의 아내 중 한 명을 쫓아냈다는 것이다. 일부다처제는 성경 속에도 존재하여 오랫동안 논의돼 온 사안이다. 그리고 일부다처제를 따르는 사람은 교회 안에 받아들일 수 없다는 이야기를 처음 들은 이 남성은 고민에 빠져있었다. 일부다처 관계는 우리가 싸워야 할 악이다. 기독교인이 되어 이 관습에서 벗어나려는 사람에게 정확히 어떻게 해야 할지 충고해주기는 쉽지 않은 일이다.

현재 나는 세례문답반 여성들에게 일주일에 한 번씩 공부를 시키고 있다. 이들은 세례받을 준비가 되어있는 듯하다. 우리의 한 학교에 매일 출석하는 학생은 30명 정도이다.

여러분은 신문에서 일본과 러시아의 관계를 읽었을 것이다. 두 나라 사이에 언제든지 충돌이 일어날 수 있다. 이 나라의 안전을 위하여 그리고 선교 사역을 위하여 전쟁이 일어날 시 일본이 승리하기 바란다.

('더 메신저', 1901년 7월 5일, 439)

34. 거제, 초량, 울산에서

최근의 거제 섬 방문에 관하여 위시아트 씨에게 편지를 썼었다. 그리고 여러분은 우리와 함께 기뻐할 것인바, 그곳에 복음의 거점이 더 생기고 있기 때문이다. 이로 인하여 우리는 감사하며, 더 큰 역사가 일어나기를 기도할 뿐이다. 이 섬은 한국에서 가장 큰 섬 중의 하나이고 10만 명 정도의 영혼이 살고 있다.

거제의 영적인 필요를 생각하여 우리는 속히 토착인 일꾼 한 명을 임명하여, 온전히 그곳에 전도사역을 확장하고 발전시키기 원한다. 이 지역의 형제들은 자신의 생업을 유지하면서, 무엇이든지 기꺼이 돕기를 원하고 있다. 그러나 이들이 할 수 있는 일은 한계가 있고, 그곳에서 필요로 하는 전반적인 사역을 감당할 수 없다. 더군다나 이 섬은 우리의 선교부에서 멀리 떨어져 있고, 어떤 시기에는 방문할 수도 없는 환경이다. 오직 외국인 선교사가 때때로 실제적인 도움을 줄 수 있다.

우리 노동의 결과를 여기에서도(초량-역자 주) 볼 수 있다. 지난달 세례를 받고 교회의 회원이 된 한 정직한 남성이 자신의 변화된 삶과 신실한 간증으로 가정 구성원들에게도 좋은 인상을 주었다. 교회의 친교에 새 회원을 받아들이는 것은 매우 중요하고 심각한 일인데, 어떤 경우는 교회에 들어오려는 동기가 의심쩍을 때가 있다. 그러므로 경험 있는 선교사는 오랜 시험기간을 두고 자격이 있다는 증거가 분명할 때 의식에 초대한다. 현재 우리의 세례문답반에 지난 4년 동안이나 세례를 기다려 온 사람이 한 명 있다.

최근 선교 모임에서 지난번 수차례 언급한 울산은 나의 동료에게 사역을 넘기기로 하였다. 그곳은 여러 가지 영향이 작용하였는바, 그곳 토착인의 전적인 노력으로 이루어졌다. 우리 외국인 선교사들이 그 공을 차지할 수 없다. 우리 매서인이 지난 5년 동안 이곳에서 많은 수고를 하였는데, 그것이 이 지역의 선교를 크게 발전시켰을 것이다. 우리는 이제 복음이 거의 소개되지 않은 다른 지역에 집중해야 한다. 그리고 우리가 기도하는 중에 울산 선교는 계속 성장할 것이다. 우리 모두 함께 기뻐하며, 하나님께 감사하자.

('더 메신저', 1901년 7월 12일, 460)

35. 밀양 순회

밀양은 이번에 처음 방문하였다. 그곳까지 이틀이 걸렸다. 기름진 계곡을 지나 그곳으로 가는 길은 즐거웠고, 낙동강도 건넜다. 이 강은 한국에서 큰 강 중의 하나이고, 경상북도 대구까지 거슬러 올라갈 수 있다. 풍요롭고 초록빛의 아름다운 산은 소나무로 덮여있는데, 조선 바닷가의 헐벗은 언덕과는 큰 대조를 이루었다. 풍광은 아름다웠지만, 하루를 묵어야 하는 길가의 '호텔'은 매우 불편하였다….

밀양 방문은 나에게 전도할 훌륭한 기회를 주었다. 또한, 외국인이 아직 전도하지 못한 지역에서 전도지를 나누어 줄 수 있었다. 가는 곳마다 우리를 친절하게 맞아주었는데, 유교 학자 한 명은 우리의 이야기 듣기를 굉장히 망설였다. 그는 진리를 들을 마음의 여유가 없었다. 그러나 다른 사람들은 관심을 기울이며 우리의 전도에 귀를 기울였다. 가끔 우리의 쪽 복음과 해설집을 사려고 사람들이 몰리기도 하였다.

하루는 점심을 먹기 위하여 한 마을에 멈추었다. 한 여성은 남편에게 보여주기 위하여 우리가 준 전도지를 잘 접어 옷에 넣었다. 이방의 마을을 잠시 방문하여 우리가 할 수 있는 일은 적지만, 하나님은 우리의 연약한 노력을 통하여도 역사하신다는 것을 믿는다. "내 입에서 나가는 말도 이와 같이 헛되이 내게로 되돌아오지 아니하고…." 이 말씀이 종종 우리에게 위안이 된다. 하나님의 사랑은 이들에게 새로운 경험이다.

지난주일 예배에서 어린이들을 포함하여 14명이 세례를 받았다. 그러므로 올해 모두 23명이 세례를 받은 것이다. 그중 2명은 특히 오랫동안 세례를 기다려 왔다. 종종 문제는 주일에 일해야 한다는 현실이다. 4번째 계명도 이들에게 어려운 것인데, 철저하게 지키도록 하고 있다. 이번에 세례를 받은 사람은 두 명의 젊은 엄마와 믿는 남편의 아내들, 그리고 우리 학교 학생들이다. 우리에게 굉장히 고무적인 일이다….

여러분들은 아마 제주도에서 반천주교 운동이 일어난 것을 들었을 것이다. 400명의 천주교인이 살해되었다. 처음에는 그곳에서 일하는 프랑스 신부들의 안전이 염려되었는데, 나중에 듣기에 그들은 안전하다고 한다. 이 사건이 일어난 진짜 이유는 아직 밝혀지지 않았다. 그곳에 개신교 선교사는 없다.

('더 메신저', 1901년 8월 30일, 602)

36. 거제의 매서인

비가 계속 오고 있어 순회 전도와 다른 사역들이 방해를 받고 있다. 그럼에도 우리는 지난주 구포와 양산을 포함하여 다른 지역을 빙 돌아 방문할 수 있었다. 구포 사람들은 우리의 방문에 이제 습관이 된 것 같다. 서양 옷, 음식, 가정생활을 포함한 그들의 지루하고 수많은 질문을 더는 듣지 않아도 된다. 이제는 우리를 처음 보는 사람만 그러한 질문을 한다. 우리가 길가에서 전도하거나 전도지를 나누어줄 때, 종종 친절하게 자신의 가게에 우리를 초청한다. 기독교에 관심을 가지는 우리의 친구들이 늘어나고 있고, 사람들의 다정한 태도는 우리의 노력에 효과가 있다는 것을 말해준다.

양산은 비교적 작지만 풍요로운 고을이다. 이곳에 죽은 자를 위한 커다란 유교 사원도 있다. 이곳의 학교나 길가의 사람들은 우리가 전하는 메시지에 관심을 보여 격려가 되었다. 쪽 복음도 팔렸고, 전도지도 많이 나누어 주었다. 미국선교사가 아는 형제들이 이곳에 있다고 들었는데, 우리는 그들을 찾아 친교할 수 없었다.

농부들에게 바쁜 시기만 아니면 길 위의 작고 조용한 마을이 선교사가 전도하기 좋은 곳이다. 만약 천주교 선교사만 아니면 말이다. 시골에서 우리는 가능한 많은 기회를 찾았고, 확실한 결과는 볼 수 없지만, 복음을 처음 듣는 검소한 이들의 마음에 씨를 뿌렸다. 천주교 선교사에 대한 편견과 반천주교 분위기는 때로 개신교 선교에도 영향을 끼치고 있다….

최근 강도 떼의 출현이 멈추어 안심이다. 그러므로 찌는 듯한 더위와 모기의 공격에도 즐겁게 다니고 있다.

작년에 나는 섬의 신자들이 예배당을 마련하기 위하여 10,000(화폐 단위가 기록되지 않았지만 '냥'으로 보인다. - 역자 주)의 현금을 자유롭게 헌금하였다고 언급하였었다. 이제 말할 수 있는 것은 작은 집이 확보되었고, 소유권 증서가 나의 이름으로 등록되었다. 교회의 자금은 우리의 관심사로 이들은 칭찬받을 만하다.

그뿐만 아니라 우리가 그 중요한 지역에서 마침내 좀 더 광범위한 개척적인 활동을 할 수 있는 위치가 되었음을 감사한다. 글을 읽을 수 있는 사람들에게 좀 더 효과적으로 성경을 접할 수 있도록 할 수 있을 것으로 믿는다. 지금까지 그곳에서의 매서인 활동에 어려움이 많았던 것은, 그곳에서 사는 매서인이 없었기에 성공적이지 못한 것이다. 이제 부분적으로 우리의 필요가 채워졌고, 그 섬 지역에서 좀 더 왕성한 활동이 있을 것으로 기대한다. 다음 달 나는 다시 그 섬을 방문하기 희망한다.

우리 지역에서는 특히 학교의 학생 중에 좋은 징조가 나타나고 있다. 최근 예배 후에 그리스도를 위하여 믿음으로 살기 희망하느냐는 질문에 모든 남학생이 즉시 일어서 그리스도를 따르겠다고 하였다. 이 어린아이들의 마음속에 진리가 자리를 잡고 있다는 확실한 증표 중의 하나이다.

부산은 바뀌고 있는 도시이다. 영국인이자 제물포 세관원이었던 오스본을 대신하여 새 세관장 대리가 취임하였다. 영국영사관의 설립으로 새 혁신적인 제도가 도입될 것이라 한다. 지금까지 몇 사람이 명목상의 영사 역할을 하였지만, 이 항구에 영국영사관은 없었다. 며칠 전 영국의 한 장관이 서울을 방문하여 영사관의 자리를 준비하였다. 아마 미국선교회 맞은편 언덕에 세워질 것 같다. 우리 선교관에서 멀지 않은 곳이다.

또 다른 소식은 다음 달 공사가 실제로 시작되는 부산과 서울 간의 기찻길을 위하여 기초 준비를 하고 있다. 뉴욕의 스텐다드 오일 회사가 영도에 세우는 큰 창고가 거의 완성되고 있다. 미국에서 부산으로 이제 직접 기름이 오게 되므로 일본 증기선 회사들의 수출입 소득이 크게 줄어들 것이다. 어찌 되었든 부산은 중요한 산업의 중심지로 더욱 발전할 것이다….

('더 메신저', 1901년 9월 27일, 682)

37. 제9회 장로교 공의회

아홉 번째 장로교 공의회 연례 모임이 20일 서울에서 시작되었다. 기대한 것보다 세 배나 길어져 6일간 진행되었다. 회원 수도 늘어났고 중요한 안건도 있어 계획된 시간이 충분치 않았다.

우리 빅토리안 선교에 관하여 두 가지 안건이 있었는바, 하나는 한국 남쪽과 장로교회 간의 선교지 분할 문제였다. 경계가 분명하지 않을 때 그 지역의 다양한 선교사들은 공동의 관심을 가져왔다. 이제 선교사의 수가 증가하고 내지 선교의 새 안건이 계속 등장함에 따라 현재의 모습은 실제적이 아니라고 생각하였다. 중복을 피하기 위한 지역분할 원칙의 중요성을 모두가 인지하였고, 머지않아 우리 선교회의 활동에도 적용될 것이다….

또 다른 안건은 토착민 선교를 위한 장로 후보자의 자격과 결혼과 장례 예식이다. 이것은 교회의 영적인 건강에 중요한 주제로 많은 토론을 불러왔다. 유익한 결과를 가져올 것이다. 교회에서 목사나 장로의 직분을 맡는 자는 결혼 의식에서 다섯 가지 죄악에서 멀어져야 한다. 그것은 조혼, 과부의 재혼 낙인, 안 믿는 자와의 결혼, 결혼의 유효를 돈이나 선물로 하는 제도, 결혼의 일반적인 관행을 따르는 것이다. 지역의 형제 중에 이것에 대하여 약함을 보이는 모습은 선교사들에게 염려되는 사항이다….

올해의 특별한 모습은 토착민 대표들이 지난번 결정한 대로 자신의 언어로 토론에 참여한 것이다. 어떤 형제들은 특정한 안건에 자신의 태도를 보이었고, 교회의 본질과 기능에 진실하고 높은 인식을 드러냈다. 피할 수 없이 회의는 오래 끌었지만 유익하고 도움이 되었다….

23일 조선성교서회(성서공회-역자 주)에서 열린 성서위원회 임원회는 중요한 결정을 하였는바, 성경책의 가격에 관한 것이다. 매서인과 가까이 일하는 선교사들은 쪽 복음이 비교적 비싸 많이 팔리지 않고 있다는 것을 알고 있다. 오랜 토론 끝에 결국 내년부터 가격을 인하하기로 만장일치로 결정하여 기쁘게 생각한다. 성서공회는 전도사역에 있어서 필요 불가결하며, 이제 가격을 낮춤으로 대중화가 가능하고, 그 유용함이 지역에서 더 증가할 것이다….

서울과 부산 간의 기찻길 공사가 마침내 양쪽에서 시작됨을 기쁘게 알린다. 21일에 열렸던 시공행사에 초청을 받았지만, 참석하지는 못하였다. 한국인뿐만 아니라 극동의 모든 나라에 이것은 크게 관심 있는 소식으로, 상업적이고 정치적인 이유에서이다. 동쪽의 여행길에 큰 변화가 있을 것이고, 시베리아까지 연결되면 부산에서 프랑스 북부까지 갈 수 있다. 그러면 지금의 3분지 1의 시간에 영국까지 다다를 수 있다….

('더 메신저', 1901년 12월 27일, 941)

38. 1901년 보고서

양산 읍내를 두 번째 방문하였다. 우리는 따뜻한 환영을 받았으며, 더 좋았던 것은 지난번 전도를 듣거나 쪽 복음을 산 사람들이 하나님의 말씀을 더 알기 위하여 열심이었다는 것이다. 남성들의 마음속에 진리의 영이 작용하고 있다는 확실한 증표였고, 거룩한 뜻을 알기 위한 깊은 목마름이 있다는 것이 느껴졌다.

이번에는 길가에서 전도를 많이 하지는 못하였다. 관심이 있는 사람들이 작은 무리를 지어 계속 우리 숙소로 찾아왔다. 어떤 이들은 늦은 저녁까지 질문하였고, 우리는 그들과 함께 앉아 성경으로 대답하였다. 그중 4명이 그리스도에 대한 믿음을 고백하였다. 이 중 3명이 이틀에 거쳐 와 우리의 성탄예배에 참석하였다. 우리의 교회는 내지에서 온 이 형제들을 만나 기뻐하였다. 그리고 그들의 여행 경비 일부를 지원하는 사랑을 보이었다. 이 축복은 장차 더 큰 일이 일어날 것이라는 약속이기도 하였다.

새해에 주님의 나라가 더 확장되는 모습을 보는 것은 우리의 특권이 될 것이다. 1901년에 성인과 아이 합쳐 총 24명이 세례를 받았고, 교회 회원 중에 책벌을 받은 사람은 없다.

한 여성과 결혼을 한 어떤 형제에게만 문제가 있었다. 그 여성이 몇 년 전에 주일학교에 참석하였기는 하지만, 결혼할 때 기독교인이란 증거가 없었기 때문이다. 정상참작이 가능한 상황이었지만, 간단한 문제는 아니었다. 성경의 가르침을 위배하지 않았다는 것을 교회의 신자들에게 보여야 하였기 때문이다. 이 문제를 잘 다루어야만 다른 교인에게도 경고가 될 것이었다.

대부분 토착인 교인들은 진리를 아는 일에 진보를 보이었다. 그리고 다른 교인들의 영적인 상태에도 관심을 가지고 소통하기 원하였다. 또한, 사역이 계속될 수 있도록 헌금도 하는데 19달러나 헌금하였다. 이것은 성서 공회에 주는 적은 헌금과 거제 섬에 예배당을 사는데 4달러, 그리고 빈궁에 처한 가난한 이들을 돕는 헌금도 포함되어 있다.

우리 교회는 아마 목사(아담슨 자신을 말함-역자 주)의 잦은 출타로 인하여 고통을 받고 있다. 그러나 그의 출타로 복음에 관한 관심이 다른 곳에서도 높아지고 있으니 그것이 보상이다…. (가을에 서울을 방문한 것을 제외하고) 지난해 15번의 순회 전도를 나갔고, 30곳을 방문하였다. 총 3천 리 혹은 영국식으로 천 마일을 다녔다. 방문한 곳 중 울산을 포함한 4곳을 나의 동료가 목회적 책임을 지고 있다. 이제 그곳에는 복음이 영구적으로 정착하고 있다고 믿는다….

우리 매서인의 노력은 다른 어떤 해보다 성공적으로 이루어지고 있다. 성경이 더 많이 팔린 것은 물론이고, 그들의 월 보고를 듣자면 경상도에 성경 읽기가 점점 더 중요해지고 있다는 사실이다. 현재 4명의 형제가 성경 돌리는 일을 책임지고 있다. 한 가지 우리의 큰 관심을 끌었던 것은 몇 개월 전에 한 형제를 임명하여 온전히 거제 섬에서만 매서하도록 하였다는 것이다. 그의 노력은 열매를 맺고 있으며, 계속 복음에 관심 있는 토착민이 늘고 있다.

새해부터 한국어 쪽 복음서 가격이 인하될 것이다. 이것으로 판매가 더 확장될 것으로 우리는 기대한다. 어려운 사역임에도 이들은 자신들의 임무를 기쁘게 그리고 믿음과 소망과 사랑의 영으로 감당하고 있다.

30명이 등록된 우리의 주간 남학교 학생 평균 출석은 그 어느 때보다 좋다. 몇 명은 기독교 가정의 아이들이고, 세례도 받았다. 다른 아이들도 스스로 기독교인이라 고백하고 있고, 다른 과목 위에 기초 신앙 내용 일부를 습득하고 있다. 우리는 이 학교를 우리의 사역과 관련하여 중요하고, 도움이 되고, 희망적으로 생각하고 있다.

소녀들을 위한 야학은 선교사의 아내가 지도하고 있다. 이 공부반은 일년 내내 주중에 두 번 그리고 주일에 한 번 모인다. 총 40명의 이름이 등록되어있다. 작은 아이들도 가사에 다 의무가 있어 정기적으로 출석하는 데 어려움이 있지만, 평균적으로 우수한 편이며, 작년과 비교하면 약간의 진보를 보이고 있다. 이 반에서 일하는 전도부인은 칭찬받아 마땅하다. 특히 아이들을 불러 모으는데 열심이다.

아담슨 부인은 아이들이 글을 깨우치는 것과 복음의 기초를 배우는 학습에 발전이 있다고 보고하고 있다…. 그녀는 또한 청년들에게 일주일에 3시간씩 영어를 가르치고 있는바, 현재 13명이 출석하고 있다. 수 명이 일하고 있으므로, 출석률은 유동적이다. 이들은 배우려고 노력하고 있고, 지금까지 오직 1명만 포기하였다. 가장 진보가 있던 학생 한 명은 최근에 의학을 공부하러 일본으로 갔다. 또 한 학생은 상해의 유명한 영국 중국인 학교에 입학하였다. 그는 그곳에서 기독교 훈련을 잘 받을 것이다.

무엇보다도 이 공부 반들은 영적인 건강을 우선시하고 있다. 나의 아내는 이 분야에 가치 있는 도움을 제공할 뿐 아니라, 여성들을 방문하는 중요한 사역도 감당하고 있다. 그녀는 또한 예배 시간에 악기 반주를 하고 있다.

이상 지난 한 해의 보고이다. 물론 현장에서만 느낄 수 있는 실망과 낙담에서도 자유롭지는 못하였다. 그런데도 모든 방면의 활동 속에 있는 격려와 희망으로 우리는 성장 속에 잘 마칠 수 있었다. 실무자로서 우리의 불완전함을 겸손하게 잘 알지만, 주님께서는 우리의 선교를 헛되이 하지 않으셨다.

"여호와께서 집을 세우지 아니하시면 세우는 자의 수고가 헛되며…."

('더 메신저', 1902년 3월 14일, 113)

39. 동항리교회 설립

시년춘에 통영군 동항리교회가 성립하다. 선시에 선교사 손안로의 전도로 박명출, 박인건, 박래찬, 이영백, 최명언 등이 신교하고 촌민들의 무한한 군축를 당하면서 례배당을 건축하고 열심 전도한 결과로 신도일증하야 례배당을 증축케되니라.

1902.

[조선예수교장로회 사기, 99]

40. 시골의 선교 거점

지금의 계절은 순회 전도하기에 좋은 시기는 아니다. 그래서 지난 한 달을 온전히 우리 지역을 위하여 일할 수 있었다. 이 지역에서만도 충분한 일이 우리를 원하고 있지만, 시골에서 들려오는 울부짖음을 우리는 무시할 수 없다. 그래서 우리는 시골 거점의 복음 전도를 위하여 시간을 많이 쓰고 있다.

멀리 사는 몇 명의 형제들이 우리를 방문하였다. 이들을 통하여 그들이 있는 지역과 계속 소통할 수 있다. 그곳의 신자들로 인하여 우리는 그 지역을 놓치지 않을 수 있고, 선교의 도움을 받을 수 있다. 이들은 우리가 집을 매입하는 데 최선을 다하여 헌금하였고, 그 집은 그 지역 기독교인의 사랑방이나 모임 장소로 사용한다. 동시에 선교사가 방문할 때 임시 숙소로도 사용된다.

지난겨울은 매서웠다. 그리고 최근에는 태풍도 두어 번 지나갔다. 우리 선교사관 지붕의 기왓장 몇 개가 떨어졌고, 작은 손해도 입었다. 우리 옆 동네에서 기찻길 공사가 제법 열심히 진행되고 있다. 자신들만의 노동 습관이 있는 한국인 인부들은 일본인 감독관과 종종 부딪쳤다. 감독관들은 자신들의 지시에 따라 공사가 진행되도록 엄격한 관리를 하기 원하였다. 그것으로 인하여 때로 험악한 분위기가 발생하기도 하였다. 이 지역에 약 천 명 정도의 인부가 고용되었고, 30명의 단위로 일꾼을 나누어 이곳에서 구포 사이에서 일하고 있다고 한다….

('더 메신저', 1902년 5월 2일, 258)

41. 외딴 섬 방문기

<우리의 선교사 아담슨은 최근 거제를 방문한 내용을 보고하였다. 그는 그곳의 길 위에서 만난 어린이들에 관한 이야기를 즐겁게 하였다. 이 지역의 한국인들은 아담슨을 잘 아는데 그가 정기적으로 방문하고 있기 때문이다. 이제는 정말 그를 진심으로 반기며 친절하게 대한다고 한다. 한때 외국인인 그를 본 어린이들은 달아나 숨었지만, 지금은 웃으며 '안녕하세요?'하며 인사를 한다. 그리고 이름과 나이 등 아담슨의 질문을 받기를 좋아한다. 호주의 아이들처럼 말이다.>

아이들은 먼 나라인 '양국'에 대하여 이상한 소문을 많이 듣고 있었다. 내가 그곳의 어린이에 대여 이야기를 해주면 동화를 듣듯이 눈이 초롱초롱해진다. 아이들에게 진정한 관심을 보이면 이들 중 몇은 담대히 손을 뻗어 내 손을 쓰다듬기도 하고, 내 시계에 귀를 대고 소리를 듣기도 하며, 내 가방에 소중히 보관하고 있는 사진을 보기도 한다. 그리고 아이들이 떠날 때는 '안녕히 계세요'하고 인사를 한다.

이번 방문에 우리는 전에 가보지 못한 곳을 갈 기회를 얻었다. 그중 한 곳은 외딴 섬이었다. 우리의 거제 섬 거점에서 몇 시간을 항해하여 닿을 수 있는 곳이다. 여기서 우리는 최근 이교를 버리고 그리스도를 주로 고백한 한 남성을 만나 기뻤다. 이 섬 전체에 10가정이 살고 있는데, 이런 환경에서 모두 행복하고 만족스러워 보이는 것이 놀라웠다.

섬의 대부분 남성은 어부였고, 바다에 나가 있었다. 우리는 돌로 둘러싸인 곳에서 예배를 드렸다. 이 섬의 독특한 풍경을 잊은 채 우리는 성경을 읽고 하나님의 사랑을 묵상하였다. 자신의 백성과 함께하시는 하나님을 마음을 다하여 찬양하였고, 그의 이름으로 기도를 올렸다.

정 씨는 중년의 지적인 신자로 열으로 예배에 참여하였다. 그는 성경 봉독과 말씀을 주의 깊게 들었으며, 얼굴에는 행복한 미소가 번졌다. 그리고 그는 어떻게 자신이 처음 우리의 매서인을 통하여 복음을 알게 되었고, 신앙에 관심을 두게 되었으며, 그리고 이전의 생활을 버렸는지 간증하였다. 그는 아내와 두 아이가 있었는바, 이제는 온 가족과 섬 안의 모든 사람이 구원의 도리를 알고 새사람이 되어 하나님의 뜻을 이루기를 원한다고 하였다.

이 섬에서 우리는 다시 거제 섬의 한 아름다운 마을로 떠나왔다. 그다음 날 복음을 한 번도 들어보지 못한 작은 무리의 사람들이 모여 말씀을 들었다. 어떤 이는 쪽 복음서를 샀으며, 어떤 이는 전도지를 받아가며 꼭 읽겠다고 하였다. 이곳 사람들의 태도로 우리는 격려를 받았고, 우리가 떠날 때 이들은 꼭 다시 방문해 달라고 하였다.

이곳에서 몇 마일 떨어진 누태라는 곳에서 우리가 관심을 가져온 오랜 친구 김 씨를 만났다. 지난 5년 동안 그는 신앙을 고백해 왔는데, 전에 그는 일부다처제로 인하여 염려를 하다가 그 불행한 관계 속에서 이제 자유롭게 되어 제대로 살기를 원하였다. 그곳 마을 사람들은 미신에 빠져 악령 가운데 살고 있는바, 기독교의 가르침보다는 무당을 더 믿고 있었다. 복음에 대한 마을 사람의 무관심은 때로 그를 우울하게 만든다고 한다. 김 씨는 성경에 관하여 좋은 지식을 가지고 있고, 변화된 사람임은 틀림없다. 그러나 아직 그를 교회의 지도자로 세우지는 못하고 있다.

주일에 이 섬의 우리의 거점 옥계에서 30명이 모였다. 우리가 오는 것을 기대하지 않았는데도 말이다. 그곳의 형제들과 우리는 즐겁게 지냈고, 선교

사역이 점점 넓혀지고 있어 기운이 났다.

우리의 전도에 흥미가 있는 집을 방문하는 것은 즐거운 경험이다. 이들은 우리의 동정과 도움이 필요한 사람들이고, 우리는 이들의 실제 생활에 관심이 있다. 또한, 그들의 사생활을 직접 볼 수 있는 것도 우리의 특권이다.

매서인 주 씨는 우리가 도착할 때 불행히도 아팠으나 우리가 돌아오기 전에 잘 회복하고 있었다. 7월쯤에 나는 그 섬들을 다시 방문하기 원한다. 그때쯤 아마 세례자가 준비될 수도 있다. 거제에서 복음이 더 깊고 넓게 확장되고 있다는 증거이다. 사역은 천천히 진행되고 있지만, 안정적으로 진행되고 있고, 이방의 어두움을 침투하고 있다. 어둠과 절망 속의 사람들에게 빛과 희망을 주고 있다.

('더 메신저', 1902년 7월 4일, 427)

42. 드디어 의료선교사가 도착하다

커를 부부가 부산에 도착한 날은 우리 선교회의 기쁜 날이다. 오랫동안 연장된 희망이 성취된 날이고, 많은 간절한 기도가 응답된 날이다. 부산의 두 곳 지역 선교사들이 모두 모여 이들을 환영하였고, 그들의 장차 사역을 축복하였다. 조용하고 정직한 남성처럼 보이는 그 의사는 이곳 사역을 위하여 충분한 자격을 갖추었다. 그가 도착한 지 몇 시간이 되기도 전에 그의 의술이 꼭 필요한 사람들이 나타나기 시작하였다.

그가 도착한 지 3일째 되는 날, 그리고 그의 짐이 아직 다 풀리기도 전에 커를 박사는 환자를 보기 시작하였다. 그는 자신의 시간 반은 환자를 위하여, 그리고 나머지 반은 언어공부를 위하여 쓰기로 하였다. 그의 진료는 이미 성황을 이루고 있다. 학교의 방은 교실과 진료실 두 개의 목적으로 쓰이기 시작하였고, 환자는 오후에 진료를 받기 전 먼저 복음의 소식을 들을 기회가 있었다. 또한, 전도지 등이 항상 준비되어 있었고, 사람들은 육신의 고침과 동시에 영혼의 양식도 얻어 갈 수 있었다.

선포와 고침은 선교의 거룩한 순서이며, 그 순서는 바뀌지 않을 것이다. 단순히 사람들을 치료해주기 위해 선교사는 존재하지 않는다. 우선으로 우리는 그리스도의 증인이며, 다른 모든 것은 그의 나라를 위한 보조적인 수단이다.

의사가 우리 중에 함께 한다는 것에 우리 일꾼들이 매우 만족하고 있다고 언급하였지만, 그의 존재로 인하여 많은 한국인이 진심으로 감사하고 있다는 것을 강조하고 싶다. 신자들은 자신을 향한 하나님의 사랑이라고 믿고 있다. 우리가 말로 하는 것보다 더 큰 의미가 있다. 매일의 예배에서 하나님께 감사하는 그들의 열정적인 표현을 고향의 여러 친구가 듣는다면 그들의 마음이 매우 기쁠 것이다. 커를 박사 부부가 우리 중에 있는 것은 특권이며, 이들은 현재 우리 집에 거주하고 있다. 그가 자신의 사택을 지을 때까지 아마 우리와 함께할 것이다.

('더 메신저', 1902년 8월 8일, 538)

43. 콜레라와의 싸움

<한국의 우리 선교사 아담슨 목사는 연합회 회원들이 지난 8월에 보낸 사진기를 잘 받았다. 나중에 우리는 선교사의 생활 모습을 받아 볼 수 있을 것이다. 그는 미국인 선교사 게일의 방문을 받았다. 게일은 부산에 몇 시간 머물며 그곳의 선교 활동을 접하였고, 그 지역 선교부 사택과 배경을 촬영하였다. 이 사진들은 그의 책에 등장할 것으로 믿는다.>

그동안 유행하던 콜레라가 이제 감소세에 있다. 진정되고 있는 큰 요인은

일본인들의 지칠 줄 모르는 노력 덕분이다. 커를 박사는 일본 영사관을 통하여 항 콜레라 약품을 받았고, 약 1,780명의 조선인이 접종을 받았다. 일본관 공서의 이런 방법은 현재까지 만족할만한 결과를 낳고 있다. 콜레라로 인하여 이 지역에서 일본인 120명을 포함해 대충 650명 정도가 사망하였고, 프랑스인 신부가 외국인으로서는 유일하게 감염되었다. 우리 선교부와 관련된 사람들은 놀라운 면역력을 보여주었다. 지켜주신 섭리에 우리는 깊이 감사한다.

('더 메신저', 1902년 11월 28일, 862)

44. 초량의 교인들

신앙에 관한 불완전한 지식과 교회 생활 경험이 부족한 작은 무리의 신자를 시골에 그냥 두는 것은 매우 안타까운 일이다. 어떤 경우에 그들은 적대적인 이웃과 대립까지 해야 한다. 그런 상황에서 그들은 강해지고 성장하기보다 종종 무관심해지고 후퇴하게 된다.

선교사가 그들을 가끔이나마 방문하는 것은 큰 도움이 되고, 꼭 필요하다. 그러나 이것에 더하여 성장에 필요한 것은 계속적이고 직접적인 감독이다. 작년에 나는 시골의 각기 다른 지역을 여덟 번 방문하였다. 교인 중에 '신조를 공부하고, 신앙 서적을 구하여 읽고, 말씀을 들으려는 마음'이 자라는 자들이 있다. 순회를 나갈 때마다 한두 명의 권서와 동행하였고, 이들은 성경을 보급하는 중요한 부분을 담당한다.

기록된 메시지와 전도를 통하여 하나님의 구원의 도가 선교부로부터 멀리 떨어져 사는 많은 사람에게 전하여 졌다. 사람들의 마음속에 새 생각이 싹트고, 진리를 구하는 진심이 드러난다. 다양한 불편함이 순회선교사에게 닥칠지라도 이것은 기쁜 헌신이다.

우리 지역 선교는 쉼 없이 계속되고 있다. 주중 아침 예배에서 서신서를 공부하고 있다. 계시록을 제외한 신약의 모든 책을 이런 방법으로 공부하였다. 이것은 권서와 같이 실질적으로 사역을 하는 우리 형제들에게 특별히 도움이 된다. 주중 예배와 주일예배뿐만 아니라 다양한 일이 선교사를 기다리고 있다. 내가 시골에 나가 자리를 비우면 한국인 조사가 내 자리를 대신한다. 그는 전반적으로 지역 사역에 큰 도움이 되고 있다.

우리 교회 교인들은 자신들의 고백만큼 신실하게 살며, 이웃들에게 신앙의 영향력을 끼치려는 모습을 보인다. 이들은 자신들이 불완전하다는 건강한 의식을 가졌으며, 올바른 길로 갈 수 있도록 거룩한 도움을 항시 바라고 있다. '작은 죄'는 없다는 것을 배우고 있으며, 악명 높은 죄를 멀리하는 것처럼 작은 죄도 짓지 않는 것이 중요하다.

선교부와 관련된 학교들은 번영의 한 해를 보냈다. 여름에 세워진 새 건물에는 학생들을 위한 향상된 기숙사도 포함되었다. 커를에 의하여 두 명의 신자 소년이 임용되었는바, 한 명은 사환 그리고 다른 한 명은 보건소 보조이다. 어떤 소년들은 성경의 지식을 놀랍게 습득하고 있다. 여자 야학에도 출석률이 높고, 열심히 하고 있다. 12월 25일 종강식 때 두 학교에서 70여 명의 학생이 참여하였고, 그들은 성탄 선물을 받았다.

아담슨 부인이 강의하는 영어반도 정기적으로 열린다. 청년들의 진보가 있었고, 그중 몇 명은 엄격하게 정기적으로 예배에 참석하고 있다. 이들의 마음은 점점 높은 곳으로 향하고 있다. 우리의 감독을 받는 권서들의 성경 판매는 증대하고 있다. 모두 5명의 권서가 일 년 동안 혹은 부분적으로 많은 곳을 방문하며 일하였다. 우리 전도부인도 이 지역에서 잘 봉사하였고, 아담슨 부인을 도와 어린이 사역을 하였다….

작년 한 해에 8명의 어린이를 포함하여 28명이 세례를 받았다. 한 해에 가장 많은 숫자이다. 그러므로 우리는 1903년을 확실한 기대 속에 시작하고 있다. 지금까지 인도하신 그분이 우리의 겸손한 노력을 통하여 죽어가는 영혼에 구원의 진리를 주실 것이다.

('더 메신저', 1903년 2월 27일, 96)

45. 마산포에 집을 사다

지난번 이후 나는 세 곳의 다른 지역을 방문하였다. 그중 한 곳은 커를 박사와 동행하였다. 양산 지역 판호에 세례문답자 중 한 명이 진리를 전한 결과로 희망적인 사역이 일어나고 있다. 전에 그곳을 방문하였을 때 기독교에 관심 있는 사람들과 흥미로운 토론을 하였는데, 지금 9명이 그리스도를 주로 고백하고 있다. 이것은 매우 격려되는 일로 우리 형제 박 씨의 신실한 증거의 결과이다. 수영에서도 고무적인 일이 있었다. 그곳에서도 사람들 사이에 흥미로운 발전이 있는데, 세례문답반에 지금 11명이 들어와 있다.

지난 2~3년 동안 마산포에 사는 한 여성은 자신의 이웃에게 열심히 전도하고 있다. 나이가 제법 든 여성임에도 그녀는 열정적이며, 그녀로 인하여 몇 여성이 진리를 배우고 있다. 매 주일 그녀는 여성들을 초청하여 예배를 드리고 있다.

두 주 전에 내가 그곳을 방문하여 희망적인 모습을 보고 감사하였다. 그러나 마산포와 같은 중요한 거점에 선교 활동으로 쓸 수 있는 집이 없다는 것은 실망스럽다. 이곳에 모일 장소의 필요성은 계속 대두되고 있다. 지난 몇 달 동안 특히 이곳의 사람들은 남녀가 모여 공부하고 예배할 수 있는 곳을 찾을 수 있도록 도와달라고 정직하게 요청해 왔다. 여러분이 아는 것처럼 한국인은 남녀가 한 방에 모이지 않는 이곳의 관습을 철저히 지키기 원한다. 그러므로 그들을 도우려면 남녀의 방이 나누어져 있는 집을 찾아야 한다.

현재의 필요와 앞으로의 가능성에 관한 많은 기도 후에, 이곳의 중심부에 집을 매입하기로 하였다. 비용은 650냥 혹은 93 일본엔 이다. (부산처럼) 마산포도 재산의 가치가 증가하고 있으므로, 우리는 이것을 비싸게 생각하지 않는다. 방 3개의 집으로 꾸미기 위해서 공사가 약간 필요하다. 그러나 공사비는 교인들이 부담할 것이다. 이들은 자신의 능력에 따라 기쁘게 봉사할 준비가 되어있다. 현재의 계획은 나의 조사를 마산포에서 거주시켜 이 지역에서 집중하여 사역을 발전시키도록 하는 것이다. 그는 오랫동안 훈련을 받아왔고, 그 일을 위하여 훌륭한 자격을 갖추었다.

우리의 선교 활동이 있는 각 지역에 조사가 한 명씩 있다면 큰 힘과 도움이 될 것이다. 지난번 친교연합회에 쓴 편지에 나는 이 문제에 대하여 언급하였다. 비교적 적은 재정인 12파운드 10실링으로 지역 조사를 매년 지원할 수 있다. 이들은 사역하며 다른 직업으로 생활할 수 없다. 호주에 있는 하나님의 종들을 통하여 지원해 줄 것을 우리는 기도한다. 관심 있는 여러분들의 고려를 희망하며, 장차 이 문제가 응답되어 우리에게 지어진 큰 짐을 덜 수 있기를 바란다.

지난주일 주님의 사랑을 기억하는 성만찬 식이 있었다. 우리 지역에서 거의 30명 정도가 참석하였고, 한두 명이 사정으로 결석하였다. 오스본 커미셔너가 참석하여 기뻤는바, 그는 우리 선교에 관한 실제적인 관심이 있다.

지난번 나는 조선성교서회 회원으로 위촉되었고, 그것을 받아들였다. 이 일은 적지 않은 책임이 요구될 것이다. 그러나 이 나라에서 하나님 선교를 이루기 위한 하나의 방법이다.

('더 메신저', 1903년 8월 7일, 558)

46. 미국선교부와의 선교 분할

최근의 나의 시간은 순회전도에 많이 소요되었다. 지난번 이후 나는 마산포(2번), 양산, 그리고 거제를 방문하였다. 마산포에 작은 집이 확보되어 예전보다 좀 더 나은 환경에서 일이 진행되고 있다. 지난번 나의 방문 시 수 명의 남성이 세례문답 반에서 공부하였다. 또한, 세례 문답에 관한 관심도 점점 넓어지고 있다.

미국의 한 선교사도 우리처럼 마산포에 관심을 가지고 곧 전도 거점을 마련하려 한다. 이 지점에서 한마디 하자면 이전의 노력에도 불구하고 우리는 미국선교사와 선교지역 분할이 만족스럽게 이루어지지 않고 있다. 선교 활동의 중복이 일어나게 된 것이다. 우리에 의하여 다시 협상이 시작되었으며, 모두가 동의하는 결과가 나오기를 바란다. 아직 많은 지역에 선교 활동이 부재하며, 더 큰 노력이 시급하게 이루어져야 한다….

지난번 내가 양산에 있을 때 불행히도 장마가 시작되었다. 내가 특히 기다렸던 몇 사람이 올 수 없는 상황이 되었다. 계속되는 세찬 비에 가뭄 속에 비를 기다렸던 농부들은 이제 벼가 쓰러지는 것을 염려해야 할 지경이었다. 계곡으로부터 물이 콸콸 쏟아져 논으로 유입되기도 하였다. 내가 있던 판호와 옆 동네 사이의 시냇물이 순식간에 불어나 통신이 끊겼으며, 우리와 만나고자 하는 사람과의 만남도 어려워졌다. 그러나 2명의 남성을 세례문답반에 받아들이는 일은 할 수 있었다.

나는 좀 더 그곳에 있기를 원하였지만, 날씨가 허락하는 대로 돌아가야 하였다. 길은 끊겨 있었고 물이 불어나 있었지만, 인내심으로 마침내 부산에 다다를 수 있었다. 물을 건널 때 한두 가지 물에 빠트린 것을 제외하곤 우리는 무사하였다.

나는 거제에서 격려되는 시간을 보냈다. 5명의 성인이 세례를 받은 것이다. 그리고 4명의 이름이 세례문답 반에 더 올랐다. 주일에 19명의 교인이 성찬식에 참여하였다. 우리의 마음은 이 섬을 위한 하나님에 대한 감사와 찬송으로 가득하였다. 기독교인이 사는 몇 마을을 우리는 방문하였다. 그리고 그들의 집에서 예배를 드렸다.

이 섬사람들에게 복음이 전파되고 있으며, 여기저기서 사람들이 그것을 기쁘게 받아들이고 있다. 기회가 되면 나는 세례문답 후보자들을 위한 특별반을 열고 싶다. 이들은 곧 교회의 정회원으로 받아들여질 것이다. 최근 노인 두 명이 영원한 안식에 들어갔다.

여러분이 이미 아는 대로 우리는 호주장로교 총회 해외선교부와 빅토리아장로교 총회 해외선교부에 선교 인원 보충을 연합으로 제안하였다. 호주총회는 선교사 파송지를 찾고 있었으므로 한국의 필요와 호소를 고려할 것과, 빅토리아장로교 총회는 머지않아 우리의 요청대로 도움을 줄 것으로 희망한다. 최근 여러분들이 보내준 친절한 메시지에 감사한다.

('더 메신저', 1903년 10월 2일, 702)

47. 매서인과 전도부인의 사역

올해의 선교 활동에는 실망과 격려가 동시에 있었다. 그러나 격려가 되는 일이 더 많은 것은 사실이다…. 여러 면에서 한국의 교회는 고린도에서의 바울의 선교 내용과 닮았다. 제자들은 다양한 종류의 악을 당시 꾸짖었고, 때로 이곳에서도 같은 일이 반복되고 있다. 그러나 여러 가지 부족함에도 '옛사람을 벗어 버리고' 놀라운 간증 속에 거룩한 은혜로 죄에서 떠나 있다. 이것이 우리에게는 멈추지 않는 기쁨이다.

영적으로 건강한 상태에 있는 우리 지역 교회는 자연적으로 많은 관심을 받고 있다. 교인 중 한 명이 공중예배에 잘 참석하지 않아 출석 정지 징계를 내리었다. 그 외에는 형제간에 사랑의 영과 상호협력의 정신이 깊으며, 때로 자기 부정의 모습으로 나타나기도 한다. 이들은 높은 교인의 기준을 유지하고 있고, 죄라고 생각되는 것에는 타협하지 않는 용감한 태도를 보이고 있다.

최근 두 명의 청년이 세례를 받았다. 이들에 대한 앞으로의 기대가 크다. 이들은 학교 사역의 첫 열매이며, 이들을 교회의 회원으로 받아들이는 것은 선교사의 특별한 기쁨이다. 현재 73명의 어린이가 있고, 6살부터 16살 사이의 아이들이다. 모두 우리 선교 학교들과 관련되어 있다.

우리의 감독하에 각각 다른 환경에서 일하는 매서인과 전도부인은 잘하고 있다. 언제든지 가능할 때 우리는 매서인에게 성경과 초대교회 역사에 관하여 특별 가르침을 주고 있다. 이들은 기독교 사역자로 계속 교육을 받아야 한다. 또한, 매서인들에게 학생들을 가르칠 기회를 주어, 공중 연설에 훈련되도록 하고 있다. 이 중 2~3명은 때로 예배를 인도할 수 있는 능력이 있다.

부산 밖의 지역을 9번 나가 우리의 신자들이 있는 지역을 방문하였다. 그 중 한번은 커를 박사와 함께하였다. 양산의 판호에는 그곳에 이사 간 세례문답자의 노력으로 긍정적인 일이 일어나고 있다. 이곳에는 현재 주로 농부로 구성된 흥미로운 신자와 구도자들의 모임이 있다. 마산포에서도 전진이 있었다. 7명이 세례문답반에 들어왔고, 우리의 선교를 위한 집이 확보되었다.

섬의 교회에도 좋은 일이 진행되고 있다. 그곳 사람을 위한 매서인 주 씨의 사역이 훌륭하다. 그곳에 조사도 한 명 임명할 단계를 밟고 있다. 양산 읍내에는 더 이상의 발전이 없다. 그곳 기독교인과의 연락에 어려움을 겪고 있다. 수영에는 수 명의 세례문답자가 있고, 기독교 신앙에 관한 관심이 일어나고 있다.

숫자로 결과 보고를 하자면 3명의 어린이를 포함한 10명이 세례를 받았고, 27명의 새 교인들이 세례문답반에 입학하였다. 이것은 고무적인 기록으로 하나님은 우리를 통하여 이 일을 이루셨다. 이들에 대한 기대가 크다.

('더 메신저', 1903년 11월 13일, 822)

48. 미지의 먼 곳

지난번 보고 이후 시간이 빨리 지났다. 나는 그동안 마산포와 판호 그리고 서울을 방문하였다. 10월에 서울에서 조선성교서회 이사회 모임이 있었다. 앞으로 시골 전도 지원을 더 할 수 있다는 여러분의 편지로 격려를 받았다. 시골의 거점에 한국인 조사가 있는 것은 매우 중요한 전략이다.

우리의 매서인이 방금 섬에서 왔다. 그곳의 선교가 잘 진행되고 있다는 보고이다. 내년부터 내려가는 성경책의 가격으로 이들의 사역이 좀 더 수월해질 것이다. 사람들의 가난으로 인하여 많은 판매는 가능하지 않았다. 내년부터 3개의 성서 단체가 하나가 되기에 성서 판매 활동이 더 효과적일 것이다. 고향에서와 마찬가지로 이곳에서도 교회가 연합하려는 운동이 있고, 4개의 장로교 선교회가 '조선장로교회'로 하나 되려 하고 있다.

기쁘게 보고할 수 있는 것은 그동안 말이 많았던 미국선교회와의 선교지역 분할은 성공적으로 마무리되고 있다. 1901년 공의회에서 우리가 주장하였던 바를 모두 갖게 되었다. 아직 완전히 협의가 끝난 것은 아니지만 미국인들이 반 그리고 우리가 반으로 나누어 활동할 것이다. 이 의미는 이 지역의 7십 5만 명 정도의 영혼을 우리가 책임진다는 것이다. 그중 많은 사람이 복음이 전하여지지 않은 먼 곳에 살고 있다. 6~7일 걸려야 도착할 수 있는 곳이다. 이 책임을 충실히 이행하기 위해서는 일꾼의 보강이 절대적으로 필요하다.

이 상황을 제대로 해석하자면 열린 문이 우리 앞에 있어 자신의 이름으로 나아가라는 하나님의 분명한 부르심이 있다는 것이다….

넓게 할당된 우리의 선교지역 몇 곳에 거점이 있어, 우리 외국인이 좀 편리하게 일을 할 수 있다. 이곳에 곧 십자가가 세워지기 원한다. 나는 머지않아 '미지의 먼 곳'을 찾아 방문할 것이다. 그리고 그곳에서 사람들의 활동을 관찰하며 복음 전도 준비할 것이다.

봄의 수확에 실패한 이곳 사람들이 염려와 고난의 시간을 보내고, 가을의 추수에 희망과 기대를 하고 있다. 다행스럽게 일본에서는 풍작을 이루었다고 한다. 만약 일본의 작황이 좋지 않으면 그 필요를 한국에서 채우려 하기에 일본의 풍작은 이곳 사람들에게도 좋은 소식이다….

다음 달 초에 두 딸이 우리와 합류할 것을 기대하고 있다. 이번이 제푸의 학교에서 그들의 마지막 학기이다. 그러므로 그들은 이제 당분간 우리와 함께 있을 것이다. 연합회 모든 회원에게 감사를 전한다.

('더 메신저', 1903년 12월 25일, 942)

49. 하동으로 가는 길

부산에서 하동까지의 길은 멀었고 힘들었다. 우리 선교부에서 가장 먼 거리 중의 한 곳으로 전라도와 경계 선상에 있다. 이 지역으로 가는 길은 최근 우리 호주선교회에 넘겨진 새 지역을 통과해야 한다. 나는 여러 가지 이유로 속히 그곳을 보기 원하였다. 우리에게 할당된 할 일이 많은 곳이다. 서남 지역의 도시나 마을은 어둠 속의 이방인 인구가 촘촘한 곳이다.

"누가 이들을 위하여 충분히 일할 수 있을까?"

부산항에서 정기적으로 운행하는 작은 기선을 타고 나는 마산포에 도착하였다. 그리고 곧 말에 짐을 가득 싣고 내지로 출발하였다. 말을 구하는 데 어려움이 있었지만, 이번의 마부는 괜찮은 남성이었다. 보통의 마부와는 달리 그는 온화하였다. 자신의 말에게도 그는 친절하여 짐을 나누어 자신의 등에 지기도 하였다. 다른 마부처럼 그도 길가의 장승을 그냥 지나치지 못하였는데, 악령을 두려워하여 침을 뱉었다! 그런 쓸데없는 의식을 하지 말라고 말렸지만 그를 설득하지 못하였다. 우리의 가르침은 좋다고 여겼지만, 여전히 악령의 저주를 두려워하였다.

이 지역의 도시인 진주 부근을 거쳐 가게 되었다. 많은 인구가 사는 곳으로 어떤 이는 4만에서 5만 명이 살고 있다고 한다. 이곳에서 우리는 몇 시간 전도하였다. 길가의 사람들과 이야기도 하고, 상점을 방문하여 전도지를 주었다. 적지 않은 사람이 2년 전의 우리 방문을 기억하고 있었고, 우리를 다시 만나 반갑다고 하였다. 한국어로 된 많은 양의 전도지를 이곳에서 소비하였고, 온전한 복음서도 팔았다. 이들이 가지고 있는 편견 중의 하나는 성경은 여성이나 한문을 읽을 수 없는 문맹인에게 좋다는 인식이다. 이런 소문은 주로 양반 계급에서 만들어진 것이다. 그러나 민족주의가 강한 한국인들은 점점 한국어로 된 책을 선호할 것이다….

한국어 글자는 생각을 소통하는 도구로 한문에 전혀 열등하지 않다. 또한, 좀 더 쉽게 배울 수 있고 이해할 수 있는 장점이 있다. 생각이 있고 학식이 있는 사람의 마음을 사고 있는바, 이것은 기독교를 전파하는 데도 좋은 신호이다. 기독교 기관을 통하여 한국에 주어지는 축복 중의 하나는 자신들의 글자가 얼마나 장점이 있고, 가능성이 있고, 쓸모가 있는가를 알게 하여 주는 것이다.

지난번 진주 방문과 비교하면 몇 중국인들이 자리를 잡고 사업을 번창시키고 있다는 것이다. 옥수수 사업을 하는 일본인 상인들도 있었고, 우리의 오랜 친구 일본인 의사는 한국인의 옷을 입고 일하고 있었다. 길 위에서 서울 양반들을 만났는데, 서울에서 들었다며 기독교에 대하여 긍정적인 언급을 하였다. 우리가 그곳을 떠날 때 사람들은 환송해 주었다. 우리가 뿌린 씨앗이 열매를 맺어 변화된 삶을 살기를 기도할 뿐이다.

다음의 목적지인 하동은 남서쪽으로 90리 떨어져 있다. 계곡을 따라가는 처음의 두세 시간은 비교적 쉬운 여정이었다. 시냇물이 있으면 배로 건넜다. 그러나 그 이후의 여정은 마치 알프스를 넘는 것처럼 험한 산을 오르내렸다. 그중 한 산의 정상에 서서 주위의 풍경을 돌아보는 것은 유쾌한 경험이다. 반면에 산을 오르내리는 가난한 사람들의 등짐은 한없이 무거워 등을 짓누르는 것처럼 보였다.

드디어 작은 읍내지만 인구가 많은 하동에 도착하였다. 아마 개신교 선교사가 다녀가지 않은 곳이다. 여관 한 곳이 있었지만, 사람들로 꽉 차 있었다. 그러나 여관 주인의 호의로 우리는 다른 숙소를 찾을 수 있었다. 우리가 도착한 날이 마침 장날이어서, 전도하기 좋은 기회였다. 이곳 사람뿐만 아니라 다른 지역에서 온 사람에게도 전도할 수 있었다. 외국인이 왔다는 사실도 기대한 것만큼의 주의를 끌지는 못하였다. 그럼에도 많은 사람이 관심을 가지고 전도지를 가지고 갔고, 복음서도 팔렸다. 전도지를 못 받은 사람 중에는 우리의 여관까지 찾아오기도 하였다. 우리가 인근 지역을 방문하기 위하여 길 위로 나서자 어떤 사람들이 달려와 전도지를 구하였다. 하나님의 은혜가 하동 사람들에게 함께 하기를 기도한다.

('더 메신저', 1904년 2월 5일, 22)

50. 새 지역의 과제

하동에서 우리는 진해로 갔다. 우리를 안내한 한 사람은 부산에서 왔는데 그곳에서 복음을 들었다고 한다. 그러나 자신은 이미 늙었고 글도 모른다고 하였다. 이러한 처지에 있는 사람들이 의외로 많은바, 우리는 그에게 주님을 받아들이도록 설득하였다. 우리에게 물을 제공한 이 사람과 친구들이 살아있는 생명수를 만나 영생하기를 바란다!

남은 길은 도둑 떼가 있는 지역에다가, 깊은 눈으로 덮여있었다. 날씨도 너무 추워 바깥에 사람들이 없었다. 마침내 우리는 마산포에 도착하여 믿는 형제들과 기쁘게 만났다. 에메랄드 섬에서 온 세무서장 집에서 우리는 하룻밤 편히 쉴 수 있었다. 지난 12일 동안의 개척적인 여정에서 많은 씨를 뿌렸다. 하나님의 사랑이 뿌려진 사람들의 마음속에 싹이 띄울 수 있기를 기도한다. 그에게만 영생과 구원이 있기 때문이다.

1. 호주선교회에 할당된 우리 지역의 인구는 알려진 75만 명보다 더 많다.
2. 새 지역의 사람들은 복음을 듣기에 준비되어 있다. 그러나 자신들의 미신에서 멀어지고 마음속에 주님을 영접하려면 우리의 큰 노력이 필요할 것이다.
3. 일꾼들이 보충되어 수가 많아지지 않으면 우리의 임무를 완성하기란 불가능할 것이다.

('더 메신저', 1904년 2월 12일, 42)

51. 일꾼의 봉급

여러 가지 이유로 이번 달 거제 사람과의 만남을 실행하지 못하였다. 우리가 듣는 소문에 따르면 2천 명의 일본인이 그 섬에 요새를 쌓는다고 하여 그곳 토착민이 두려움에 떨고 있다 한다. 매서인으로 일하고 있는 김 씨라는 사람을 우리는 세례문답 교육자로 임용하기로 하였다. 이 형제가 우리 선교회와 관련하여 그곳에서의 여러 일을 충분히 감당할 것이다.

나는 빅토리아여선교연합회에 우리의 한국인 봉급 기금을 인상하자는 제안을 하였는데, 호응하여주어서 깊은 감사를 드린다. 이곳의 생활비가 점차로 올라 선교부 조사들의 봉급을 달 10엔에서 12엔으로 인상하였다. 그리고 여행 경비로는 달에 3엔을 초과하지 못하도록 하였다. 비록 이것은 내가 작년 예상하였던 보다 크지만, 사역에 시급하게 필요한 일꾼 채용을 조금이나마 쉽게 할 것이다.

('더 메신저', 1904년 6월 3일, 362)

52. 전쟁의 소문

세상의 이 지역에서 일어난 전쟁(러일전쟁-역자 주)에 관하여 여러분은 신문을 통하여 잘 알고 있을 것이다. 한국선교에 관심이 있는 분들은 그 전쟁 현장이 우리의 선교 지역과는 먼 곳에 있다는 사실에 안도해도 된다. 최소한 지금은 말이다. 얼마나 전쟁이 계속될지는 모르지만, 바다에서처럼 지상에서도 일본군이 승리한다면 이곳은 무사할 수도 있다. 그러나 전쟁의 복합성을 생각하면 장차 그것이 무엇으로 발전할지 아무도 예견하지 못한다….

다행히도 이 지역의 선교 활동에 전쟁으로 인한 큰 지장은 없다. 주로 북쪽 지역에서 제약을 받고 있으며, 그것이 잠정적이기를 희망하고 있다.

이곳에서의 주된 문제는 비정상적인 상황에서의 우리의 사역이 전쟁터로부터 오는 여러 소문과 싸우는 것이다. 그러나 소문의 진원지는 꼭 그곳만이 아니다. 거제 사람들 사이에 그곳에서의 군사 활동으로 인한 불편한 소문이 떠돌고 있다. 이것이 나에게 그곳의 기독교인에 대하여 염려를 하게 한다.

이 지역 일본 영사의 도움으로 나는 거제의 일본군 장교를 소개받았다. 곧 그곳을 방문하기를 원한다. 일본군이 나의 방문을 오해하지 않도록 하는 것이 필요하다.

('더 메신저', 1904년 6월 24일, 438)

53. 마산포와 판호에서

지난달 나는 중요한 거점인 마산포와 판호를 방문하였다. 이 두 곳 모두에서 우리의 노력이 열매를 맺고 있었다. 마산포에서는 2명이 세례를 받았고, 6명이 세례문답반에 등록하였다. 판호에서는 3명의 성인이 세례를 받고, 3명이 세례문답반에 들어왔다. 지역 교회의 사역에 관련하여 4~5명도 이름을 올렸다. 이것은 매우 고무적인 일로 내년에 좋은 일을 기대하여도 좋을 것이다.

이번 이 두 거점 방문의 특별한 관심과 중요성은 이곳에서 각각 처음으로 성례식을 집례하였다는 것이다. 이곳 교인들은 이 기회를 오래 기다려 왔다. 성찬 참여자들은 헌신의 참된 영으로 임하였고, 모두에게 새로워지는 영적인 경험이었다. 이런 목회적인 경험이 선교사에게는 동기부여와 힘의 원천이 되고, 때로 다가오는 고생에 대한 보상 이상의 의미가 있다.

판호에서의 예배는 아직 한 교인의 집 손님방에서 열리고 있다. 이 방에서 보이는 아름다움은 없지만, 우리에게는 기도하고 예배하는 거룩한 곳이다. 마치 역사적인 성역에 모인 것처럼 주님과 영적으로 한 몸을 이루며 기쁨을 나눈다.

아직 복음이 닿지 않은 남서쪽으로 확장할 목적으로 조사 한 명이 마산포에 거주하고 있다. 그가 그 미개척지역에서 자신에게 맡겨진 일을 충분히 할 수 있을 것으로 희망한다. 그의 아내도 정직한 일꾼인바, 소녀들을 위하여 야학을 열고, 여성들에게 다가갈 것이다. 마산포의 신자들은 이 일의 가능성으로 인하여 기뻐하고 있으며, 조사 신 씨를 환영하였다.

이곳 교회에서 건강한 영의 움직임을 나는 감지하고 있다. 교회가 커가는 가운데 느끼는 압박을 이들이 극복하고, 자급까지 할 수 있도록 하는 것이 나의 목표이다. 예를 들어 지난 1903-4년 연례보고서에 마산포교회의 헌금 수입은 3,509냥이라고 보고하였다. 그런데 지출은 이 액수의 거의 배가 되었다. 이것은 이따금 지출하는 구제비용은 포함되지 않은 것이다. 그리고 예배당 수리비용을 위한 적지 않은 지출을 위하여 지금 모금을 더 하고 있다. 이러한 열심히 다른 교회에도 나타나고 있다.

나는 곧 거제를 다시 방문할 계획을 세우고 있다. 다른 일이 막지 않았으면 이미 방문하였을 것이다. 그 섬에 군대가 주둔하는 상황이 아니었다면 말이다. 군대의 존재가 우리의 복음 전도에 걸림돌이 되지 않을 것과, 우리의 방문을 오해하지 않는다는 것을 알았다. 그곳의 일본인 책임자가 우리가 원하면 언제든지 허가서를 내준다고 약속하였다. 한 가지 제약은 선교사가 요새에 가까이 접근하지 않는다는 것이다. 이 지역 사람들은 지금 추수에 한창이고 지난날의 불안은 사라지고 있다…….

서울과 부산 간의 기찻길 공사는 빠르게 완공되어 가고 있다. 아마 성탄절 즈음 완공 행사가 열릴 것이다. 동시에 부산과 마산포 간의 기찻길도 완공될 것이다. 예전의 모습은 사라지고 번영의 새 기회가 한국인들에게 더 열릴 것이다.

('더 메신저', 1904년 12월 30일, 962)

54. '더 메신저' 편집인에게

방금 우리는 빅토리아의 사랑스럽고 친절한 친구들로부터 여러 종류의 가치 있고 유용한 선물을 받았습니다. 많은 분이 무명으로 선물을 하였기에 이 칼럼을 통하여 우리의 깊은 감사를 전하고 싶습니다. 우리의 선교에 실제적인 동정과 관대한 후원에 감사드립니다.

이번 성탄절에 이곳의 아이들에게 기쁨의 선물이 될 것은 물론 우리가 모두 수고하고 기도하는 목적에도 도움이 될 것입니다! 이름과 주소 그리고 사랑스럽고 격려의 편지를 쓴 분들에게 곧 답장하겠습니다.

카밀라 그레이스 아담슨

('더 메신저', 1905년 1월 13일, 1008)

55. 거제의 크고 위대한 일

거룩한 말씀의 힘이 발현되는 것을 보는 것은 큰 특권이다. 최근 거제 섬을 방문하였을 때 일어난 일이다. 과거보다 더 큰 일을 기대할 수 있도록 우리는 인도함을 받았고, 그 후 그곳에서의 복음 전도 발전이 현저하며, 우리는 실망하지 않았다.

우리의 전도를 듣고 반응하여 그 섬에 건강한 영이 확장되고 있다. 사람들은 점점 깊고 영원한 삶의 필요성을 느끼며, 그것을 충족할 것은 오직 거룩한 말씀이란 사실을 깨닫고 있다. 그 섬에서 안정적으로 우리의 사역이 진행되고 있으며, 지난날의 주요한 사실과 징표가 지난 몇 달 동안에 많이 증가하였다. 현재의 방해되는 정치 상황을 보면 더 놀라운 일이다.

주변 동네에서 와 우리 예배에 참석하는 사람은 최소 12명이며, 어떤 사람은 궂은 날씨에도 10마일을 걸어와 참석하기도 한다. 단출하지만 마음을 여는 모임은 우리 모두에게 축복이다. 성도의 교제 기쁨을 나누는 것 외에 우리 주님의 죽음을 기억하는 엄숙한 예배, 8명이 세례를 받는 감격스러운 경험, 그리고 최근 그리스도를 고백한 16명이 세례문답반에 들어오는 반가움, 이 모든 것은 위대한 분이 하시는 일이다.

('더 메신저', 1905년 1월 20일, 1022)

56. 두 딸을 위한 모금

해외선교위원회에서 빅토리아장로교회 회원들에게 후원을 요청합니다. 아담슨 목사의 두 딸이 공부를 마치려 한국에서 자신들의 고향인 영국으로 돌아가는데, 여비가 필요합니다.

친교연합회가 이 일에 관심이 있고, 모금에 매우 만족할만한 결과도 있지만, 아직 충분하지 못합니다. 올해 초 그들이 떠나기를 원하기에 신속하고 너그러운 후원을 부탁드립니다.

후원금은 콜린스가 총회 회관의 프라이드 씨에게 보내고, 언급된 목적으로 기부한다고 하면 됩니다.

윌리엄 프레이저
위원장
('더 메신저', 1905년 1월 20일, 1038)

57. 교인들의 헌신

선교가 확장됨에 따라 모든 기독교인이 정기적으로 한곳에 모이기가 실제로 어려워졌다. 그로 인하여 선교부로부터 30리 떨어진 박계에 지교회가 생겼다. 그곳에 세례받은 남성이 7~8명 되고, 적잖은 인원이 세례문답반에 등록해 있다.

이곳을 책임지고 있는 자격 있는 한 형제는 이곳 교인들의 전적인 승인을 받고 있고, 전에 지도자로도 임명을 받은 적이 있다. 이들은 잠정적으로 모일 수 있는 장소를 확보하였는데, 자신들의 예배당 구매를 위하여 없는 살림에 100냥 혹은 20달러라는 거금을 헌금하였다. 앞으로 모금을 더 하여 자신들의 목표를 이루기를 희망하고 있다.

이러한 자기 헌신의 영은 이곳의 많은 기독교인의 성격인바, 주님의 사역을 위한 재정적인 부담을 최대한으로 함께 지려는 모습이다. 높은 영적인 이상과 말보다 우아한 이들의 신앙의 실천은 매우 중요하고 고무적인 요소이다….

동래 지역에 관하여 이야기하자면, 이곳에 처음으로 기독교인 부사(행정 책임자)가 임명되었다. 그는 진보적인 본능과 고상한 목표를 가지고 있고, 자신의 신념에 용기가 있어 보인다. 만약 그가 지금처럼 높은 원칙을 따라 통치하고 주일을 지키면 그는 원근각처의 많은 사람에게 좋은 모범이 될 것이다. 특히 그가 다스리는 이 지역에 큰 영향을 끼쳐 하나님의 나라를 확장하는데 좋은 도구가 될 것이다….

우리는 현재 한 기독교인 소녀의 결혼을 준비하느라 바쁘다. 그녀는 아담슨 부인의 반에 속하여 있고, 기대되는 회심자 중의 한 명이다. 며칠 후에 결혼식이 열릴 것이다. 한 노인은 우리의 노력에 관심을 가지고 신부의 혼수를 위한 돈을 후원하였다. 아담슨 부인의 반에는 결혼 적령기가 된 또 다른 4명의 소녀가 있는데 제일 염려되는 것은 우리의 교육을 받고 신앙고백을 한 이들이 안 믿는 남편을 소개받아 세상으로 다시 돌아가는 것이다.

한국의 수많은 노동자가 '샌드위치 섬'으로 집단 이주를 하고 있다. 많은 이가 그 지역으로 갔고, 몇 명은 우리의 사람이다. 먼 하와이 사탕수수밭에서 돈을 벌어 자신들의 생활을 나아지게 하려고 고국을 떠나는 것이다. 이곳보다 물론 노동의 대가는 매우 크겠지만, 작업 환경은 만만치 않을 것이다….

('더 메신저', 1905년 1월 27일, 2)

58. 김 씨라는 형제

지난번 편지 이후 나는 마산포와 판호를 다시 방문하였다. 이곳 사람들은 하나님의 영의 임재와 역사하심을 간증하였다. 이번에 마산포에서 한 아이를 포함하여 7명이 세례를 받았고, 2명이 세례문답반에 들어왔다. 판호에서는 한 명이 세례를 받았고, 4명이 문답반에 들어왔다. 그러므로 지난 석달 동안 20명의 수세자가 교회 회원 명부에 올랐다.

숫자로는 그러나 자신의 지역에 그리스도의 나라를 이루려는 이들의 헌신적인 태도를 표현하지 못한다. 판호의 신자들은 자기 자신보다 다른 이의 유익을 찾는 영이 있는데, 여기에 언급한다. 이들은 가난한 사람이지만 내적인 힘으로 예배를 위하여 집을 사는데 헌신하였다. 그리고 예배당을 꾸미는데 필요한 수리에 앞장서 일하였다. 외부인에게 의지하지 않고 스스로 해결하고 있는 것이다.

그중 많은 돈을 헌금한 교인은 김 씨라는 형제인데, 기독교인의 향기를 풍기는 사람이다. 그는 인간미가 있는 사람으로 자신의 지역에 선한 영향력을 미치고 있다. 다른 신자들에게 특히 영적으로 도움을 많이 준다. 은혜롭고 변화케 하는 복음의 능력에 자기 자신을 복종시킨 놀라운 예이다…. 그는 자신의 집 안을 성경과 십계명 그리고 주기도문으로 도배하였고, 하루에 두 번 예배를 드려 조용한 이웃들이 다 듣도록 하고 있다….

이들이 예배당을 위해 헌금한 2~300냥은 파운드로 환산해 큰돈과 같이 보이지 않겠지만, 숫자에는 포함되지 않는 높은 가치가 있다. 가난한 사람 15~20명 정도가 빈궁한 가운데 헌금하는 돈의 가치는 말로 다 할 수 없는 것이다. 깊은 영성이 없으면 성취할 수 없는 일이며, 하나님의 은혜 없이는 가능한 일이 아니다. 판호의 형제들은 그러면서도 부족함을 고백하는 겸손한 교인들이다.

최근 우리 동네에 아담슨 부인의 한 소녀가 결혼하므로 크게 주의를 끌었다. 많은 사람이 오는 것을 방지하기 위하여 결혼식 시간을 당겼는데도, '구경꾼'이 많이 몰려왔다. 많은 사람이 교회당 안으로 들어올 수 없었고, 그들은 문과 창문을 통하여 자신들의 호기심을 어떻게 하든 채우려 하였다. 대부분은 그러나 잘 행동하였고, 안에 들어온 손님들은 정숙하게 결혼식을 지켜보았다. 우리는 이 부부가 행복하게 잘 살 것으로 생각한다. 우리 기독교 청년들의 결혼은 때로 안 믿는 중매쟁이가 신앙의 요소를 무시할 때 어려움이 생긴다. 우리는 이미 그러한 결혼의 아픈 결과를 보기도 하였다.

성탄절은 매우 즐겁게 지나갔다. 빅토리아 친구들의 친절한 선물은 이곳 젊은이들에게 기쁨을 주었다. 나이 많은 사람들도 무엇인가 하나씩은 다 받았는데, 이때만큼은 자신들의 나이를 잊고 즐거워하였다. 모두가 만족하고 감사하였다. 이들의 마음에 기쁨을 주는 것은 항상 행복한 일이다.

1904년이 지나갔다. 새해를 우리는 감사함과 희망으로 맞았다. 이번과 지난번 편지를 통하여 우리에게 감사와 희망의 이유가 많다는 것을 알 것이다. 지금까지 주님이 인도하셨으며, 장래는 더 희망차다.

서울과 부산의 기찻길은 이제 완공된 현실이다. 1일부터 기차를 탈 수 있다고 한다. 지금은 거의 이틀이 걸린다지만 모든 어려움이 극복되고 정리되면 12시간 안에 서울에 다다를 것이다….

('더 메신저', 1905년 2월 24일, 82)

59. 성경 번역의 중요성

성경위원회의 중요한 모임을 위해 서울에 갔다. 신성한 성경책을 한국어로 번역하여 인쇄하는 까다로운 작업을 위한 안건이 있었다. 신약성경 첫 임시 번역은 여러분이 아는 대로 완성된 지 좀 되었다. 또 다른 번역본이 최근 인쇄되었는데, 정말 신뢰할 수 있는 번역본이 나오기까지는 몇 년이 더 걸릴 것이다.

루터는 구약을 독일어의 명쾌한 관용구로 번역하는 데 큰 어려움을 겪었다. 신약 번역가들은 더듬거리는 혀로 한국어를 말하고, 때로 잘못된 발음을 내기도 하며, 자신들이 정확하게 전하려고 하는 위대한 메시지의 속뜻을 약간 왜곡할 때도 없지 않다. 시간과 경험이 이러한 실수를 고칠 것이다. 복음의 메시지에 우아한 토착인의 옷을 입힐 것이냐는 중요한 이슈이지만 두 번째 질문이다. 가장 중요한 것은 본문을 누락이나 중복 혹은 모호함 없이 전하는 것이다. 현재 번역가들이 이것을 목표로 작업하고 있고, 수년의 힘든 노동의 과정을 거치고 있다.

공식적으로 구약도 한국어 번역이 시작하였다. '공식적으로'라는 말을 한 것은 이미 수 명의 선교사가 사명감으로 구약서 번역 작업을 해왔기 때문이다. 번역위원회의 인정 없이 단편의 구약서를 인쇄하는 것은 현명치 못하다는 의견이 지배적이다. 위원회는 이미 구약서 중에 번역된 책 목록을 우리에게 제공하였지만, 구약 전체 작업의 완전한 성공은 아닌 것으로 보인다….

현재의 진도를 보면 전체 성경이 번역되어 사람들의 손에 쥐어질 때까지 최소한 10년은 더 걸릴 것이다. 이러한 어려움과 지연과 실망에도 불구하고, 이 기념비적인 사업은 우리의 마음속에 감사를 불러일으킨다. 불완전한 신약 번역서이지만 작은 성취가 아니다. 이것은 더 좋은 일이 생길 것이라는 약속이다. 조선성교서회의 보고에 따르면 1904년 성서 판매가 그 전해보다 두 배로 뛰었다는 놀라운 사실이다.

서울에서 다른 선교사와의 즐거운 시간이 너무 빨리 지나갔다. 미국인들의 교회는 여러분이 알듯이 대부분 수도에 집중해 있다. 그곳 선교사들도 자신의 사역을 어느 정도 성공적으로 수행하고 있다.

('더 메신저', 1905년 4월 21일, 242)

60. 거제에서의 연합 모임

최근 사망한 조사 김 씨의 자리에 새 일꾼 임명의 필요성을 강조하기 원한다. 현재 그곳의 기독교인들은 진리의 지식을 자신의 이웃에 전하는 일에 열심을 내고 있다. 이웃들도 긍정적으로 나오고 있고, 희망적인 상황이다. 많은 인원은 아니지만 어떤 사람은 참된 신앙 없이 공허한 고백을 하면서 세상의 이득을 추구하기도 한다. 한국인의 관습, 즉 조상숭배가 그들에게 큰 걸림돌이며, 일반인에게 자기희생은 매력적이지 못한 덕목이다.

최근에 작은 거제 섬에서 전체 기독교인 모임이 있었다. 이 모임에 참석하기 위하여 어떤 사람들은 산을 넘어 17마일을 걸어오기도 하였다. 지역에서의 이런 모임은 신자들이 모임과 서로 친교할 수 있는 기회를 주며, 선교사가 그들과 함께할 좋은 기회를 제공한다.

그리스도를 주로 고백하는 60명 이상의 신자가 참석하였고, 이 중에 26명은 세례문답반에서 학습하는 사람들이다. 이 섬사람 가운데 역사하시는 하나님의 은혜를 느낄 수 있는 영감적이고 도움이 되는 모임이었다. 물론 선교사에게도 그러하였다. 이제 이곳에 교인들이 산 예배당이 두 곳이 있고, 세 번째 예배당 매입도 고려되고 있다.

('더 메신저', 1905년 9월 1일, 633)

61. 1904-1905년 보고서

우리 교회와 이런저런 방법으로 관련된 사람들의 수는 전례가 없이 많다. 두 명의 남성이 타 교회의 추천을 받아 우리 교회로 전입하였다. 3명의 어린이를 포함한 26명이 세례를 받고 정회원이 되었으며, 남성이 대부분인 102명의 교인은 면밀한 시험 끝에 세례문답반에 들어 왔다. 이것은 지난 어느 해보다 놀라운 수의 증가이다.

시골 지역의 진보도 눈에 띄게 보인다. 회원이 증가해서가 아니고, 세례문답반 자체가 기쁨을 주고 있다. 특히 교인들이 이웃 전도를 위하여 많은 일을 하고 있다. 지난 한 해 양산 지역의 판호에 예배당이 생겼고, 거제 섬 박계에도 그곳 교인들의 노동과 헌금으로 예배당을 마련하였다.

나의 주된 선교지인 이곳 본부에도 다른 중요한 일이 많이 있다. 조선서회에서 발간하려는 전도지 초안을 검사해야 하고, 다른 지역의 모든 일꾼과 소통해야 하는데, 많은 주의와 생각이 필요하다. 항구 지역에서의 선교는 다른 지역보다 어려워 진보를 크게 기대할 수 없다. 그런데도 만족할만한 결과가 있는바, 지난해 5명이 세례를 받았고, 수 명이 세례문답반에 허입되었다.

지난 5월, 신실하고 사랑받던 김 씨의 사망으로 전체 사역에 어려움이 있었다. 특히 내가 이곳을 비울 때마다 효과적인 도움을 주었기에 이곳에 충격이 더 컸다. 그와 같은 경험과 적응성을 가진 사람은 찾기 어렵겠지만, 가능한 한 빨리 누군가 그 자리를 대신하여야 한다.

많은 청년이 기독교 교육을 받고 있다. 남학교에 35명이 등록해 있고, 어떤 해보다도 출석률이 높다. 어떤 학생은 청년인데, 그중 몇 명은 기독교 신학에 관심을 보여 기쁘다. 한 명은 최근 세례를 받았고, 두 명은 문답반에 들어왔다…. 여자반에는 40명의 학생이 있어 모두 75명의 청년이 현재 기독교 교육을 받고 있다.

매서인의 사역은 인정받을 만하며, 이들의 존재는 더욱더 필요하고 유익하다. 전도부인도 세례문답 교사로 자신의 책임을 성실하게 감당하고 있다. 현장에서 그녀의 필요성도 높아가고 있다. 남자 교사도 적은 급여를 받으며 성공적으로 일하고 있고, 마지막으로 선교사의 아내도 자신의 역할에 지칠 줄 모르며 충실히 하고 있다.

빅토리아의 후원자들에게 감사하며, 동료인 커를 박사 부부에게도 감사하다. 우리 선교부의 통계는 다음과 같다.

통계표

목사 선교사 1명, 선교사 아내 1명, 세례문답 교사 1명, 학교 교사 1명, 매서인 3명, 전도부인 1명, 정기적으로 모이는 거점(시골 지역) 8곳, 미조직교회 5곳, (자급) 교회 4곳, 성찬을 받는 신자 85명, 새 교인 25명, 세례받은 유아 29명, 올해 세례받은자 3명, 교적부의 세례문답자 133명, 올해 입학한 세례문답반 교인 102명, 교인 331명, 평균 출석 200명, 주일학교 3곳, 주일학교 학생 88명, 예배당 건물 5곳, 학교 3곳, 남학생 35명, 마산포 여학교를 포함한 여학생 53명, 총 88명, 한국인의 헌금 108엔(약 11파운드).

('더 메신저', 1905년 11월 10일, 822)

62. 진주선교부 설립

나는 현재 한국인 조사의 도움 없이 일하는 어려움이 있다. 지난번 소천한 세례문답 교사의 자리에 성숙한 형제 중 한 명을 뽑으면 일부 문제가 해결될 것이다. 우리는 한국인 조사의 능력에 많은 부분 기대고 있어 성급히 임명해서는 안 될 것이다. 그는 육체적으로 강해야 하며, 안정적이고 용기 있는 신앙이 있어야 하며, 긍정적이고 동정적인 성격의 소유자이어야 하며, 공공 연설의 은사가 있어야 한다. 다행히 사무실의 한 형제가 이러한 능력을 갖춘 것 같다.

해외선교위원회가 먼 내지의 진주에 새 선교부 설치를 허락한 것에 커를 박사와 나는 매우 감사하다. 그리고 이것과 관련하여 머지않아 목사 선교사 한 명이 파송될 것이라는 소식에도 우리는 기뻐한다. 이미 그곳에 의사의 사택과 병원 대지를 합리적인 가격에 확보하였다. 그 지역 일본인 관원에게 의사와 그의 가족을 위한 집 건축에 관해 접촉하였고, 몇 달 안에 완공될 것이다. 그때까지 커를 가족은 한국인 집에서 살 것이다.

우리 선교부를 확장하기에 진주보다 더 적절하고 필요한 곳은 없다. 진주는 이 지역의 수도이며, 많은 인구가 살고 있다. 우리의 선교 지경에서 가장 밀집되고 중심에 위치한 곳이다. 마산포 남서쪽으로 40마일 떨어져 있으며, 곧 기차로도 연결될 가능성이 크다. 이제 진주에 선교부가 설립되면 그곳을 오가는 어려움과 불편함이 사라질 것이다….

최근 아담슨 부인이 병으로 인하여 치료를 받았지만, 지금은 회복되고 있음을 기쁘게 알린다. 다른 구성원은 모두 잘 있다. 친교연합회 모든 회원에게 안부를 전한다.

('더 메신저', 1905년 12월 15일, 924)

63. 대화정교회 설립

통영군 대화정교회가 성립하다. 초에 부산부 초량에 주재한 선교사 손안로가 열심 전도한 결과로 권희순이 신교하고 그 사저에서 례배하더니 교인이 점점 증가되야 례배당을 신축케 되니라.

1905.

[『조선예수교장로회 사기』, 140]

64. 통영 방문

외국인이 진주에 나타났다는 것은 자연적으로 그곳 모든 사람의 호기심을 불러일으켰다. 내가 방문할 때마다 매일 '구경꾼들'로 붐비었다. 어떤 사람들은 정말로 나를 보기 위해서 입장료를 내는 줄로 생각하였다. 이미 수명의 사람이 복음에 관심을 보였고, 어떤 이들은 커를 박사와 그의 조사가 인도하는 예배에 정기적으로 참석하고 있다. 수요일 저녁 기도회에 12명 이상의 남성이 참석하고 있었다. 기독교에 대한 이들의 관심이 계속 지속하고 있어 기쁘다. 시작부터 격려되는 일이다.

선교사의 사택을 위하여 좋은 전망의 터가 선택되었다. 집의 기초를 화강암으로 놓았고, 곧 우리 동료가 요청한 대로 건축이 시작될 것이다. 불편한 주거지를 견디어 온 이곳의 초기 선교사들은 진주의 우리 동료가 겪는 현재의 제약에 전적인 동정심을 느낀다.

이틀 동안의 흥미로운 방문 후에, 커를이 우리와 함께 통영 방향으로 10~15리를 동행해 주었다. 이틀 후에 우리는 통영에 도착하였다. 이 지역은 최근에 나의 선교 구역이 되었는바, 나의 첫 방문이다. 이곳은 선교 사역을 하기에 훌륭한 곳에 위치하여 있다. 또한, 인구도 진주의 인구와 맞먹을 정도로 많다. 자연 풍경이 훌륭하여, 꼭 방문해야 할 첫 번째 지역이다. 과거에 이 나라에서 중요한 몫을 감당하던 곳이며, 학생들이 역사를 공부하기에 흥미로운 곳이다.

물론 이곳에도 일본인이 있다. 이제는 한국 어디에서나 그들을 볼 수 있다. 이곳의 한 지역에 120명 정도가 살며 조용하게 사업을 하고 있다. 내가 방문한 최근 세워진 일본인 학교는 한국인에게도 열렸는데, 많은 수가 출석하고 있었다. 이 학교의 주된 목적은 한국 청년들에게 일본어로 교육을 하는 것이라 들었다. 일본인들은 자신이 하는 모든 일에 좋은 이유가 있으며, 이런 종류의 학교가 전국에 생겨나고 있다.

나는 이곳 사람들에게 전도할 기회를 찾으면서 통영에서 즐거운 나흘을 보냈다. 관심 있게 들으려는 사람은 많이 없었지만 드러나는 적대감도 없었다. 그곳의 몇 명은 기독교 신앙에 관심을 보였고, 앞으로 이곳에서의 선교가 희망적으로 펼쳐질 수도 있다. 나는 이곳이 훌륭한 선교부가 될 수 있다는 강력한 인상을 받았다. 장차 선교 인원이 보강되면 이곳을 전략적인 중심지로 우선적이고 공격적인 활동을 고려해 보아야 한다.

동시에 나는 이 지역을 정기적으로 방문하기 원하며, 매서인이나 다른 한국인 조사를 통하여 전도 활동을 벌이려고 한다. 부산과 이곳 그리고 마산포 사이에 작은 증기선이 막 운행되기 시작하였기에 이곳 방문을 이틀 안에도 할 수 있다. 매우 발전된 운송 수단으로 선교사에게는 좋은 일이다.

나의 최근 방문에 맞추어 양산 지역의 신덕에 7명의 수세자가 포함된 새 모임이 형성되었다. 그때 드렸던 예배에 남녀 성인 약 30명이 참석하였다. 최근 양산 읍내에는 복음에 관한 관심이 커지고 있다. 이곳에서 우리는 오래전부터 일하여 왔지만, 눈에 띄는 결과는 없었다. 그러나 이제 뿌린 씨앗에 열매가 맺기 시작하는 것 같다. 대부분 교육받은 40명의 남성이 이방 종교에서 벗어나 기독교 신앙을 배우려 하고 있다. 이것은 이웃을 구원의 빛으로 이끌려는 그곳 신실한 한국인 일꾼의 노력 결과일 것이다. 이들은 자신들이 임시로 확보한 장소에서 정기적으로 예배를 드리고 있다. 선교사가 인도자 한 명을 임명하여 이 예배를 주관하도록 하였다.

('더 메신저', 1906년 2월 23일, 75)

65. 양반들의 관심

여러분의 매우 흥미로운 8일 자 편지가 막 도착하였다. 힘이 되는 내용에 여러분 모두에 큰 감사를 드린다. 필요한 기금이 부족하여 주님을 위한 이 선교가 멈추어지지 않도록 기도한다. 발전되고 확장되고 있는 한국선교는 고향의 여러분들에게 많은 재정을 요구하고 있다. 그뿐만 아니라 온 맘과 실제적인 노력의 부르심도 있다.

최근 총회장의 해외 선교 주제 연설은 영감적이고 희망적인 중요한 메시지를 담고 있다. 이것이 위대한 선교를 위한 깊고 도전적인 효과를 가져올 것을 믿어 의심치 않는다. 우리는 우리의 부족한 인원이 곧 보충되리라 믿는다. 진주에 결혼한 선교사가 시급히 필요하다. 다른 거점에도 외국인 선교사가 신속하게 상주해야 한다.

방금 지나간 성탄절과 새해에 꼭 필요한 즐거운 일을 할 수 있었다. 한 가지 유감이 있다면 다른 해와 마찬가지로 젊은이들에게 충분한 선물을 줄 수 없었다는 것이다. 지난날 우리의 학생들에게 관대함을 보인 여러분에게 감사하다. 앞으로도 아기 예수가 우리에게 오신 이 계절에 이곳 어린이들에게 기쁨을 줄 수 있다면 좋겠다.

최근 나는 마산포의 신자들과 며칠을 함께 보냈다. 그곳의 일은 잘 발전하고 있다. 구경꾼들도 우리의 예배에 관심을 가졌고, 몇 명은 자신도 교인이라고 하였다. 세례문답반에 5명이 신청하였는데, 한 사람 한 사람 시험한 결과 3명을 받아들였다. 인도자는 보고하기를 예배 참석자가 늘고 있어, 곧 예배당을 확장해야 할지 모른다고 하였다. 무엇보다도 나를 기쁘게 한 것은 건강한 기독교인의 영이 사람들을 활기차게 하고 있다는 것이다. 서로에게 그리고 이웃에게 기독교인의 의무를 다하려 하고 있다. 우리가 강조하는 것 중 하나는 구원의 기쁨을 경험한 사람은 꼭 안 믿는 자에게 구원의 기쁨을 전해야 한다는 것이다. 한국 신자들은 이 의무를 가볍게 여기거나 게을리하지 않는다.

나의 조사 동(Tong) 씨는 다른 거점에서 기쁜 소식을 전하였다. 우리의 사역을 방해하려는 적의 존재는 오히려 우리 신자들에게 도전이 되고 신앙을 행동에 옮기게 한다. 선교사의 노력과 관련하여 여기서 언급할 것은 양반 계급 사람들이 점점 기독교 신앙에 관하여 관심을 둔다는 것이다. 지난날에 그들은 적대감을 보이거나 무관심하였는데, 지금은 대화에 기꺼이 참여할 뿐 아니라 기독교가 자신과 이 나라에 오직 희망이라며 신앙을 받아들이기도 한다…….

아마 교회에 들어오려는 이 모든 사람이 진정한 마음을 가진 것은 아니기에 우리는 후보자들을 매우 주의 깊게 관찰해야 한다. 우리의 훈련 기간은 매우 길며 불순한 의도를 가진 사람을 골라내어 교회의 순수성을 지킨다.

곧 있을 거제 섬 방문을 나는 기다리고 있다. 이달 말에 신자들을 위한 공부반을 시작하여 열흘 동안 진행될 것이다. 섬의 모든 지역에서 많은 사람이 참석할 것으로 기대하고 있다. 기초반과 세례문답반으로 나누어 진행할 것이며, 기초반은 한국인 조사가, 세례문답반은 내가 지도할 것이다. 저녁에는 부흥회가 있어 전도의 열정을 불러일으키기를 기대한다. 이들은 공부할 적절한 기간으로 한국인 새해를 선택하였다. 먹을 것도 각자가 다 가지고 올 것이다. 양식을 가지고 오지 못한 사람에게는 쌀 한 사발을 제공할 것이고, 반찬은 알아서 해결해야 한다. 이들은 보통 밥과 함께 절인 배추를 먹는다…….

('더 메신저', 1906년 3월 16일, 125)

66. 연합예배

우리는 거제 섬에서 즐겁고 유익한 학습의 시간을 가졌다. 이달 15일에는 우리의 조사들을 위한 반이 13일 동안 우리의 장소(부산)에서 개최된다.

지역 선교회에서 많은 학생이 참여할 것으로 예상한다. 이것은 우리 선교와 관계되는 학습반이며, 임명받은 남성들에게 매우 유익함이 증명되었다. 이들은 중요한 선교 활동에 다양한 방법으로 참여하고 있는데, 자신의 의무를 다하기 위하여 잘 준비되어야 한다.

한국인 신자를 위한 연합 모임은 매달 마지막 주일에 개최되는데, 흥미로운 경험이다. 지난 주일에는 이 지역 미국선교회 교회에서 열렸는데, 내가 설교하는 특권을 가졌다. 이 연합예배는 세 교회를 돌아가며 모이고 있다. 우리 선교회는 이 세 교회 교인들 모두 편안하게 앉을 건물이 없지만, 필요한 공간이 때에 맞추어 준비될 것이다. 우리에게 필요한 것은 이 지역 혹은 가까운 곳 중심에 위치한 큰 교회당이다.

연합회 모든 회원에게 안부를 전한다.

('더 메신저', 1906년 6월 8일, 320)

67. 양산읍교회 설립

양산읍교회가 성립하다. 선시에 영국선교사 손안로가 전도할 시에 정준모 외 10여 인이 밋고 북부동시정에서 례배하얏고 기후 이영한, 금석호 외 20여 인이 귀주하야 남부한문사숙을 례배당으로 사용하니라.

1906.

(『조선예수교장로회 사기』, 161)

68. 마산포 남학교의 필요성

지난달 15~28일까지 우리 선교회에서 열린 조사 성경공부반이 성공리에 마쳤다. 좋은 숫자의 학생이 참여하였고, 자신의 공부에 열심을 내었다. 공부할 기회에 이들은 마음으로 감사하였다. 우리 선교회에서도 적지 않은 인원이 참석하였는데, 모두 26명이 참석하였다. 내년에는 대구에서 반을 열기로 하였다.

최근 나는 판호와 양산읍내를 방문하고 돌아왔다. 악천후가 즐겁고 성공적인 방문을 방해하였지만, 나는 그곳의 형제들을 다시 만나 반가웠다. 지난주일 나는 판호의 오전 예배에 참석하고, 읍내를 향하여 20리를 걸어갔다. 비가 억수같이 쏟아져 온통 젖었기에 나는 먼저 방 온돌에 옷을 말려야 했다. 그리고 예배당으로 갔는데 교인들은 내가 오겠다는 약속을 고생 속에서도 지키자 감사하게 생각하였다. 이들은 아마 나를 보고 교훈을 얻었을 것이다. 보통의 한국인은 약속을 중요하게 생각하지 않는다. 때로 지키려는 생각도 없이 약속을 한다. 그러므로 이들은 모범적인 예를 통하여 약속의 의미를 배울 것이고, 어쩔 수 없는 상황에서만 약속을 지키지 못한다는 것을 알게 될 것이다.

며칠 후에 나는 다시 떠날 것이다. 마산포의 교인들이 내가 빨리 오기를 기다리고 있다. 그들은 이제 자신들의 사역을 확장할 계획을 하고 있고, 한 교인은 새 교회당 건축을 위하여 2천 냥 즉 340엔을 헌금하였다. 동봉하는 단체 사진 왼편에 그가 자신의 노모와 함께 앉아있다. 그녀도 마산포 사역과 관련하여 처음부터 우리와 함께하였다. 이 사진에 이 씨 가족의 4대가 모두 모여 있다. 가족 구성원 전체의 구원을 위한 그녀의 기도가 이루어진 것이다. 한때 그녀의 아들은 복음에 전혀 무관심하였지만, 지금은 이 지역 교회의 열정 있는 지도자와 후원자가 되었다.

이경충(Yi Kyrng Choong, 원문의 영어철자-역자 주)은 이 지역의 인기 있는 의사이다. 그뿐만 아니라 그는 영적인 일에도 매우 신실한 사람으로, 우리의 '영혼을 위한 위대한 의사'를 닮았다. 이와 같은 교인이 이곳 교회에 적지 않다. 그들의 삶 자체가 하나님 말씀의 능력 있는 증인이다. 마산포에서 이제 필요한 것은 남학생을 위한 학교 설립이다. 우리의 사람들은 이것이 지체없이 이루어져야 한다고 말한다. 이들은 말하기를 자신들이 학교를 위한 집을 마련할 준비가 되어있다고 한다. 그리고 집 보수와 연료 등을 위해 필요한 재정도 헌금하겠다고 한다. 그러나 자신들이 교사의 봉급을 줄 능력은 없다고 하는데, 매달 약 10엔 정도이다.

이들은 나에게 자신들을 대신하여 호주교회에 호소해 달라고 하고 있다. 내가 지금 기쁘게 호소할 수 있는 것은 이들이 기꺼이 그 일을 돕기 원하고 있기 때문이다. 젊은이들을 기독교인으로 훈련하는 것보다 더 필요하고 중요하고 희망적인 것이 선교사에게는 없다. 그러므로 나도 이곳 형제들의 기도에 전폭적으로 동참하며, 하나님이 자신의 종들의 너그러움을 통하여 이루어주기를 바란다.

('더 메신저', 1906년 6월 15일, 335)

69. 아담슨의 연례 보고서

작년에 선교회에 보고서를 낸 이후로 이 나라에 거대한 변화가 오고 있다. 그때 이곳은 정치적인 독립이 보장되고 유지될 줄로 강하게 믿고 있었는데, 포츠머스조약의 내용으로 전국이 무력한 당혹감에 빠져 아직 그것에서 완전히 회복하지 못하고 있다. 그 조약에 저항하는 모습이 여기저기서 다른 형태로 나타나고 있고 때로 공개적으로 새 질서에 반발하는 시위도 있다…….

하나님의 축복으로 이 보고서는 지난 한 해의 성공적인 노력을 말할 수 있다. 순회 전도와 매서의 수단을 통하여 선교사가 담당하는 넓은 지역에 흩어져있는 수천 명에게 복음을 전할 수 있었다. 지난 어떤 해보다 순회 전도를 통하여 더 많은 것을 성취할 수 있었다. 총 16번의 순회를 하였으며, 전에 한 번도 방문하지 못한 곳과 우리의 교회들도 두세 번씩 방문하였다. 이 순회에 관한 구체적인 내용은 정기 보고서에 기록하였다.

현재의 한국 상황에서 순회를 하는 것은 의심할 나위 없이 육신적으로 소진되는 일이지만, 꼭 필요한 사역이며 그 결과도 언제나 훌륭하다. 또한, 선교사에게도 교육적인 중요한 과정이다. 여러 종류와 조건 속의 사람을 개인적으로 만나는 것은 신앙관을 포함하여 그들의 일상적인 모습과 의견을 직접 알 기회이고, 복음을 잘 전달할 수 있는 길이다.

다행히도 한국인은 소극적이 아니라 언제든지 자신의 언변을 보여줄 준비가 되어있다. 동시에 자신에게 말하는 사람의 이야기도 동정적이고 주목하여 듣는다. 멀리서 온 몇 명과 밤늦게까지 서로에게 도움이 되는 대화를 하였는데, 이들이 먼저 복음의 구원 진리에 관하여 관심을 보이었다.

교회의 영적인 생활은 잘 유지되고 있다. 교인들이 열심을 내는 모습은 목사에게 기쁜 일이다. 교인들이 거의 사백 오십 엔을 모금하였다는 것은 깨어있는 건강한 영을 말하고 있다. 17명의 성인과 2명의 유아가 세례를 받았고, 49명이 세례문답반에 들어왔다. 많은 신청서가 여러 이유로 받아들여지지 않았다. 세례에 관한 일은 매우 조심하여야 한다. 신청자를 신중히 받아들였기 때문에 지금은 어려운 일이 줄어들었다. 오직 두 명에게만 사달이 났다고 보고를 받았는데, 장래가 촉망되던 청년들이 죄에 빠져 우리에게 큰 실망과 슬픔을 주었다. 이곳 사회의 악마적인 환경을 보면 도덕적인 죄악에 빠질 위험이 적지 않다. 영적인 은혜로 무장하지 않는 한 누구라도 넘어질 수 있는 환경이다.

교회 생활에서는 격려되는 진보가 있었다. 몇 개월 동안 선교사는 한국인 조사의 도움을 받지 못하였다. 그러다 지난 12월, 고 김 씨의 후임이 두 명의 일꾼과 시골 교회들을 방문하여 그곳 교인 수가 늘고 있다. 이들은 지역마다 거점이 있는데, 마산포와 여기 부산에 있다. 조사의 임무 중의 하나는 목사가 자리를 비울 때 그곳에서 설교하는 것이다. 청년 사역도 꾸준히 진행되고 있고, 남학교와 여자야학교에 참석하는 평균 학생 수도 양호한 편이다. 90명의 이름이 현재 출석부에 기재되어 있는데, 작년보다 수가 증가하였다.

최근 해외선교위원회가 우리의 마산포 지부 교사 한 명의 봉급 지원을 결의하여 장차 어린이 교육을 더 할 수 있게 되었다. 이곳의 사람들이 소년과 소녀의 교육 필요성을 깨닫기 시작한다는 것이 우리에게 참된 만족을 주고 있다. 소녀들에게는 오직 밥하고, 빨래하고, 바느질하는 가르침만 필요하였고, 그들의 정신적인 교육을 위해서는 돈을 쓰지 않는 사람들이다. 다행히 지금은 그것이 바뀌는 모습인바, 외국인들의 발전된 모습을 통하여 그리고 무엇보다도 기독교의 가르침을 통하여 영향을 받고 있다고 말할 수 있다.

최근 몇 달 동안에는 우리가 지역에서 하는 일과 연관되어 여학생을 위한 낮 학교를 개교하도록 도와달라는 청원도 있었다. 이것을 위한 재정이 담보되어 있지 않은 상황에서 우리는 만족스러운 대답을 주지 못하였다. 그러자 그들은 스스로 두 달 반 전에 소녀를 위한 학교를 시작하였고, 지금 선교관 안에서 진행하고 있지만, 온전히 그들에 의하여 운영되고 있다.

이 마을의 지도자는 그것보다 더 큰 계획을 말하고 있다. 소녀를 위한 큰 학교를 설립하고 선교부지 위에 건물을 세운다는 것이다. 비용은 마을 기금에서 충당한다고 한다. 이 계획이 성공하기를 희망한다.

세 명의 매서인과 두 명의 전도부인은 자신의 지역에서 안정적으로 일하고 있다. 이들의 노력도 지난해 성공적인 결과의 한 부분을 차지한다. 특히 한국어 신약성경이 개정된 것은 의미 있는 일이다. 지난번 것은 위험할 정도의 오역이나 인쇄의 잘못이 있었다. 작년에 우리 몇 명이 번역위원회에 특별히 초청을 받아 일하였고, 성경위원회는 개정된 결과에 만족하며 회의록에 감사를 표하였다…….

이상과 같은 선교사 일상의 의무에 더하여 지난 3월 다른 동역자와 함께 12일 동안 진행된 한국인 조사반에서 강의하였다. 조선성교서회를 대신하여 책자와 전도지 검사에도 시간을 많이 쏟았다. 서회가 우리의 봉사에 대해 "매우 감사하다"고 공식적으로 말해 기뻤다.

결론적으로 우리의 노력과 선교지에 축복을 주신 하나님께 전심으로 감사드린다.

앤드류 아담슨

부산, 1906년 9월 7일.

('더 크로니클', 1907년 2월 1일, 4-6)

70. 마산포 새 교회당

마산포의 새 교회당이 8월 첫 주일에 헌당되었다. 많은 교인이 교회당 안팎에 모였다. 설교는 고린도후서 4장 4절 '그리스도 영광의 복음'에 기초하였다. 이것은 이날 가장 적절한 말씀으로 복음의 능력에 힘입어 우리는 영광스러운 곳에 모이는 특권을 가지게 되었기 때문이다. 아담슨 부인과 자녀들도 이 예배에 참석하였고, 특히 여성 교인들이 큰 관심을 보였다.

새 교회당 반은 일본 양식으로 지어졌는데, 제법 공간이 넉넉하고, 한국식으로 좁혀서 앉으면 250명까지 들어갈 수 있다. 가장 격려되는 모습은 열심 있는 교인들이 보여 준 헌신이었다. 그러나 이경충 형제의 관대한 헌금 없이는 이렇게까지 성공할 수 없었을 것이다. 이 이름은 기억될만한 이름이다.

마산포 교인들은 또한 남학교를 위한 장소도 제공한다. 선교사가 고향 교회에 호소한 학교 교사의 봉급 모금에도 벌써 좋은 신호가 있다. 이 항구의 사람들에게 이것은 매우 좋은 소식이며, 이곳의 선교에 큰 도움이 될 것이다.

아담슨의 두 명의 조사 중 한 명인 송 씨(송 씨의 아내는 멘지스가 가르친 학생으로 이들은 10년 전에 결혼하였다 - 역자 주)는 마산포에 거주하고 있다. 그는 이곳을 책임지고 있으면서, 남서쪽 지역을 순회하고 있다. 송 씨가 마산포에 있을 때는 교회가 공식적으로 임명한 지도자와 협력한다. 다른 곳에서는 그가 전적으로 책임을 지며, 여러 예배를 효과적으로 인도하고 있다.

우리 연합회가 지원하는 다른 조사는 부산 지역과 양산과 언양 지역에 집중하고 있다. 아담슨이 종종 순회를 위하여 자리를 비우므로 그때 그는 아담슨을 대신하여 부산의 일을 감당한다. 그의 이름은 곽 씨로 전에 매서인이었다. 아담슨은 그가 훌륭한 자격을 갖추었다고 하였다. 그러나 육체적으로는 왕성하지 못하다. 조사의 필요성은 항상 크다. 이 사람을 후원하는 연합회에 나는 감사하다.

우리 선교부에 관련하여 통계에 대한 질문이 종종 있다. 최근 장로교 공의회를 위하여 준비한 통계는 다음과 같다. 작년에 17명의 성인과 2명의 아동이 세례를 받았다. 정기적으로 모이는 거점은 12곳으로 늘었다. 49명이 세례문답반에 들어왔다. 학교에서 공부하는 학생은 90명이다. 현재 명부에 이사하거나 사망한 사람을 제외한 99명의 성찬식 참여자와 53명의 세례자가 있다. 교인들의 헌금은 총 448엔이다. 우리 선교에 베푸신 하나님의 풍성한 은혜에 감사드린다.

우리 선교사의 휴가에 관한 질문이 있다. 아담슨 부인의 건강이 좋지 못하여, 커를 박사는 1년 동안의 휴식을 계속 권고하였다. 이 권고를 더는 무시할 수 없는 상황이다. 지금까지 그녀는 고된 일을 감당하였고, 한국의 다른 여성 선교사보다 휴가 없이 일하였다. 다가오는 여름 전에 아담슨 부부의 휴가가 확정되기를 희망한다. 1907년 4월 전까지 말이다. 그들은 아마 휴가 중 반은 자신들의 '고향'인 영국에서 보내고, 호주를 통하여 귀국할 것이다. 계획이 발전되면 더 보고하겠다. 우리를 대신하여 열심히 일한 그들을 따뜻한 남쪽에서 적극적으로 환영할 것을 우리는 약속한다.

('더 메신저', 1906년 10월 5일, 601)

71. 아담슨 부부의 병가

최근 빅토리아로 보낸 전보를 통하여 소식을 들었을 것이다. 커를과 어빈 박사는 아담슨 부인의 건강을 논의하였다. 그들은 그녀가 가장 가능한 한 이른 시일에 휴가를 떠나야 한다고 결정하였다. 그리고 내가 동행해야 한다고 하였다. 이 결정은 나에게는 실망적이었는바, 내년 4월 말까지는 큰 위험이 없을 것으로 생각하였기 때문이다. 그때까지 나는 시골의 모임과 교인들을 바쁘게 방문하기 희망하고 있었다.

그러나 의사의 권고를 무시할 수는 없다. 현재 성장하는 사역에 선교사의 손길이 필요하지만, 한 기간 떠날 수밖에 없을 것 같다. 다행히 아담슨 부인의 병세는 당장 심각한 것 같지는 않다. 그녀의 몸은 유기적으로는 문제가 없지만 바뀐 환경에서 쉬면 빠르게 회복될 것으로 믿는다.

우리 회원들은 이 소식으로 인하여 큰 염려를 할 것이고, 그들의 기도와 동정이 어려움에 빠진 우리와 함께할 것으로 믿는다. 아담슨의 부재 시 커를이 그의 지역을 감독할 것이다. 이 일을 위하여 커를은 부산에도 일부 거주해야 하므로, 진주의 병원 건축은 당분간 연기될 것이다. 병원 건축은 자재를 보내주는 등 항구에 있는 동역자 도움 없이는 어차피 불가능하다.

10월 22일 우리 선교사는 런던으로 떠날 계획에 있다. 그러나 그날 배를 타고 제때 도착할 준비가 될지 의문이다. 아담슨은 건강이 좋아 선교 홍보를 위하여 런던과 호주에서 활동하기 원하고 있다. 아담슨 부인도 런던에서 힘을 얻어 사랑하는 사람들을 위하여 현장으로 돌아갈 때, 남편과 함께 빅토리아를 들를 것으로 기대하고 있다….

('더 메신저', 1906년 11월 23일, 735)

72. 고향 가는 길

고향으로 가는 여정에 있다. 날씨는 비교적 선선하다. 아담슨 부인의 건강은 많이 좋아졌다. 우리의 한국인들은 선교사 부부가 한 계절이나마 떠나는 것에 놀라며 아쉬워하였다. 이별의 아픔이 있지만, 다음과 같이 말하였다.

"몸은 떠나 있지만, 영적으로 선교사님과 계속 함께할 것입니다."

마지막 나의 임무 중 하나는 성인 3명과 어린이 4명에게 세례를 베푸는 일이었다. 아담슨의 런던 주소는 다음과 같다.

8 Athelstane Road, St. Stephen's Road, North Bow, London.

아와 마루호에서

홍콩

('더 메신저', 1906년 11월 30일, 753)

73. 1906년 말의 통계

한국선교에 관한 최근의 통계이다. 이 통계는 아담슨이 부산을 떠나기 전 장로회 공의회를 위하여 작성한 것이다.

정기적으로 모이는 거점 12곳, 미조직교회 6곳, 자립 교회 5곳, 교적부의 성찬 참여자 99명, 지난해 새 참여자 17명, 교적부의 유아세례자 30명, 지난해 새 유아세례자 2명, 교적부의 세례문답자 153명, 지난해 새 세례문답자 49명, 전체 교인 372명, 평균 출석 250명, 주일학교 3곳, 주일학교 학생 90명, 교회 건물 6동, 작년에 설립 1동, 학교 3개, 남학생 30명, 여학생 60명, 전체 학생 90명, 교인 헌금 총 약 50파운드.

('더 메신저', 1906년 12월 28일, 823)

74. 아담슨의 한국어 실력

'주간 서울신문'은 영어로 출판되는 한국 신문이다. 지난 11월 3일의 뉴스를 이곳에 인용한다.

"부산에서 우리에게 전해 온 소식은 다음과 같다: 아담슨 목사 부부와 두 자녀는 12년 동안의 성실한 근무 끝에 자격 있는 휴가를 위하여 영국을 향해 떠났다. 한국인과 외국인 친구들이 송별하였는바, 그들의 인기와 그들에 대한 매우 높은 자부심을 증언하였다.

아담슨의 한국어 실력은 출중하여 한국의 문헌 사역을 위한 최고 인력 중의 한 명이다. 그들의 귀국은 따뜻한 환영을 받을 것이다."

('더 메신저', 1907년 3월 8일, 175)

75. 아담슨을 환영하다

우리의 선교사 아담슨 목사는 부인과 두 딸과 함께 런던에서 '루닉'호를 타고 지난 주말 멜버른에 도착하였다. 7월 22일 월요일 저녁, 임원회가 그들을 공식으로 환영하였다. 메소닉 홀에서 이루어진 친교는 총회장과 해외선교위원장 등이 참석하였고, 저녁 식사가 있었다.

식사 후에 친교연합회 회장 위시아트가 환영사를 하였고, 길레스피와 프레이저가 그 뒤를 이었다. 아담슨은 빅토리아에 다시 와 연합회와 교회 대표들을 만나 기쁘다고 하였다. 아담슨 부인의 병으로 인하여 계획한 것보다 일찍 한국을 떠났다고 하였다. 그러나 지금은 런던의 전문 의사로 인하여 완전히 회복되었다고 하였다. 자신이 빅토리아에 머무는 동안 선교에 대한 흥미가 촉발되기를 희망한다고 하였다.

밤 8시가 되자 초청받은 대표들과 다른 임원들이 도착하여 홀을 채웠다. 두 번째 그리고 더 큰 모임이 시작되었다…. 아담슨이 빅토리아에 있는 동안 초청받은 교회와 방문 일시를 캠프가 발표하였다.

아담슨은 지난번 빅토리아를 방문한 이후 기독교에 대한 한국인들의 태도가 크게 변하고 있다고 하였다. 신분이 높거나 낮거나 복음에 귀를 기울이고, 믿는 자와 배우려 하는 자가 늘어나고 있다. 어떤 한국인들의 헌신과 관대함은 많은 서양인을 부끄럽게 한다. 곡식이 희어져 추수할 때가 되는데, 일꾼이 적다. 그의 교회 지역에 250,000명의 영혼이 있고, 빅토리아교회에 배당된 지역에는 그보다 3배나 더 많은 영혼이 있다고 하였다.

모임 중간에 다양한 특송과 암송이 있었고, 마치기 전에는 다과가 제공되었다. 비록 추운 날씨였지만 많은 사람이 참석하여 커피를 마시며 즐거워하였다. 다음은 지금까지 아담슨을 초청한 교회들이다.

7월 24일(수) 브런스윅, 25일(목) 호쏜, 26일(금) 클리프톤 힐, 29일(월) 에스콧 베일, 30일(화) 샌 킬다, 31일(수) 사우스 야라, 8월 1일(목) 남멜버른 도르카스 가, 2일(금) 엘스톤윅 이스트, 5일(금) 노스 윌리엄스타운, 6일(화) 캔터베리, 7일(수) 칼톤 샌 앤드류스, 8일(목) 투락. 주일은 한 곳 혹은 그 이상의 교회에 예약되어 있다.

('더 메신저', 1907년 7월 26일, 497)

76. 한국의 각성과 개방

해외선교위원회는 친교연합회의 한국선교사 아담슨이 빅토리아를 방문하는 동안 좀 더 길게 선교 홍보를 다니는 것이 지혜롭다고 생각하였다. 우리는 그의 홍보 결과가 우리 교회를 한 걸음 더 나가게 하리라는 것을 믿는다. 그는 연설을 잘하며, 그 내용도 흥미롭다. 오늘날 한국은 변하고 있다는 것이 그의 유창한 설명이다. 그의 보고는 우리 교회가 한국선교에 흥미를 갖게 하고 더 참여하게 할 것으로 희망한다.

아담슨의 연설은 선교 분야뿐만 아니라, 그 나라에 대한 정보와 도전도 주고 있다. 그의 이야기 속에 긍정적인 맥락이 흐르고 있고, 한국의 각성과 개방과 발전은 장차 그 '조용한 아침의 나라'가 동방에서 적지 않은 역할을 할 것이라는 지적이다.

한국인의 생활과 전망을 성공적으로 전달하고 있는 아담슨을 축하하며, 해외선교위원회가 지금까지 들은 해외 선교 보고 가운데 가장 좋은 내용 중의 하나임에 동의한다. 우리의 교회들과 친교연합회가 어떤 방법으로든지 그의 이야기를 듣는 기회를 얻기를 바란다.

('더 메신저', 1907년 8월 9일, 518)

77. 빅토리아교회의 지원

해밀턴에서 아담슨은 여러 곳에서 자신을 환영해주며 우리가 선교하고 있는 한국에 관심을 보여 큰 격려를 받고 있다고 쓰고 있다. 벤디고에서는 7파운드를 모금하는 보람된 시간을 가졌다. 여러 친구가 앞으로 더 지원하겠다고 하고 있으며, 두 명의 한국인 조사 지원도 이미 약속받았다. 콜레라인에서도 감동적인 모임이 있었고 헌금도 하였다. 우리 선교사는 건강에도 문제가 없고, 더 많은 교회를 다니기 원하고 있다.

지롱 사람들도 우리 선교사를 따뜻하게 맞이하였다. 아담슨이 방문한 저녁 친교 모임을 준비하였고, 지역 정치인들도 참석하였다. 그는 주일에 설교할 것이며, 주중에도 보고회를 할 것이다.

호손교회 '8월 소식지'는 우리 선교사의 방문에 관하여 말하고 있다.

"우리 목사님이 환영한 후, 아담슨은 자신이 13년을 헌신한 한국선교에 대하여 강연하였다. 풍부한 내용에 흥미롭고 교육적이었다. 훌륭하게 전달되었으며, 그의 영혼이 진지함으로 빛이 났다. 그곳의 최근 기찻길과 도로, 그리고 전보와 통신의 발전이 두드러졌으며, 교육열의 증가와 학교 설립에 대한 열망, 잠재된 지적 능력의 표출, 한국인 회심자들의 신앙과 헌신 등의 이야기가 청중을 사로잡았다. 아담슨은 이러한 변화가 복음의 영향에서 기인한다고 하였다. 매서인, 한국인 교사, 전도부인 등이 선교사를 지원하기 위하여 고용되었고, 이들의 수가 증가하는 만큼 교인의 수가 증가하고 있다고 하였다. 그는 이것을 위하여 후원을 호소하였고, 축도로 모임을 마치었다."

('더 메신저', 1907년 8월 23일, 563)

78. 왜 선교사를 보내는가

최근 대표자 회의에서 한국의 정치 상황에 관한 아담슨 목사의 흥미로운 강연을 들을 수 있는 특권을 가졌다. 그는 이미 희어진 밭에 더 많은 선교사를 속히 보내야 한다고 하였다.

그러나 한가지가 나에게는 분명하지 않다. 아마 이 지면을 통하여 아담슨이 대답을 줄 수 있을 것이다. 그로부터 내가 이해하기는 한국인은 복음을 들을 준비가 되어있어, 가르칠 교사가 속히 필요하다고 한다. 그러나 현재 상황이 계속되지는 않을 것이다. 지금 행동하지 않으면 문이 닫힐 수도 있고, 기회를 잃어버릴 수도 있다고 한다.

외국인이 한국어를 충분히 배워 가르치려면 최소한 2년이 필요하고, 더군다나 토착 관습을 모르는 외부인으로 한국어를 말하게 된다. 나의 질문은 이렇다.

"왜 선교사를 보내는가?"

"토착 교사가 더 효과적인 전도자가 아닐까?"

우리의 현재 선교사 아담슨, 엥겔, 커를은 감독의 위치에서 선교를 조직하고 감독하는 일을 하면 되지 않는가. 만약 적절한 교사를 찾을 수 있다면, 이러한 방법으로 더 많은 한국인 일꾼을 고용할 수 있지 않을까.

한 대표자가.

('더 메신저', 1907년 9월 6일, 593)

79. 한국에 선교사를 더 보내야 할 이유

지난주 '대표자'라는 익명인이 쓴 내용이 나의 관심을 끌었다. 우리의 한국선교 목적이 토착인 일꾼을 더 많이 고용하므로 더 잘 성취할 수 있지 않겠느냐는 문제 제기였다. 그리고 빅토리아교회의 현재 한국선교사 3인이 그들을 감독하면 되지 왜 선교사를 더 보내야 하냐는 질문이었다.

자격을 갖춘 한국인 일꾼 고용의 필요성은 한국선교 상황을 잘 아는 사람들은 모두 동의할 것이다. 지금 그 땅에서 일어나는 부흥 운동은 큰 부분 한국 기독교인들에게 그 공이 돌아가야 하며, 초기 선교사들의 노력에 그러한 수단을 좀 더 많이 사용하는 것이 바람직하다.

그러나 우리에게 맡겨진 큰 선교 영역의 750,000명을 전도하려면, 최소한 천 명당 한 명의 지역 일꾼이 필요하다. 즉 모두 750명의 일꾼이 필요한 것이다. 현재와 바로 미래에 이만큼의 일꾼이 선교를 맡아 해나갈 수 없는 상황이다. 모든 토착인 일꾼은 해외 선교사에게 특별한 훈련을 받아 책임을 맡아야 한다. 가장 효과적인 일꾼은 목사 선교사 아래에 수년 동안 가르침을 받은 사람이다. 선교 사역에 들어서는 순간부터 현지 일꾼 훈련은 멈추지 않는데, 상황에 따라 개인적인 만남에서 혹은 공개적인 반에서 짧게 혹은 긴 시간 가르치게 된다.

만약 우리에게 750명의 자격 있는 일꾼이 있다고 하여도, 그곳의 특별한 상황을 보면 3명의 선교사가 '감독'처럼 그 많은 평신도 일꾼을 성공적으로 조직하고 감독하기는 불가능하다. '감독'으로서 조직하고 감독할 수는 있다고 하여도, 많은 시간의 순회 심방, 교인 교육, 목사 선교사만이 할 수 있는 목회적 돌봄, 의료선교사만이 할 수 있는 치료, 그리고 세상의 사무는 어떻게 감당할 것인가.

최근 총회 회관에서 내가 인용한 한 미국선교사는 최소한 100명의 해외선교사가 현재 한국에 필요하다고 하였다. 빅토리아장로교회에 맡겨진 그 많은 영혼을 전도하려면 우리는 최소한 20명의 목사 선교사를 파송해야 한다. 그리고 많은 수의 토착 일꾼이 감독을 받으면서 함께 일하면, 선교사에게 주어지는 시급한 의무를 다할 수 있을 것이다. 이것으로 '대표자'의 질문에 답이 되었기를 희망한다.

('더 메신저', 1907년 9월 20일, 625)

80. 한국을 위한 미션 박스

아담슨 목사 부부는 부산의 선교 사역에 복귀하기 위하여 이번 달 30일 멜버른을 떠난다. 그들이 떠날 때 미션 박스를 보내기로 하였으며, 성탄절 전에 그곳에 도착할 것이다.

선물을 보내기 원하는 모든 친구는 10월 28일 월요일까지 다음의 주소로 보내면 된다. Mr. W. Wishart, 237 Comns Street.

다음은 가장 적합한 선물 목록이다: 연필과 슬레이트, 칼, 눈금이 있는 공책, 흰색과 표백되지 않은 옥양목, 프린트, 크레톤, 플란넬, 드레이퍼 샘플, 밝은색의 비단과 면, 바늘, 골무, 팔꿈치까지 올라오는 모직 장갑, 담요, 소녀들을 위한 잠옷, 그림책, 작업 가방, 검은 머리 인형, 비누, 퀴닌, 글리세린, 바셀린, 커를 박사를 위한 여러 종류의 약품, 구슬, 장난감 악기.

('더 메신저', 1907년 10월 18, 689)

81. 아담슨 가족의 출국

우리의 한국선교사 앤드류 아담슨 목사와 아내 그리고 두 딸은 지난 수요일 '야와타 마루'호를 타고 자신의 선교지인 한국 부산으로 떠났다. 이번 휴가는 아담슨 부인의 건강 악화로 계획보다 일찍 보낸 것이다.

이들이 즐거운 마음과 건강한 몸으로 떠날 수 있었다는 사실에 친구들은 기뻐할 것이다. 이들 부부는 우리와 함께 있을 때 '고요한 아침의 나라'에서 진행되고 있는 우리의 선교에 큰 흥미를 불러일으켰다. 또 다른 선교사가 신속하게 그곳으로 파송될 가능성이 크고, 우리 주의 여러 후원자는 한국 전도부인과 조사를 지원하기로 약속하였다. 이것이 우리의 선교를 더욱 견고히 할 것이다.

프레이저 목사의 노력으로 성경 이야기 그림이 있는 환등기를 구입하였고, 큐의 친교회 회원들은 선교사가 순회할 시 휴대할 수 있는 풍금을 상해에서 사도록 지원하였다. 한국인들은 특히 노래를 좋아하나, 목소리는 거칠고 훈련을 받지 못하여 음악 도구가 필요하다.

미션 박스를 위한 선물 기증에 감사한다. 약품을 구매할 헌금을 보낸 M.C., 스트라포드, 비치워스의 맥 씨에게 감사한다.

우리 선교사들이 시드니에 머무는 동안 그곳의 친교회 회원으로부터 돌봄을 받을 것이다. 토요일 오후에는 항구로 소풍 갈 것이며, 월요일 저녁에는 저녁 식사 예약이 있고, 주일에는 최소 세 교회에서 설교할 것이다. 오전에는 글리브, 오후에는 버우드, 그리고 저녁에는 메릭빌이다.

('더 메신저', 1907년 11월 1일, 721)

82. 배둔과 고성교회의 설립

배둔교회

고성군 배둔교회가 성립하다. 초에 선교사 손안로의 전도로 김수여 등 십여 인이 신도 입회하고 가옥을 매수하야 예배당으로 사용하니 조사 김상세가 시무하니라.

1907

고성교회

고성군읍교회가 성립하다. 선시에 김학규, 이백행 등이 선교사 손안로에게 문도신종하고 열심전도하야 초당수문을 매수하야 례배당으로 사용하니라.

1908.

(『조선예수교장로회 사기』, 283, 289)

83. 여섯 개의 새 예배 모임

친애하는 위시아트 씨에게,

이곳 사람들의 마음속에 하나님의 영이 능력으로 함께 하신다면 바로 지금일 것입니다. 그분의 축복하심이 이 땅 위에 쏟아지고 있으며, 전에 본

적이 없는 각성과 회심이 일어나고 있습니다. 어디에나 기독교가 이야기되고 있고, 모든 나이와 신분과 조건의 사람들이 주님의 이름을 부르고 있습니다. 시골 지역 사람들의 생활과 마음속에도 거룩한 은혜의 기적이 역사함을 볼 때 격려와 영감을 받습니다….

나는 지금 나의 북서 지역을 광범위하게 순회하고 막 돌아왔습니다. 순회하는 동안 100명 이상을 세례문답반에 허입하였고, 6개의 새로운 예배 모임을 조직하였습니다. 어떤 곳은 온 마을 사람이 그리스도 신앙을 고백하였고, 각각의 사람을 교인으로 인정하는 절차를 거칠 시간이 없을 정도입니다. 새로운 모임이 조직된 곳에서는, 그들 스스로가 예배처를 준비합니다. 언양과 양산지역의 많은 사람이 문의하고 있으며, 이곳은 내 큰 교구의 북서쪽에 있습니다. 몇 명의 선교사가 일하기에 충분히 넓은 지역입니다….

내일부터 나는 남서쪽 지역을 순회할 것입니다. 첫 번째 목적지는 칠암(이상 통영 - 역자 주)입니다. 그곳에는 크고 성장하는 교회 모임이 있습니다. 지난번 방문 이후로 그들은 나의 방문을 고대하고 있습니다. 한가지 감사한 일은 내가 다시 방문하는 곳마다 나를 환영한다는 것입니다. 여러 가지 방법으로 그들은 자신들의 감사함을 표현합니다. 그러나 가장 감사한 것은 우리가 전도하는 복음에 대하여 진실한 반응을 보인다는 사실입니다.

지난 성탄절과 새해에 나누어준 빅토리아 여러분의 친절한 선물을 이곳 사람들은 매우 감사해하였습니다. 성탄절 밤 우리 교회는 교인들로 넘쳐났고, 이들은 환등기의 사진을 보며 열광하였습니다. 이곳에서의 환등기는 그리스도의 영광스런 복음을 전하는 매우 좋은 수단입니다. 구원의 은혜로 인하여 주님을 찬양하며, 그를 섬김으로 우리의 진실함과 헌신을 보입시다. 연합회의 회원 모두에게 기독교 사랑을 전합니다.

부산, 한국, 1908년 1월 14일.
앤드류 아담슨
['더 메신저', 1908년 2월 28일, 143]

84. 7명이 세례를 받다

친애하는 위시아트 씨에게,

최근 나의 남서쪽 지역 방문 보고를 합니다. 이 지역 사람들은 지난번 보고한 북서쪽의 교인들보다 상대적으로 열정이 덜하지만, 격려될만한 일이 일어나고 있습니다. 새로운 모임이 칠암과 고성 지역에 생겼고, 적지 않은 사람이 복음에 관하여 알기 원하고 있습니다. 칠암 지역의 한 마을에서 나는 교인들과 며칠을 함께 보냈습니다. 몇 년 전 나는 이 지역의 군사적 그리고 해상적인 중요성을 언급한 적이 있습니다.

내가 이곳을 처음 방문하였을 때 예수의 이름을 아는 사람이 한 명도 없었습니다. 아무도 관심을 두는 사람이 없어 시장에 서서 전도해야 하였습니다. 그 이후 씨가 뿌려졌고, 이번에 감사하게도 7명이 세례를 받았습니다. 이 지역에 첫 교회가 생긴 것입니다. 세례문답반에 약 20명이 있고, 몇 명의 일반 교인이 있습니다. 예배당도 스스로 마련하여 헌신하고 있습니다….

이달 말 나는 양산에서 성경반을 개최할 것입니다. 그 후 휴가에서 돌아온 이후 아직 방문하지 못한 거제로 갈 것입니다.

부산, 1908년 2월 6일.

앤드류 아담슨

('더 메신저', 1908년 3월 20일, 187)

85. 거제 방문기

...

칠암에서 우리는 조선 배를 타고 거제로 건너갔다. 이곳에서 우리는 바쁜 사흘을 보냈는바, 전도하고, 초신자를 만나고, 또 필요한 선교사의 의무를 행하였다. 나의 휴가로 말미암아 이곳 교인들은 외국 선교사의 도움 없이 오랜 시간 지내야 하였다. 그 결과 몇 명의 교인들은 무관심해졌고, 한두 명은 세상으로 돌아갔다. 그러나 전체적으로 예상한 것보다는 괜찮았다. 이 섬에 복음이 퍼지고 있고, 섬 전체가 그 영향을 받고 있었다. 몇 명에게 세례를 베풀었고, 또 몇 명을 세례문답반에 받아들였다. 우리는 이곳을 또 방문할 것이다.

지난 한 달 동안 어린이를 포함하여 28명에게 세례를 베풀었다. 12월에 돌아와 세례를 베푼 것까지 합하면 모두 39명이다. 그리고 세례문답반에 들인 교인들은 모두 200명이 넘는다.

섬에서 나오는 바닷길에 풍랑이 몰아쳤다. 나와 동행하던 한 명은 심하게 다쳐 거의 죽는 줄 알았다. 그러나 마침내 우리는 육지에 다다랐다. 힘든 경험이었다….

부산, 코리아, 1908년 4월 8일.
앤드류 아담슨
('더 메신저', 1908년 6월 5일, 363)

86. 아담슨 부인의 역할

지난달에 조사들을 위한 연례성경반이 우리 교회에서 열렸다. 여러 가지 이유로 교사진은 전보다 작았고, 그 결과 우리는 다른 교사의 과목까지 맡느라 자신의 일은 포기하여야 하였다. 그런데도 열흘 동안의 성경반은 잘 진행되었다. 상급반에서 나는 신학과 설교학을 매일 네 시간씩 가르쳤다. 그에 더하여 학생들의 숙소를 책임 맡았다.

모두 26명이 참석하였는데 대부분 우리 빅토리아 선교회 소속 선교부에서 왔다. 학생들은 필요한 것을 자급하였고, 스스로 요리하는 학생들도 있었다. 그러므로 우리 선교회가 소비한 비용은 교실 바닥에 새로 깐 깔개 비용뿐이다….

우리 지역의 선교 활동에 점점 많은 시간이 소요되고 있다. 전보다 젊은 이들이 더 많아졌으며, 만약 우리에게 재정 능력만 있다면 소녀들을 위한 주간반도 열 수 있을 것이다. 부모는 자신들의 딸이 교육을 받기를 희망하며, 지역 학교로 보내는 사람들도 있다. 상급반 여학생을 위한 학교도 세워지고 있다.

그러나 우리의 부모들은 자신의 딸을 미션 스쿨에 보내기 원한다. 아담슨 부인이 운영하는 야간 반에 약 70명의 소녀가 출석하고 있다. 이중 적지 않은 소녀가 결혼 적령기에 있는 아이들인바, 전에는 감히 밤에 나올 엄두를 못 내던 소녀들이다….

초량교회 목회에서 가장 큰 도움을 주는 사람은 아마 아담슨 부인이다. 그녀가 스스로 맡은 다양한 일은 조용하게 진행되고 있다. 연례보고서에 좀 더 자세히 쓰겠다. 기쁜 소식은 최근 주일에 17명이 세례를 받아 정회원이 되었다. 그중 6명은 어린이이다. 주님의 구원의 능력이 우리 중에 함께 하심을 찬양한다….

('더 메신저', 1908년 9월 18일, 606)

87. 초량선교부 연례보고서

11번의 길고 짧은 시골 지역 순회를 모두 마쳤다. 여러분에게 보낸 편지를 보면 일반적이지 않은 성장이 곳곳에서 일어나고 있다. 나의 일상적인 활동에 더하여 지난 6월 연례 연합 조사반이 이곳에서 열렸었다….

우리 지역이 비정상적으로 부흥하고 있다. 예배 모임이 26개가 되고, 그중 예배당을 가진 교회는 18곳이다. 그중 13곳은 지난 연례 보고서 이후로 한국 교인들이 스스로 마련하였다. 지난 한 해, 17명의 어린이를 포함한 126명이 세례를 받았고, 385명이 세례문답반에 들어왔다. 우리 지역에 15개의 미조직교회가 흩어져있으며, 732.33엔의 헌금이 들어왔다. 이것은 아마 평균적으로 우리 고향에서의 헌금보다 더 많은 액수일 것이다. 전체 교인은 836명인데, 아직 세례문답반에 허락되지 않는 많은 교인 수가 빠져있다.

우리 학교에 제도적으로 발전된 변화가 있다. 구식 교육 방법을 버리고 두 명의 자격 있는 교사가 우리 두 개의 남학교에서 현대식으로 가르치도록 하였다. 초량에서는 봄에 임명하였고, 마산포에서는 지난달 임명하였다. 이 교사들은 전의 교사보다 봉급을 더 많이 받고 있는데, 차액은 한국인들이 감당한다.

이곳에는 학생들이 작은 액수의 학비를 내는데 그 돈으로 교사 봉급의 일부를 충당한다. 봉급은 15엔 정도이다. 마산포의 학교는 학생 수가 이곳보다 많이 적은바, 그곳 교인들이 돈을 마련하여 교장 봉급을 주고 있다. 이곳과 비슷한 액수이다. 우리 학교는 새 조건 아래 크게 성장하고 있으며, 마산포도 변화의 결과에 따라 희망차 보인다. 현재 70명의 학생이 있으며, 그중 53명이 초량의 학교에 다닌다.

여자 야학도 계속되고 있다. 여러 긍정적인 모습을 보이며 성장하고 있는바, 현재 70명에 육박하고 있다. 여학생들도 남학생들과 마찬가지로 총기가 있으며, 부모의 격려에 따라 열심히 출석하고 있다…. 우리의 주일학교에는 167명이 회원이 있다. 각 부서가 성장하고 있으며, 지난해보다 더 커졌다.

우리의 교리 교사 송 씨와 곽 씨는 자신들의 지역에서 성공적으로 활동하고 있다. 이달 초, 두 명의 조사가 더 임명되었는바 박 씨와 김 씨이다. 그들에 대한 기대가 크다. 박 씨와 김 씨는 빅토리아의 친구들이 후원하고 있다.

지난해 두 명의 전도부인도 활동을 하였다. 그러나 최근 가정일로 명애가 그만두었고, 현재는 한 명만 있다. 그녀는 살로메로 불리는데 우리 지역의 모임과 교회 여성들을 돌보고 있다. 살로메는 여성들에게 신실함과 헌신으로 인정을 받고 있다. 그녀는 해밀톤의 한 여성이 지원하고 있다. 우리 지역에 흩어져있는 여성들의 영혼을 위하여 더 많은 전도부인을 고용하기 희망한다.

두 명의 매서인도 한동안 활동을 하였다. 이들의 노력도 지난해의 성공적인 선교 활동에 한몫하였다. 성서공회의 일꾼인 매서인들은 고단한 사역을 이어가고 있다.

아담슨 부인은 현재 건강이 좋으며, 평상시의 열정으로 활동하고 있다. 주중의 여자 야학반과 남자반 일을 포함하여 주일학교에서도 가르치고 있다. 그뿐만 아니라 이곳에서의 예배에서 오르간 반주를 다 맡고 있다. 내가 떠나 있을 때 방문하는 시골의 교회 관계자들에게 여러 가지 조언을 제공하며, 다양한 모임에 참석하며, 성장하는 이곳 선교부에 영향을 미치고 있다….

초량선교부 통계, 부산, 1907-1908

정규 예배처	26
미조직교회	15
수세자	203
지난해 더해진 수세자	109
어린이 수세자	48
지난해 더해진 어린이 수세자	17
세례문답반	433
지난해 허입	385
총 교인	836
평균 출석	700
주일학교	2
주일학교 학생	167
교회와 예배처 건물	18
지난해 더해진 건물	13
학교(남학교 2, 여학교, 야학교)	3
학생(남)	70
학생(여)	70
총 학생	140
교사(남)	2
총 헌금	732.33엔

('더 메신저', 1908년 11월 6일, 719)

88. 하동의 신자들

나는 시골 지역을 광범위하게 방문한 후, 현재 며칠간 본부에서 시급한 일을 보고 있다. 지난 편지 이후 진주선교부 관할 지역까지 방문하였다. 적잖은 수의 교인을 세례문답반에 허입하였고, 50명에게 세례를 베풀었다. 날씨는 순회전도자에게 아주 양호하였다. 농부들은 추수로 바빴지만, 감사하게도 여러 모임의 참석률은 좋은 편이었다….

진주 지역에 있을 때 그곳에서 가장 먼 곳인 하동도 방문하였다. 이곳은 전라도 경계에 있는 마을인데 인구도 많다. 오래전에 개신교 선교사로서는 처음으로 내가 그곳을 방문하였었다. 기억하기로는 그날이 장날이라 여러 지역에서 사람들이 몰려들었었다. 그 당시 책자나 전도지도 많이 팔았고, 큰 바위 앞에서 호기심을 보이는 사람들에게 전도하였다.

그 이후 이곳에 큰 변화가 있었다. 당시는 기독교인이 한 명도 없었지만, 이제는 삼사십 명이 그리스도를 주로 고백하고 있다. 복음서가 당시는 귀하였지만, 지금은 많은 사람의 집에 기독교 책자가 있다. 당시에는 모일 곳도 없었지만, 지금은 교인들이 예배할 수 있는 곳도 확보하였다. 아마 이 지역에서 가장 좋은 곳의 건물이다.

내가 그곳을 방문하기 전까지는 예수 그리스도의 이름이 전혀 알려지지 않았지만, 지금은 그분의 구원에 대하여 논하는 소리를 종종 들을 수 있다. 오랫동안 도덕적인 어두움으로 둘러싸여 있던 곳이 이제는 복음의 빛이 그곳을 비추기 시작하고 있다. 적잖은 교인이 세례문답반에 들어오려 하였지만, 면접 후에 4명만 허입하였다…. 하동 신자들과의 교제가 참 즐거웠다….

1908년 11월 25일, 부산.

('더 메신저', 1909년 1월 22일, 63)

89. 거제, 통영, 고성 방문

12월 초 나는 거제, 칠암, 고성을 방문하였다. 마산포에서 염려되는 일이 있었다. 이른 아침, 송 씨와 나는 그곳에서 다른 항구로 가는 배를 탔다. 춥고 공간도 비좁아 우리와 손님 몇 사람은 엔진 룸 위의 공간에 자리를 잡았다. 그중 쇠사슬로 묶인 죄수들과 큰 체격의 경찰들도 있었다. 죄수들은 진주로 호송되는 중이었다.

마산포를 떠난 지 4시간 반 만에 칠암 부근 목적지에 도착하였다. 그곳의 교회는 멀리서도 잘 보인다. 우리는 곧 교회당에서 교인들과 즐겁게 만났다. 그리고 그곳에서의 바쁜 사흘을 보내면서 나의 염려도 점차로 사라졌다. 그곳의 일 중 하나는 찬송가를 가르치는 것이었다. 시골 사람들에게 서양 노래를 가르치는 일은 사실 제일 어려운 일 중의 하나이다. 그저 선교사가 먼저 몇 번 불러 귀에 익게 하고, 그들이 따라 하는 정도이다…….

칠암에서 우리는 거제로 갔다. 바다를 건너 마침내 땅에 닿았을 때 우리는 우리의 양쪽 다리에 문제없음을 보고 감사하였다. 피곤한 여행자는 한숨을 내쉬며 앞에 있는 산을 본다. 두 다리로 우리는 그 높은 산을 넘어야 하기 때문이다.

온종일 걸어 늦은 밤에 우리는 곡산에 도착하였다. 이곳에서 우리는 여러 지역에서 온 교인들을 만났다. 설교하며, 가르치며, 대화하며, 세례를 위하여 문답하며 우리는 행복한 시간을 가졌다. 이곳의 사람들과 개인적인 만남을 갖고 그들의 이야기를 듣는 것은 매우 중요하다. 기독교인으로서의 생활을 유지하기 위하여 이들은 고군분투하고 있다….

거제를 떠나 우리는 통영을 거쳐 고성으로 갔다. 고성 읍내의 교인들은 최근 예배를 드릴 수 있는 공간을 확보하였다. 교인들은 열심이었고, 그 수도 늘고 있어 격려가 되었다. 이곳에서 고성 지역 이방인들에게 복음의 빛이 비추고 있기에 중요한 곳이다. 이 지역의 적지 않은 사람들이 고성교회 예배에 참석하고 있다.

이곳에서 40리 떨어진 구만에 생긴 지 얼마 안 된 예배처가 있다. 이곳의 교인들은 현재 예배당을 마련하기 위하여 헌신하고 있다. 동시에 이곳에서 얼마 떨어지지 않은 곳에 또 다른 신앙공동체가 있다. 최근 이곳의 교인들은 마을 중요한 위치에 훌륭한 교회당을 확보하였다.

이번 순회에서 나는 27명에게 세례를 주었고, 32명을 세례문답반에 받았다. 이들의 일생이 주님을 위한 신실한 증인 되도록 기도해 달라.

('더 메신저', 1909년 2월 26일, 142)

90. 변화하는 거제도와 마산

지난번 편지 이후 나는 칠암과 거제를 방문하였다…. 칠암의 김 씨가 나와 함께 거제로 갔다. 매서인은 이틀 전에 먼저 가 우리의 방문을 준비하였다. 15리 정도 걸어가는데 뜻밖에 한 무리의 교인들이 우리를 맞았다. 연사라는 동네로 최근 모임이 생겼다고 한다. 이들은 우리에게 계획을 바꾸어 하룻밤 묵어가라고 강력히 애원하였다. 동네 모든 사람에게 복음을 가르쳐 달라고 하였다. 이들은 이미 우리의 목적지 국산의 교인들에게 언질까지 해 놓았다고 한다.

이 작은 마을에 목사는 방문한 적이 없고, 선교사가 왔을 때 복음을 들려주면 온 마을에 좋은 영향이 있을 것이라고 하였다. 이들은 다음 날 우리를 산 너머에까지 안내해 주겠다고 하며 간청하였다. 결국, 두 시간 후, 이곳 마을에서 예배를 인도하였다. 많은 사람이 모였고, 흥미로운 예배였다.

우리가 방문하는 마을마다 우리는 밖에서 예배를 인도하였다. 사람들이 앉을 수 있는 가마니를 깔았고, 날씨도 온화하였다. 초가집 방에 모여 앉는 것보다 사람들이 더 편안해 보였다. 밤에는 등불을 나무에 걸어 볼 수 있게 하였다…. 대부분 우리의 전도에 진지하게 귀를 기울였고, 찬송가도 힘차게 불렀다. 좋은 숫자의 사람들을 세례문답반에 들였고, 몇 사람에게는 세례도 베풀었다.

우리 선교회에 변화가 있으리라는 것을 여러분은 알 것이다. 해외선교위원회의 지시에 따라 나는 필요한 일을 수행하고 있다. 마산포에 땅을 찾았고, 한 부분을 매입하였다. 나머지는 현재 타협 중이다. 땅값이 이미 많이 올랐고 욕심 있는 일본인들이 좋은 곳을 대부분 차지하고 있어 그곳에 적적한 부지를 찾는 것은 어렵다. 그런데도 이 박사와 동 조사가 조정을 잘하여 곧 매입할 수 있을 것이다.

대지 구매가 완성되면 우리는 그 언덕에 선교관 두 채를 지을 수 있을 것이다. 우리의 선교 목적을 위한 좋은 위치이다. 우리는 이제 쟁기를 잡았고, 뒤를 돌아보아서는 안 된다. 하나님의 능력으로 전심을 다 해 앞으로 나아가야 한다. 그분은 우리의 활동을 축복하시며, 더 큰 일을 볼 것으로 나는 믿는다. 시골로 급히 떠나야 해서 이만 맺는다.

1909년 6월 11일, 부산, 한국.

('더 메신저', 1909년 8월 6일, 510)

91. 창신학교의 시작

영국령 오스트랄리아 미션회 파견선교사 아담슨 씨가 증히 본국에 청원하야 매삭 금화 겁원의 보조를 수하야 성호리 구 례배당(현금 마산야학교) 사무실에 사숙을 설치하고 생도 이십여 인을 모집하야 이승규 씨가 숙장으로 구학문을 교수한 바이라. 1908년 7월에 경성 정동교회 고남승 씨를 청빙하야 학교 제탁을 변경하야 신학문을 교수하니 남녀학생이 육십여 명에 달하얏고, 1908년 10월경에 이승규, 금지관 제 씨가 동교 여학생 이희, 박봉학, 김의옥 삼인을 대동하고 부산, 동래, 양산, 통영 등지를 돌아다니며 수득한 기부금 이백여 원을 기본금으로 하고 경히 이승규 씨가 기부한 전 십두낙과 수성일 씨에게 매수한 전 육두락을 기지로 하야 칠십여 평의 이천삼백여 원으로 교사를 건축한 바 부족액은 이승규 씨의 이백오십 원과 각 인사급 교회에서 기부한 금 구백여 원과 경히 이승규 씨의 소유인 가옥을 전집하고 일천 원을 차득하야 차를 청장하얏더라. 1909년 8월에 비로소 창신학교 명의 인가를 득하고….

(동아일보, 1921년 5월 22일, 4)

92. 초량선교부 보고서

우리 선교부의 학교들이 성공적으로 운영되고 있다. 남녀 학생을 함께 교육하는 모습이 이곳의 사람들에게 깊은 관심을 유발하고 있다. 칠암의 교인들이 스스로 경비를 모두 마련하여 최근 남녀 반을 최근 시작하였다. 마산포에는 두 번째 남성 교사가 임명되었고, 교회가 그를 지원한다. 한 달에 20엔이다.

마산포학교

마산포학교의 특징은 남녀 어린이가 함께 공부한다는 것이다. 이곳의 사람들은 새 학교 건물을 계획하고 있고, 머지않아 성취할 것이다. 예전의 건물은 학생 수가 많아지므로 적당치 않게 되었다. 그래서 최근에는 교회당 안에서 공부가 진행되었다.

초량학교

초량선교부와 관계되어 세 개의 학교가 있는데, 학생 수가 100여 명이다. 아담슨 부인의 야학교 70명 소녀까지 합하면 기독교 교육을 받는 학생 수는 모두 170명이다. 작년보다 30명이 늘었다. 지역 주민들도 우리의 여성 교육을 긍정적으로 보고 있으며, 마을 자금으로 80명의 소녀를 지원하고 있다. 현재 장로교 선교학교를 졸업한 젊은 한국인 여성이 교사이다. 그 학교에서 현재 3명의 우리 소녀가 훈련을 받고 있다. 그녀는 진실한 기독교인이며 주일학교에서도 가르치고 있다.

세 명의 조사

신실한 교리문답사들이 우리의 활동을 크게 돕고 있다. 그들 없이는 우리 사역의 훌륭한 기록을 가질 수 없다. 성격과 능력은 서로 달라도 사람들에게 그리스도를 가르치려고 하는 열정은 하나이다. 진주에는 박 조사가 깨어있고, 열정적이며, 문 조사는 분별력과 판단력이 있다.

초량선교부와 관련하여 마산포의 송 조사는 통찰력과 실용성을 가지고 있고, 초량의 곽 조사는 학문적이고 주의가 깊고, 양산의 피터 박은 상냥하고 끈기가 있고, 칠암의 김 조사는 재미있고 재치가 있다. 이들은 자신들이 맡은 구역에서 각각 활동하고 있다.

진주의 박 부인은 여학교와 관련하여 일하고 있고, 우리의 전도부인 살로메는 언양과 양산지역뿐만 아니라 초량교회의 여성들 사이에서도 성공적으로 활동을 하고 있다….

윤 씨는 우리 지역 교회의 피택 장로인데 그보다 더 열정적인 사람은 없다. 그의 노력은 초량교회의 활동을 지치지 않게 하고, 초량과 진주의 사역에도 많은 가치있는 시간을 내어 여러 가지 봉사를 하고 있다….

('더 메신저', 1909년 11월 5일, 707)

93. 부적을 불태우다

칠암(통영-역자 주)에서 우리는 인상적인 광경을 보았다. 교회가 이 도시에서 어떤 놀랍고 선한 영향력을 끼치는지 보여주는 증거였다. 전에 관원이었던 한 남성이 교회를 다니며 복음의 능력 안에 있는데, 어느 한 날 공개적으로 자신이 가지고 있던 모든 우상을 불사르겠다는 것이었다. 처음에는 그 집 여성들이 그것을 무서워하며 주저하다 결국 동의하였다.

그날이 다가오자 그 집 주변에 많은 구경꾼이 모여들었다. 교회 지도자들도 초청을 받아 그 자리에 있었는데, 이방인 구경꾼들의 얼굴에는 두려움이 가득하여 있었다. 우상을 불사르는 행위가 그 집안에 어떤 재앙을 불러들일지 모른다고 생각하였다. 먼저 초청받은 자들을 마당 안으로 환영하였고, 곧 부적을 모두 마당에 던져 놓았다. 그리고 초청받은 교회 지도자가 이런 종잇조각이 얼마나 어리석고 부질없는 것인지 구경꾼들에게 설명하였다. 그리스도 주님만 의지하도록 전도하였다.

전도 후에 그 집 가장은 자신의 손으로 직접 종이에 불을 놓았다. 한때 그렇게 귀하게 여기고 섬겼던 부적과 우상이었다. 그는 하나님의 은혜로 잡신들에게서 해방되었다고 간증하였고, 구경꾼들은 마음속에서부터 동요하였다. 이날 그 자리에 있던 구경꾼들도 올바른 길을 가게 되기를 기도한다.

('더 메신저', 1910년 4월 29일, 259)

94. 기독교적 영웅

칠암 부근의 한 남성이 자신의 마을에 어떻게 예배당을 세웠는지 간증을 하였다. 한동안 그는 자신의 집에서 예배를 드렸고, 교인이 없었다. 그러다 한 남성이 흥미를 느끼고 참석하게 되어 교인 수 늘기 시작하였다. 그는 이제 예배당을 마련해야 할 때가 왔다고 생각하였다. 그러나 이들은 돈이나 재산은 없고 믿음만 있었다.

예배당 장소를 물색하던 중 좋은 위치에 있는 싼 땅이 있음을 발견하였다. 가격이 2냥이었다. 영국 돈으로 10펜스 정도이다. 주일에 특별 헌금 시간이 있었고, 1냥이 헌금되었다. 다른 방법으로 나머지 돈도 마련하여 그 땅을 구매하였다.

다음 단계는 예배당을 세우는 것이었다. 나무는 자신들이 산에서 해오면 되고 돌도 자신들이 날라오면 해결될 것이었지만, 문제는 목수 한 명을 고용해야 하는 것이었다. 결국, 그들은 그 돈을 빌리기로 하였다. 한 사람에게 접근하여 사정을 설명하니 그는 펄쩍 뛰며 '미친놈'이라 욕하였다. 그런 이상한 일에 돈을 빌려줄 수 없다는 것이었다. 그들은 실망하지 않고 인내하며 목적 달성을 위하여 계속 노력하였다.

그러던 중 한 사람이 돈을 꾸어줄 의향이 있다고 하였다. 다른 이유에서보다 호기심이었다. 그러면서 그와 다른 이들도 예배에 참석하였고, 예배당 건축은 더 절실하였다. 교인 수가 늘면서 그들의 영향력도 커졌고, 50냥을 빌릴 수 있었다. 곧 예배당이 세워졌다. 크지는 않았지만 깨끗하고 편안하였다. 그는 승리에 찬 목소리로 지금은 40여 명이 교회에 나온다고 간증하였다. 한국에는 기독교 영웅이 많다.

('더 메신저', 1910년 5월 6일, 284)

95. 교회 통계 보고

최근 아담슨 목사가 다음과 같은 친교연합회의 한국선교 보고하였다. 훌륭한 성장을 보이는 통계 수치이다.

정규적인 교회 - 53개, 미조직교회 - 27개, 수세자 - 491명, 지난 한 해 수세자 - 228명, 세례문답자 - 991명, 총 교인 수 - 3,099명, 평균 예배 참석자 - 2,600명, 예배당 건물 - 41개, 주일학교 어린이 - 380명, 낮반 학생 - 149명, 한국인 헌금 - 510파운드.

미국인들과의 선교 분할로 우리가 그쪽에 넘긴 교인 수는 646명이고, 우리가 받은 수는 220명이다.

('더 메신저', 1910년 11월 4일, 703)

96. 창신학교 1회 졸업식 격려사

여러분들은 4년 전 이 학교에 입학하여 그동안 하나님의 사랑을 배우고, 예수님의 봉사와 희생정신을 배웠으며, 많은 일반 지식을 습득하였습니다. 앞으로 이 사회에 나가서 살 때 학교에서 배운 사랑과 봉사의 정신을 갖고서, 성경에서 가르친 말씀대로 빛과 소금의 직분을 다하여 줄 것을 당부합니다.

여러분은 지금 나라를 잃어버린 가련하고도 비참한 백성이 되어버렸습니다. 다른 민족에 의해서 지배를 당하고 그 명령에 복종하며 살아야 하는 슬픈 민족이 되었습니다. 왜 우리가 나라를 다른 민족에게 빼앗겼습니까? 내 나라 내 강토를 왜 남에게 빼앗겼느냐 말입니다. 힘이 없기 때문이요, 남에게 의지하려고만 하고 스스로 일어서려는 정신이 없었기 때문입니다. 무력한 탓이요, 민족 자주의 정신이 없었던 탓입니다.

여러분은 이제 학교에서 배운 나라 사랑하는 정신과 여러 가지 지식의 토대 위에 더욱 힘을 길러서 빼앗긴 나라를 도로 찾고, 우둔한 이 백성들에게 자주적인 민족정기를 불어넣어 주는 참된 민족의 지도자들이 되어주기 바랍니다…….

교장 손안로
1911년 3월 22일
(『창신백년사』, 2008, 129)

97. 마산포선교부 보고서, 1910~1911

이 해는 다양한 경험이 있었던 한 해였다. 특히 우리 선교 활동의 계속되는 발전으로 인한 감사한 마음이 제일 크다. 마산포선교부를 설립해야 하는 특별한 의무로 순회 전도 활동에 제한이 있었음에도, 높은 성취의 비율은 대체로 유지되었다.

지난번 연례보고서를 작성하였을 때, 정치적인 변화로 인하여 한국이 일본에 병합될 것을 우려하였었다. 거의 알아차릴 수 없을 정도로 놀랍도록 신속하게 합병이 진행되었지만, 선교사의 노력과 활동에는 장벽이 생기지는 않았다. 한국인 사이에서 선교사 단체의 유익한 영향과 활동을 정부가 인정하였고, 새로운 질서를 조용하고 만족스럽게 가져오려고 하였기 때문이다.

대표단의 방문

작년 말과 연초의 빅토리아교회 대표단 방문은 시기적절하였고 우리 선교에 매우 중요하고 큰 도움이 되었다. 현장에 있는 우리에게 영감의 원천이었고, 선교를 발전시키고 강화하는 새로운 가능성을 열어주었다. 우리의 미래 선교 활동과 한국인 신자들에게 큰 영적인 축복을 가져왔을 뿐만 아니라, 빅토리아교회가 자신과 자신의 교인들을 대신하여 싸우는 영적인 전쟁에 큰 확신을 더 하였다. 우리 고향 교회의 선교 열정을 충동하는데 이번 방문은 큰 도움이 되었고, 위대한 전진 정책을 시발시켰으며, 이로 인하여 한국보다 더 많은 축복을 받게 되었다.

이 해는 다른 어떤 해보다 더 많은 일꾼이 보충되었음을 우리는 기뻐한다. 이곳의 선교에 합류하고자 현재 멜버른에서 출발하려는 그룹은 지금까지 교회가 파송한 인원 중 가장 많은 숫자이다.

사택 건축

지난 후반기의 선교부 사역은 환경이 좋지 않은 상황에서 계속되어야 했다. 건물 건축 관련하여 많은 시간을 소비하였고, 기대하지 않은 많은 걱정과 짜증이 우리의 인내를 바닥나게 하였다. 2월 말부터 6월 초까지 아담슨의 사택 건축은 완전히 중지되었는데, 직무 태만의 건축계약자가 노동자에게 임금을 주지 않았기 때문이다. 절차를 거쳐 지역 관리에게 이 문제를 상정하였고, 공사를 다시 시작하여 합리적인 시일에 완공하도록 하였다. 마침내 7월 26일 사택이 완공되었고, 우리는 안도감을 느끼며 이사할 수 있었다.

순회 사역

건물 건축의 연기와 감독은 우리를 선교부에 계속 남게 하였고, 그 결과 시골 사역은 필요한 개인적인 관심에만 조금 할애할 수 있었다. 몇 지역에서 때때로 어려움이 일어났고, 조속한 해결이 요청되었지만 큰 도움이 될 수 없었다. 어떤 때는 직접 가기보다 편지를 써 전달하기도 하였고, 외국인 선교사가 더 잘 해결할 수 있겠지만 한국인 조사를 보내어 조정하기도 하였다.

이 해에 오직 8번만 다른 지역으로 순회를 나갈 수 있었다. 그래도 우리의 여러 지역을 최소한 한 번 이상은 방문한 꼴이다. 무어 양이 우리 교회들의 여성 사역에 관련하여 2~3번 짧은 방문을 하였다. 구정 때 마산포에서 남녀성경공부반이 개최되었고, 여러 곳에서 온 학생들은 자신들의 지역에 관하여 보고하였다.

작년 말 파송되어 온 왓슨 목사는 한국어를 공부하고 있고, 자신의 사택 건축을 감독하고 있고, 이제 실제로 완공되었다. 그는 최근 그의 교사와 동행하여 근방의 우리 교회들을 방문하였다.

전도사역

이곳 교인들은 계속하여 헌신적으로 협력하고 있다. 작년 말 교인들이 특별 전도대회를 개최하였는데, 우리 사람들은 하던 일을 잠시 멈추고 전도지를 돌렸다. 가가호호를 방문하였고 관심 보이는 자들을 안내하였다. 적잖은 사람들이 관심을 나타냈고, 어떤 곳에서는 복음 선포를 들으려 큰 무리가 모였다.

그중 많은 사람이 이방 신을 버릴 준비가 되었고, 몇 사람은 우리가 믿기를 새 생명을 시작하였다. 그러나 이 운동의 결과를 정확히 말하기는 아직 이르다. 교인들은 자신이 속한 전도회를 통하여 진리를 퍼트리는 일에 크게 열심을 내었고, 이 전도회는 작년에 두 명의 전도인과 한 명의 전도부인을 후원하였다.

사등과 함안의 교회당 건립

다른 지역의 우리 교인은 홍수나 자연재해로 피해를 보았고, 곡식의 결핍과 물가 상승도 경험하고 있다. 그런데도 이들은 주님의 사역 확장을 위하여 자신들도 부족한 물질을 헌신하고 있다. 특별히 이러한 관대한 헌신은 예배당을 확보하려는 노력에 두드러지며, 작년에 11개가 목록에 추가되었다.

가장 중요하고 제대로 된 예배당 중 하나는 거제의 사등이라 불리는 곳에 있고, 가장 최근에는 함안 읍내에 세워졌다. 사등의 교인들은 깨끗하고 2~3백 명이 앉을 수 있는 교회당으로 자부심을 가지고 있다. 이 교회당 건축을 계획하고 감독한 사람은 가장 나이 많은 노인인데 평균 수명의 나이를 훨씬 넘긴 분이다. 교회당 안 두 개의 두드러진 토착 가구 강대상과 의자도 같은 나이의 형제가 만들었다.

함안 읍내의 새 교회당은 그 지역에 선교가 시작된 후 세워진 세 번째의 예배 장소이다. 첫 번째는 약방 교인의 작은 방에서 시작되었고, 두 번째는 150명이 앉을 수 있는 초가집에서 예배를 드렸다. 지금의 교회당에는 약 500명의 교인이 앉을 수 있는 규모이다. 이 훌륭한 교회당은 한 오래된 관공서 건물 자재로 건축되었다. 1,200엔 정도의 전체 비용이 들었으며, 이것은 교인들 스스로 헌금한 돈이다. 최근의 헌당예배에 선교부의 모든 교인이 참석하여 함께 기뻐하였다.

책벌

이렇게 많은 회원 중에 유혹에 빠지는 교인이 없을 수 없고, 우리는 그것을 다스려야 한다. 은총에서 떨어지는 비교적 심각한 예는 없어 교회의 건강함을 말해주고 있지만, 몇몇 교인을 책벌하는 것이 우리의 아픈 의무이다. 몇 명은 출교시켰지만, 책벌해야 하는 사람은 많지 않았다.

최근 통영의 교회가 시험 기간을 거치고 있다. 이것은 제칠일 안식교로 인함인바, 이들의 전도가 평화와 하모니를 해치고 있다. 다행히도 그것을 반대하는 움직임이 일어나 스스로 소멸하였지만, 교인들이 적지 않게 떨어져 나갔다. 그러나 그 교회는 약해지지 않고 더 강해질 것으로 우리는 믿는다.

마산포교회

마산포의 교인들도 시험에 처했지만, 다른 종류의 어려움이다. 이 지역을 휩쓴 거친 태풍으로 인하여 훌륭한 교회당이 심각한 피해를 보았다. 너무 피해가 커 실제로 다시 건축해야 할 정도였다. 이것을 위하여 많은 돈을 모금해야 했으며, 교인들은 헌금하였다. 이제 교회당은 더 견고하고 더 아름답다는 것에 교인들은 만족하고 있다.

교육 사역

교육은 우리 사람들의 마음에 중요한 부분이다. 그리고 이번에 이것과 연관되어 실망을 경험하였다. 크기에 상관없이 대부분 교회는 교회 안에 초등학교 운영을 희망하고 있다. 그러나 제대로 된 학교를 가지기 위해서는 정부의 승인을 받아야 하고, 일정 조건과 재정적인 준비가 되어있어야 한다. 이 조건을 충족할 수 있는 교회는 매우 적다. 학교를 설립하는 것은 개교회의 자유지만, 승인된 학교만이 교육국의 교과과정을 사용할 수 있다.

우리 지역에 몇 개의 서당이 운영되고 있지만, 학교를 운영함으로써 얻을 수 있는 이점은 그로 인해 발생할 수 있는 불이익에 상응하지 않을 것이라고 우리 교인들은 믿고 있다. 정부는 이 나라 전역에 학교를 세우려고 노력하고 있고, 우리의 많은 기독 청년들이 자신의 교육을 위하여 정부 학교에 가야만 한다.

마산포 학교

마산포학교는 매우 성공적인 한 해를 보내었다. 몇 개월 전에 21명이나 되는 첫 학생 그룹이 초급반 과정을 마치었다. 대부분 이 학생들은 최근 우리가 시작한 고등반에서 계속 공부할 것이다. 이 반은 정부의 중등학교 입학을 위한 준비반이다. 현재 28명의 여학생을 포함하여 108명의 학생이 마산포학교에 출석하고 있다. 이 학교 운영에 외국의 유일한 지원은 교사 봉급을 위해 매달 10엔을 후원하는 빅토리아의 한 여성에게서 온다.

함안 읍내에 교인들에 의하여 작년에 세워진 잘 갖추어진 학교에는 35명의 학생이 등록되어있다. 그곳에는 얼마 전까지 우리 지역 학교의 교장이었던 교사가 부임하였다. 통영의 학교 사역은 몇 개월 중지되어 있다. 그리고 이른 시일에 다시 시작할 기미도 보이지 않는다.

한국인 조사

조사들은 자신의 책임들을 성공적으로 감당하고 있고, 자신의 지역에 진보가 있어 격려를 받고 있다. 그들은 일을 수행하는데 어려움이 무엇인지 알고 있고, 그래서 실망하지도 않는다. 새로 생긴 각각의 모임에는 그곳만의 어려움이 있고, 그것은 조사들의 책임이 된다.

고성과 진해 지역을 맡은 신 씨는 불행하게도 병으로 한 달 동안 일을 못하였다. 거제와 통영을 맡은 김 씨는 위에서 언급한 통영에서 생긴 분파와 관련하여 오랫동안 어려움을 겪었다. 그는 이 당시 심각한 실수를 범할 수도 있었지만, 그 어려운 시기 동안 그는 공격적으로 대하기보다 스스로 사라지도록 처신하였다.

곽 씨는 함안과 의령 지역에서 바쁜 시간을 보냈다. 이곳은 가장 큰 발전이 일어나고 있는 곳이다. 우리의 가장 훌륭한 일꾼 중 한 명인 최 씨는 우리 지역 교회 전반에서 신실한 전도사역을 이어왔다. 그의 목회를 받는 교인들이 모두 감사하고 있다. 이 해 거의 두 달 동안 그는 아픈 팔로 인하여 집에 머물러야 하였다. 그런데도 그는 지역의 사역에 적지 않은 도움을 제공하였다.

자원봉사자들

여러 교회와 모임의 지도자들은 열정적인 헌신으로 자신의 직분을 감당하는 교인들에게 감사하고 있다. 우리의 매서인과 전도부인도 자신들의 사명에 충실하였고, 생명의 진리를 성공적으로 전하고 있다. 정수임이라는 매서인은 우리 선교부에서 수년 동안 일을 훌륭하게 감당하고 있다. 그는 최근 빅토리아자원봉사연합회의 후원으로 조선성교서회에서 일하게 되었다. 그는 우리가 아는 한 가장 활력이 넘치는 최고의 성서 판매자이다. 우리 지역의 사람들은 성서공회가 계속하여 제공하는 실제적인 사역에 감사하고 있다. 지난해 많은 사람이 조선성교서회의 일을 자원 봉사하였고, 올해도 그 목적을 위한 이들의 자원은 매우 관대하다.

전반적인 진보

이곳의 사역은 가장 만족스러운 비율로 성장하고 있다. 7개의 새로운 모임이 생겼고, 우리 예배 모임의 수는 53곳에서 60곳으로 늘었다. 교회당의 수는 41개에서 52개로 증가하였다. 현재 34개의 부분 조직된 교회가 있는바, 작년 이맘때에는 27개이었다.

세례 의식에 313명의 성인과 40명의 어린이가 받아들여졌으며, 현재 성찬식 참여자가 800명이다. 교적부에는 높은 숫자인 3,491명의 교인 이름이 등록되어있다.

우리의 제대로 된 학교에서 28명의 여학생을 포함하여 43명의 학생이 교육을 받았고, 이 중에 적지 않은 숫자는 예전의 불충분한 서당에서 배우던 학생들이다. 한국인 교인이 헌금한 총액은 3,755엔 11-100으로 383파운드 정도이다.

통계표를 부록에 더한 이 불완전한 보고서를 마치며, 한 해 동안 이 일을 이루도록 은혜 베푸신 하나님께 감사드린다. 그리고 미래에도 우리와 계속하여 함께 하실 것을 믿는다.

마산포, 1911년 9월 1일.
앤드류 아담슨
('Our Missionaries at Work', 1911년 12월, 26)

98. 배둔과 고성에 장로 안수

아담슨 씨는 마산포 지역의 활동에 대하여 격려되는 보고서를 썼다. 이 박사 사무실을 통하여 선교부를 위한 땅을 더 샀고, 교인들은 중등학교 건축을 위하여 헌금하고 있다.

마산지역의 사역도 잘 진행되고 있다. 배둔과 고성에 장로가 세워졌는바, 이 지역의 교회들이 처음으로 장로를 안수한 것이다. 최 조사는 마산포교회의 장로로 피택되었다.

칠암의 교회는 교회당에 연결하여 방을 하나 건축하기로 하였다. 이 방은 선교사들이 이 지역을 방문할 때 거할 수 있도록 하기 위함이다. 지난 9월 이후 100명이 세례를 받고 교회의 정회원이 되었다. 아담슨 씨는 최근 쓰러졌는데 이제 회복이 되었다.

('더 메신저', 1912년 1월 26일, 5)

99. 마산포교회 제1회 당회록

(1) 마산포 목사 집에서 1912년 3월 19일에 당회 제1회로 조직하다. 참석회원은 손 목사 안로 씨, 왕 목사 대선 씨, 최 장로 경호 씨 삼 인이요, 손 목사 안로 씨 기도하고 성경 디모데전서 3절 보고 장로 직분은 어떠한 것이며 당회 주관하는 취지를 설명한 후에 련하여 1912년 3월 17일에 마산포교회에서 최경호를 장로로 장립함을 보고함.

(2) 손안로 씨는 회장이 되고 최경호는 서기로 택정함.

(3) 당회는 월에 일차식 모이기로 작정함. 더 의론할 일이 없는고로 최경호 씨 기도로 폐회함.

최장로 경호 서기
손목사 안로 회장
('마산포교회 당회록', 1912년 3월 19일)

100. 학교의 명성

아담슨 부부의 학교는 효율성으로 높은 명성을 유지하고 있다. 최근에 총독이 마산포를 방문하였는바, 우리의 학교가 훌륭한 교육을 하고 있다는 소식을 듣고 관대하게도 100엔을 후원하였다. 선교사들이나 한국인 교인들은 높은 정치인의 인정에 감사하고 있다.

마산포의 교인들은 중등학교로 쓰일 큰 새 건물을 거의 완공하고 있다. 이 건물은 거의 교회당만큼이나 크다. 비용은 2천 엔이 들었다. 그 지역에 마산포 교회만큼이나 자급하는 교회는 없다. 이제 그곳에는 두 개의 크고 훌륭한 건물이 있는데 모두 지역 교인들에 의하여 세워졌다. '외국의 돈'으로 세워지는 여학교가 이 자발적인 정신을 훼손하지 않기를 희망한다.

2월 12일 주일 아침 예배 후에 20명의 교인이 마산포교회에서 세례를 받았다. 아담슨 씨가 말하기를 이 숫자는 지난 9월부터 세례받은 숫자의 10분의 1이라 하였다. 훌륭한 성과로 인하여 하나님께 감사를 드린다.

('더 메신저', 1912년 4월 5일, 223)

101. 조선의 예수의 영

1. 자기 부정의 영
2. 박해를 인내하는 영
3. 용서의 영

앤드류 아담슨

('Our Missionaries at Work', 1912년 6월, 22-25, 1913년 4월, 30)

102. 마산포선교부 보고서, 1911-1912

직원	앤드류 아담슨 부부	1894년 도착
	로버트 왓슨 부부	1910년 도착
	이다 맥피	1911년 도착
	거르투르 네피어	1912년 도착

서론

작년을 돌아보며 선교 활동을 기록하면서 하나님께 깊은 감사를 드린다. 밝음이나 어둠 속에서 그는 자신의 약속에 따라 우리와 함께하셨고, 그의 종들의 수고에 힘을 주셨다. 만약 그 이전 해보다 수적으로 적은 성장이 있었다면 전보다 더 적대적이고 무관심한 환경이 한 이유일 것이다. 동시에 성공적인 부분이 있다면 하나님의 거룩한 역사하심이 함께 하시고, 교인 공동체의 영이 전반적으로 활력 있다는 증표이다.

가난

이 지역의 사람들은 유례없는 가난이라는 악마와 힘겨운 사투를 벌이고 있다. 수년 전보다 식품 가격이 세 배나 올랐고, 그나마 돈이 있어도 살 수 없는 환경이다. 우리 선교지역의 곳곳에서 힘들고 슬픈 소식이 들려오고 있으며, 그것이 우리에게 적지 않은 압박이 된다. 동시에 고생하는 기독교인의 고귀하고 영웅적인 이야기로 인하여 우리는 격려받으며 감사하기도 한다. 그들은 어떤 고난이 있어도 재정적인 이유로 전도 활동이 제약을 받지 않도록 노력을 다하고 있다.

간접적인 노력

직접적인 선교활동에 더하여 많은 시간과 노력이 다른 필요한 일에도 쓰였다. 우리 선교부 재산이 적지 않게 늘었는바, 두 필지의 땅을 취득하였다. 그중 하나는 우리 선교부가 있는 언덕 옆에 있고, 다른 하나는 교회 건물과 인접해 있는 꽤 큰 부지이다.

칠암에 곧 설립될 선교부를 위하여도 대지를 구매하였다. 그곳은 마을 뒤의 언덕에 훌륭하게 위치하여 있고, 그곳에서 마을과 항구의 아름다운 모습을 조망할 수 있다. 이 나라에서 땅을 구매하는 것은 힘들고 짜증나는 일이고, 때로 불쾌한 경험도 하게 된다. 특히 동방에서의 외교는 서양인에게 욥의 인내와 천사의 은혜가 필요하다. 건물을 짓는 것 또한 많은 세속적인 일이 필요한데, 선교사의 편지에는 이 내용이 포함되지 않는다. 아마 너무 많은 시간을 빼앗겨 그것을 기록할 시간이 남지 않기 때문일 것이다.

개척적인 활동

이 부분은 주로 한국인 일꾼에 의하여 시행되고 있다. 교리교사, 매서인, 그리고 전도부인은 전체 현장의 이방인에게 복음을 전하고 있으며, 이 힘든 활동은 우리의 지역전도회에 의하여 도움받고 있는데. 지난해 세 명의 전도 일꾼을 지원하였다. 그러나 이 중요한 활동은 전체 교인이 협력하여 노력한 결과라고 말할 수 있다. 이들은 자기 민족에게 복음을 전하려는 열망이 크고, 그 실천을 통하여 자신의 신앙을 증명하고 있다. 각 신자의 생활과 증언은 어둡고 부도덕한 주변에 빛을 주고 있으며, 무엇보다도 먼저 가정에서부터 변화를 가져오고 있다….

지역 활동

우리 지역의 큰 교회와 학교는 많은 시간과 노력을 요청한다. 목사가 선교부에 있을 때는 거의 모든 설교를 담당한다. 교회의 각종 공부반 또한 많은 준비 시간이 필요하다. 우리의 모든 활동은 교인과 학생들로 하여금 그리스도를 만나 예배하게 하는 것이고, 그분만이 참 생명을 주시며, 죄에서 자유케 함을 경험하게 하는 것이다.

최 씨의 안수

마산포교회 최 씨의 장로 안수식은 교인들에게 큰 관심을 불러일으켰다. 그는 이곳에서 처음으로 장로로 안수받은 교인으로, 교회의 목회와 활동에 새 이정표를 놓았다. 최 장로는 훌륭한 영성을 가진 신자로 전도의 은사를 가지고 있고, 우리 지역의 교회들을 잘 섬기는 능력이 있다.

교회 지도자

지난 몇 년 동안 소 씨가 우리 교회 지도자였는데, 매력적인 인품을 가진 사람이다. 그는 양반 계급에 속하여 있고 높은 관원이었지만, 겸손하고 책임감 있어 한국인 교회 안에서 큰일을 할 것이다. 그의 사망한 모친을 위한 효성과 기도를 계기로 그리스도를 만났는바, 지난 4년여 동안 열정적이고 신실한 신자가 되었다. 그가 소유한 많은 재물로 주변의 가난한 사람들을 관대하게 돕는 진실한 친구이기도 하다.

찬송가 부르기

교회 교인들의 찬송 소리는 끔찍하게 불안정하다. 그러나 최근 들어 나아지고 있는데 아담슨 부인이 찬송가 반을 진행한 결과이다. 그녀는 예배 시간에 반주도 한다. 많은 젊은이가 열심히 배우고 있고, 교사도 노력하고 있지만, 결국에 만족할만한 수준에 오르지 못한다면 교사의 능력 부족이라기보다 한국인이 화음과 멜로디에 소질이 없다는 의미일 것이다.

순회 목회

우리는 일곱 번의 긴 순회와 몇 번의 짧은 순회를 하였다. 대부분 우리 교회들은 두 번의 방문을 받았고, 성찬식이 거행되었다. 어떤 경우에 작은 교회 교인들은 큰 교회로 와 성찬식에 참여하였다.

작년에 발열의 전염병이 돌았는데 욕지섬에서 발병되었다. 처음에는 비신자들만 감염이 되었고, 그 이유가 기독교인들 때문에 악령이 화가 났다는 것이었다. 어떤 사람은 기독교인을 관가에 고발하기도 하였다. 관가의 한 일본인은 그 미신적인 고발 내용을 듣고 재치 있게 말하기를 열병에 걸리지 않으려면 가서 기독교인이 돼보라고 하였다고 한다. 그 일본인 관원이 선교사가 할 말을 대신하여서 하였다는 이야기는 흥미로웠다.

성경반

구정 때 함안읍내에서 성경반이 열렸다. 거의 모든 지역에서 많은 학생이 참여하였다. 환등기를 사용하여 야외 수업을 할 때는 큰 무리가 모였다. 그들은 화면의 그림에서 눈을 떼지 못하였고, 복음의 이야기를 진지하게 들었다. 이때 우리에게 진주의 병원에 불이 났다는 믿지 못할 소식이 전해졌다. 우리는 모두 깊이 염려하였다. 그러나 최근에 고향 교회가 그 손실을 신속히 보상하겠다는 소식에 다시 힘을 얻었다.

시골의 교회들은 교리교사와 교회 지도자의 헌신에 큰 빚을 지고 있다. 이들은 칭찬받아 마땅하며, 특히 교회 지도자들의 섬김은 특별하다.

교회의 상황

우리 선교부 넓은 지역에 흩어져있는 예배 처소를 방문하다 보면 많은 격려도 있고, 실망도 있다. 믿음이 약한 대부분 교인은 시험에 너무 쉽게 넘어가는데, 작년에 교회를 떠난 경우가 적지 않게 있었다. 예를 들어 거제 섬 세례문답반에 있는 교인 몇 명이 예전 생활로 돌아갔다. 보통보다 책벌이 더 많았고, 출교도 있었다. 이것이 적대적인 환경에서 신자들이 끊임없이 싸워야 하는 현실을 말하고 있다.

동시에 긍정적인 경우도 많다. 교인들의 신앙생활과 의로운 행실은 전반적으로 교회가 건강하다는 것을 보여준다. 그들은 열정적으로 전도하며, 그리스도의 나라를 위하여 헌신하며, 사랑과 관용의 영으로 서로와 이웃을 대하며, 복음을 위하여 시험을 견딘다.

교육

이 부분의 우리 사역은 많은 진보를 보이고 있다. 우리에게 세 개의 학교가 있는데, 모두 정부의 교과 내용에 따라 가르치고 있다. 선암, 함안 읍내, 그리고 마산포이다. 선암에는 25명, 함안에는 59명 그리고 마산포에는 139명이 공부하고 있다. 각 지역 교사들이 학교를 운영한다. 학교가 없는 지역 교인 중에는 자녀를 보내 기숙사에 머물며 공부하게 하고 있다.

마산포 교인들에 의해 세워진 새 학교 공식 개교식이 5월 3일에 있다. 이 학교에서는 중급반 교육이 시행되는바, 큰 관심을 불러 모으고 있다. 한 단계 더 높은 교육이 시작되는 것이다. 지난 몇 달 동안 초등과를 이수한 학생 39명이 이 반에 출석하고 있다. 학부모들은 자녀를 위하여 큰돈을 내는데 그들의 교육열이 실제로 얼마나 대단한지 알 수 있다.

우리의 마산포 학교는 지역 정부에 의하여도 인정을 받고 있다. 몇 달 전 총독이 이 항구를 방문할 때 100엔을 지원하였다. 학생들 대부분은 기독교 가정에서 온다. 그리고 몇 상급반 학생은 교회 회원이다.

통계

다음의 통계는 우리 사역이 어느 정도에 다다랐는지 보여준다. 작년에 네 개의 새 예배 모임이 생겼다. 그중 약한 두 개는 없어졌고, 한두 개는 어느 교회에 속한 모임이 되었다. 전체 예배 모임은 60개인데 작년과 같다. 최 씨가 장로 안수를 받으므로 1개의 조직교회가 있고, 42개의 미조직교회가 있는바 작년에 비하면 8개가 늘었다. 283명의 성인과 31명의 어린이가 세례를 받았다. 그리고 245명이 세례문답반에 허입되었다. 사망하거나 이사하거나 떨어져 나간 교인을 명부에서 제외하면 808명의 세례 교인이 있다.

제대로 조직된 우리의 학교에 223명의 학생이 출석하였고, 그중 60명이 여학생이다. 전체 한국인이 한 헌금은 총 4,371엔 95센이다. 파운드로 444파운드 정도이다. 비정상적으로 어려운 환경에서 교인들이 이렇게 큰 액수를 헌금하였다는 것은 특별하고 감사한 일이다.

결론

지금 우리는 에베네저를 외친다. "여기까지 하나님이 도우셨다." 하나님은 우리의 불완전함에도 우리를 인도하셨고, 앞으로도 그 손길을 거두지 않으실 것이다. 그는 사랑과 은혜로 함께 하시고, 온 땅이 하나님의 영광으로 가득할 때까지 거룩한 목적으로 자신의 종들을 통하여 역사하실 것이다.

('Our Missionaries at Work', 1913년 1월, 13-21)

103. 조사 성경반

지난달 우리는 부산진에서 연례 조사반을 개최하였다. 21명이 참석하였는데 매우 유익한 시간이었다. 조사반은 두 주 동안 진행되었는바, 참석한 남성들에 의하여 도움과 찬사를 많이 받았다. 이번에는 지난번보다 더 적절한 시기에 성경반을 열었다. 뜨거운 여름보다 겨울에 조사반을 운영하는 것이 더 성공적이라는 데 모두 동의하였다. 학생들은 이러한 체계적인 훈련을 더 자주 가지기를 원하였고, 교사들도 그것이 중요한 형식의 교육임을 알고 있다. 시간만 더 있었으면 말이다.

내가 부산진에 두 주 동안 있는 동안 노블 맥켄지 부부 집에서 환대를 받았다.

('더 메신저', 1913년 2월 21일, 126)

104. 또 쓰러지다

한국에서 전보가 왔다. 아담슨 씨의 건강이 매우 위중하여 사직할 수밖에 없다는 것이다. 우리는 염려하며 더 자세한 내용을 담은 편지를 기다리고 있다. 우리의 베터랑 선교사가 회복하기 위하여는 그동안 연기되었던 휴식이 필요하다. 은혜의 보좌 앞에서 그를 기억하며 기도하자.

('더 메신저', 1913년 11월 14일, 723)

105. 사직하다

한국의 아담슨 목사로부터 편지가 왔다. 건강상의 이유로 사표를 제출하였다. 위원회는 안타까운 마음으로 사직서를 수리하였다. 1915년 3월 31일부터 효력이 발생한다. 그는 일 년 동안의 유급 휴가를 가질 수 있다.

아담슨은 매케이 목사 후임으로 거의 20년 동안 교회를 섬겼다. 전체 교회가 그의 사직을 안타깝게 여길 것이다.

('더 메신저', 1913년 12월 26일, 819)

106. 마산포선교부 보고서, 1912-1913

영역

칠암에 새 선교부를 설립하는 선교회의 결정이 최근 실행되면서 우리 선교부 노동의 경계가 축소되었다. 전에 와 같이 마산포 밖의 6개 지역을 맡는 대신에 지금은 3곳만 책임지게 되었다. 진해, 함안 그리고 구령이다. 마산포를 포함하여 이 지역에는 16만 명의 영혼이 있고, 지금 우리 선교부의 인원으로는 이 많은 군중을 전도하기에 충분하고 남을 만큼의 영역이다. 칠암선교부는 구창, 칠암, 그리고 고성 지역을 중심으로 활동을 할 것이다.

지원군

지난해 두 번에 걸쳐 도착한 새 선교사들로 인하여 우리는 기뻐하였다.

특히 우리의 기쁨은 새 선교사 중 두 명이 마산포로 부임하였다는 사실이다. 지난 연례회 이후, 실질적으로 세 명의 새 선교사가 보강된 셈인데, 맥피도 마산포로 발령 났기 때문이다. 그녀는 한국에 온 지 거의 일 년이 되어서 우리 선교부의 회원으로 선교관에 입주하였다.

건강 문제

새 선교사는 이곳에 도착하여 일반적으로 적응해야 하는 도전을 받지만, 이번에 합류한 선교사들은 아무도 아프지 않아 감사하다. 그러나 아담슨은 올해 몇 개월 동안 몸이 안 좋아 일을 제대로 하지 못하였다. 먼저 그는 비정상적으로 추웠던 2월부터 계속되는 독감으로 고생하였고, 그것으로부터 회복되기도 전에 심한 이질에 걸렸다. 훌륭한 간호가 있었음에도 최근까지 약해진 몸을 완전히 회복하지 못하였다. 유쾌하지 못한 이 경험으로 회복을 위한 건강의 가치를 깨달았고, 선하신 하나님께 더욱 감사하였다.

전도 활동

혼란스러운 이곳의 상황으로 대부분 교인은 이전과 같이 전도 활동에 많은 시간을 할애하지 못하고 있다. 우리도 또한 이들에게 이 중요하고 시급한 일을 더 강하게 권고할 수 없는 상황이다. 이전에 이들은 전도의 책임을 매일 실행하였었다. 지역전도회의 후원을 받는 전도자는 보통 안 믿는 자들에게 나아갔고, 우리 조사들은 그들이 교회에 가까이 나오도록 하였고, 우리 대부분 교회에서 임명한 '권면자'라고 불리는 자원봉사자는 이웃을 전도하였다.

우리 선교부 지경에는 여전히 방문하지 못한 작은 마을들이 있다. 이곳은 복음의 영향이 아직 없는바, 조만간에 이곳에도 좀 더 체계적이고 지속적으로 복음이 전해지기를 희망한다. 봉급을 받거나 자원봉사이거나 우리의 전도자들이 공통으로 하는 말은 이전보다 사람들이 전도 활동에 대하여 냉랭하다는 것이다. 이 혼란스럽고 비정상적인 현상이 임시적이기를 우리는 바란다.

목회 활동

이 선교부의 모든 활동은 아담슨의 목회적 돌봄 하에 이루어지고 있다. 그에게는 두 명의 교리교사가 있는바 곽 씨와 최 씨이다. 지난해 그는 두 번에 걸쳐 선교부의 교회들을 순회하였고, 대부분 세례 교인들은 성찬식에 참여하였다. 이 순회 중 두어 번은 몸이 많이 약한 가운데 실행되었다. 순회 활동을 통하여 교인들과 가까워졌으며, 그들의 삶의 상황을 직접 볼 수 있었다.

가난으로 인한 참혹한 이야기를 들었고, 믿음 때문에 받는 박해 이야기가 있었고, 다른 기대로 교회를 떠난 사람도 있었고, 믿어도 행실의 변화가 없는 모습도 보았다.

그러나 모든 이야기가 부정적이지는 않다. 그와는 반대로 하나님의 사랑을 감사하는 간증이 있었고, 생활 속에 참된 힘이 되는 주님을 찬양하는 모습을 보았고, 그분을 향한 진실한 믿음과 고백을 들었고, 새롭게 하신 주님을 위해서 뭐든지 할 수 있다는 결단이 있었고, 말로 다 할 수 없는 영광과 희망을 보았다.

전도부인

두 명의 전도부인은 일 년 내내 일하였다. 한 명은 성서공회가 후원하고, 다른 한 명은 해밀턴의 톰슨 부인이 후원한다. 이전 전도부인 살로메는 몇 달 전 함안교회에 속한 한 여성으로 대체되었는데, 그녀는 경험이 적지만 앞으로의 활동이 기대된다. 두 명 다 최근 부산진에서 진행된 성경학원에 참석하였다. 그 이후 이들은 더 자신 있게 양질의 전도 활동을 할 것으로 믿는다.

결론

이 보고서를 마치면서 우리는 우리의 활동이 부족하였음을 깊이 느낀다. 다만 주님의 도움으로 이 정도 성취할 수 있어 우리는 그분을 찬양한다. 이곳에서의 미래가 어떻게 펼쳐질지 모르지만, 그리스도의 복음이 우리에게 완전한 확신을 주며, 지금도 악마의 권세를 이기고 승리하시는 주님의 능력에 전적으로 의지한다. 영적인 어둠 속에 길잃은 양들이 '참된 목자'의 품으로 돌아와 그 구원의 은혜에 영원히 감사와 찬양을 할 것이다.

마산포선교부를 대신하여 앤드류 아담슨이 보고하다.
1913년 9월.
('Our Missionaries at Work', 1914년 1월, 34-40)

107. 여성 사역 – 아담슨 부인의 보고서

아담슨 부인은 지난 연례회의에서 그녀에게 주어진 사역 실천을 위하여 노력하였다고 보고하였다. 그녀의 일에는 전도부인의 사역 감독과 모든 교회에서 유아세례 숫자 관장 등이 포함되어 있다.

부모는 자신의 아이가 세례를 받기 몇 달 전부터 자신들이 받는 축복에 아이들도 동참하기를 기다렸다. 많은 교인이 처음으로 증인이 되는 이 세례 예식은 가장 경건하였고, 아이를 신앙인으로 키우겠다는 그들의 서약은 인상적이었다. 가시적인 교회 안에 아이들을 받아들이는 데 회원들은 모두 동의하였다.

이 해 흥미로운 한 특별한 사실은 작년 3월에 있었던 스콜스 양과 켈리 부인의 이 지역 순회전도이다. 이들의 방문의 가치를 많은 교회가 증언하였고, 유익한 순회였다.

만주로의 이주

작년의 사역을 평가하자면, 교회의 발전에 적지 않은 영향을 끼친 사건을 말하지 않을 수 없다. 그것은 한국인들의 만주 이주 현상이다. 우리의 모든 선교지역 중, 이 엑소더스로 인하여 가장 큰 피해를 본 곳이 거창이다. 세례받은 많은 신자를 포함하여 총 65명의 교인이 만주로 갔다. 어떤 교회는 거의 모든 교인이 떠났고, 남은 교인이 있다 하여도 교회를 운영하기에는 불가능할 정도이다.

이 대탈출의 정치적 의미를 본 보고서에 언급하기는 적절치 않지만, 많은 수의 지식 있는 농부들이 이 땅을 떠난 것은 슬픈 일이다. 기독교 신앙이 이 계층의 사람들에게 호소력이 있었기에 그 영향은 더 크다. 이들이 보내는 편지를 보면 많은 수가 그곳에서 정착하는 데 어려움을 겪고 있으며, 이주를 독려하였던 거간꾼들의 약속대로 환영이나 제공되는 집도 없었다.

이들과의 이별을 안타깝게 기록하지만, 신앙만은 굳건히 지키고 있다는 소식을 우리를 다른 선교사들을 통하여 기쁘게 듣고 있다. 이들은 복음을 그곳까지 가지고 갔으며, 주일예배도 드리고 있다고 한다. 그곳의 이웃에게 그들이 복음을 전할 수 있는 데 쓰임을 받도록 우리는 기도한다.

남은 사람들은 낙심하지만, 하나님은 이 상황을 거창에 축복이 되게 역사하셨다. 남은 신자들은 빈자리를 채우기 위하여 더 노력하고 있고, 어떤 이는 조용하게 어떤 이는 박해 속에서도 열심히 전도하고 있다.

한 예를 들자면 한 마을에 부자 여성 노인이 있었는데, 그녀의 이웃은 젊고 빈궁하였다. 그 젊은 여성은 조용하게 신앙인의 삶을 살면서 기회가 있는 대로 주님을 전하였다. 결국, 그 노인은 전도를 받아들여 주님을 고백하게 되었다. 그러나 그 노인의 남편은 기독교를 극구 반대하여, 주일에는 자신의 아내가 밖으로 못 나가게 하였다. 그런데도 그 아내는 어떤 방법으로 매주 헌금을 보내왔다.

거창읍에도 감동적인 한 이야기가 있다. 한 여성에게 총명한 딸이 있는데, 청각과 언어 장애인이었다. 그 여성은 예수님이 그런 장애인을 고친다는 말을 듣고, 그에 대하여 알기를 원하였다. 그녀는 결국 신앙인이 되었고, 주님이 자비를 베풀어 자신의 딸을 고쳐주기를 기도하고 있다.

최근 대탈출의 또 하나의 결과는 교인들이 더 똘똘 뭉쳐 서로를 돕는다는 것이다. 백암의 새 교회에 더하여, 주일에 청년들에 의하여 예배드리는 곳이 세 군데 더 있다. 10마일 혹은 20마일 떨진 곳인데도 말이다. 강한 자가 약자를 도와야 한다는 새 책임감이 이들에게 생겼다.

이 보고서 부록에 있는 숫자를 보면, 새 교회 하나가 생겼는데도 여전히 열 교회로 표시되어 있다. 이것은 우리가 함양읍교회를 목록에서 뺄 수밖에 없었기 때문이다. 이곳에는 교회가 하나인데 교인이 줄어 여성 한 명만 남았기 때문이다.

이곳의 박해는 날로 심화하고 있다. 읍 전체가 교회를 박멸하려고 연합하는 듯하다. 박해에도 불구하고 이 여성은 견고히 서서 모든 예배에 참석하며 일꾼들을 맞이하고 있다. 이 여성은 신기하게도 주막집의 주인이고, 기독교 가르침이 그녀의 직업을 반대하는 것도 알고 있다. 이것으로 인하여 그녀는 세례를 못 받는 것이다. 모든 것을 포기하지는 못하고 있지만, 그녀는 자신의 주님을 위하여 박해를 감당하고 있다. 선교사에게는 흥미로운 경우이다. 좋은 소식 하나는 올해 말부터 함양읍교회가 다시 깨어나고 있다는 것이다. 새롭고 더 나은 미래가 기대된다.

우리의 모든 지역에 기독교인의 수준이 높아지고 있음을 감사히 보고한다. 전에는 미지근하였던 교인이 이제는 좀 더 열심히 주님을 따르고 있다. 그 이유 중의 하나는 교회에서 집례하는 성만찬 때문이다. 이것이 어떻게 교회 생활 전반에 영향을 끼쳤는지 다 설명하기는 어렵지만, 성령의 역사하심은 바람보다 더 신비롭다.

인간적으로 말하자면 이 발전의 주요 원인은 조사이자 서회의 매서인인 황보(황보기, 후에 그는 함양교회의 초대 장로가 된다. - 역자 주)의 신실한 사역 때문인바, 그의 자기희생의 노력 결과이다. 많은 후퇴와 낙심에도 어느 정도의 진보는 있었고, 이것으로 교회의 머리 되신 주님께 감사를 드린다.

아담슨 부인

('Our Missionaries at Work', 1914년 1월, 43-45)

108. 마지막 악수

3월 9일 월요일 월례임원회가 열렸다. 회장 제이 앤더슨, 매카울리 윌슨, 프랭크 페이튼, 모리슨, 패터슨, 스틸 그리고 위시아트가 참석하였다. 아담슨 부부와 페이튼 부인도 모임 한 부분 참여하였다.

지난 모임의 회의록을 확인하고, 아담슨 부부를 환영하였다. 회장은 그의 건강이 악화한 것에 대하여 유감을 표현하였고, 런던으로 가기 전에 멜버른을 들러주어 감사하다고 하였다. 왜냐하면, 지난 19년 동안의 신실한 한국선교 활동을 치하할 수 있고, 악수를 나눌 수 있기 때문이었다.

선교위원회 위원장 위시아트는 아담슨이 보낸 편지를 통하여 그 누구보다도 그를 잘 안다고 하였다. 그러면서 그는 어렵고 힘든 시간에도 그의 편지는 변함이 없었는바, 그 누구도 흉내 낼 수 없는 것이었다고 하였다.

페이튼은 아담슨 부부의 활동 모습을 현장에서 직접 보았다고 하였다. 그곳의 억압적인 환경을 고려하면 진작 쓰러지지 않은 것이 이상할 정도라고 하였다. 아담슨은 앉은 자리에서 이들의 찬사를 들으며 잠시 응답하였다.

('더 메신저', 1914년 3월 13일, 171)

109. 영국으로의 귀향

빅토리아친교연합회를 대신하여 한국선교사로 20년을 섬긴 아담슨 목사는 건강이 완전히 나빠져 사임할 수밖에 없는 상황이다. 위원회의 요청으로 아담슨 부부는 런던으로 돌아가기 전 호주를 방문하였다.

아담슨이 이곳에서 보고회를 할 수 있으면 유익하겠지만, 그것도 할 수 없는 상태이다. 그는 단순히 위원회와 친교연합회 임원들을 사적인 모임에서 만날 것이다. 친교연합회의 친구들이 즉석에서 후원한 51파운드의 선물에 아담슨 부부는 매우 감사하고 있다.

두 주 동안의 휴식 후에 이들은 루닉호를 타고 런던으로 돌아갈 것이다. 많은 기도가 이들을 따라갈 것이며, 이들 부부와 가족이 고향에 잘 정착하기를 바란다.

마산포에서의 아담슨 사역은 라이얼이 대신할 것인바, 그는 진주에서 이전할 것이다.

('Our Missionaries at Work', 1914년 5월, 6)

110. 기억력이 다하는 날까지

친애하는 몰리슨 씨께,

편지를 길게 쓸 수 없지만, 이 기회에 간단하게나마 친교협의회의 모든 회원에게 깊은 감사를 표한다. 멜버른을 떠나는 날 저녁에 준 선물과 격려에도 감사를 드린다. 어떤 선교사도 후원자들의 더 깊은 동정심과 충성심을 우리처럼 받지는 못했을 것이다. 지난 20여 년 동안 친교연합회와 함께한 것은 큰 특권이었다.

나의 기억력이 다하는 날까지 내가 받은 많은 사랑을 감사할 것이다. 모든 친교연합회가 호주에서나 한국에서 하나님의 도움으로 그의 나라를 확장한 것을 생각하며, 그의 거룩한 사랑이 국내외 선교 활동에 함께하여 큰 축복이 있기를 진심으로 기도한다.

친애하는 몰리슨 씨, 연합회의 모든 회원에게 깊은 감사와 사랑을 전한다.

여러분의 신실한,
앤드류 아담슨
('더 메신저', 1914년 4월 3일, 219)

111. 가장 높은 감사

고든 목사에 의하여 친교연합회 보고서가 제출되었다. 다음과 같이 동의하였다.

"보고서를 받고 위원장께 감사한다. 아담슨 목사의 사직에 안타까움을 표하며, 그가 한 훌륭한 사역에 가장 높은 감사를 표한다. 친교회 활동을 모든 목사와 선교사들에게 추천한다."

통과되다.

('더 메신저', 1914년 5월 22일, 326)

112. 런던의 주소

런던 에핑 포레스트 인근 부시우드 새 집에서 앤드류 아담슨 목사가 편지를 썼다. 그는 아직 건강이 위태로우나 천천히 회복되고 있다. 그의 새 주소는 다음과 같다.

'Braeside', Bushwood, Leytonstone, London, North England.

('더 메신저', 1914년 9월 4일, 563)

113. 아담슨의 죽음과 추모

한국에서 거의 21년 봉사한 친교연합회의 존경받는 선임 선교사 앤드류 아담슨 목사가 런던에서 별세하였다. 초기 한국 선교현장에 공석이 생겼을 때 적절한 호주선교사를 못 찾고 있었다. 우연한 기회에 혹은 기도의 응답으로 오스왈드 다이크 박사가 아담슨을 추천하며 '그 자리에 가장 적합한 인물'이라고 하였다.

당시 그는 성서공회 선교사로 북중국에서 6년간의 활동을 막 마쳤던 때였다. 그는 신속하게 우리의 제의를 받아들였는데, 그의 중국어 실력도 한몫하였다.

아담슨은 자신의 아내와 두 딸과 함께 부산에 도착하였고, 작은 예배 모임의 교인들과 만났다. 그리고 그의 성실함으로 교회는 점차로 힘과 효율성을 얻었다. 그는 한곳에 큰 교회를 세우기보다 여러 지역에 작은 교회를 세워 전도하는 것이 더 효과가 있다는 확고한 믿음이 있었다. 이 믿음에 근거하여 처음에는 부산에 그 후에는 마산포에 그의 선교부를 세워 여러 지역을 다니며 전도하며 교인들을 심방하였다.

그는 실제로 호랑이와 같이 일하였다. 고생을 절대 지루하게 여기지 않았다. 그에게는 긍정적인 기쁨이었다. 형편없는 길 위의 피곤한 여행한 끝에도 구도자들을 위하여 온 밤을 가르치며 전도하였다. 끊임없는 열정이 그의 건강을 해쳤다. 순회를 자주하여 힘들었지만, 힘이 남아있는 한 그는 그치지 않았다. 그는 나에게 말했다. "나는 힘이 닿는 대로 갈 수 있는 곳은 다 다녔습니다. 그렇게 희생하였지만, 후회는 하지 않습니다. 그러나 나의 후임자는 준비 없이 그렇게 다니지 않게 하십시오."

작년에 멜버른에서 아담슨을 만난 사람은 충격을 받았을 것이다. 한때 왕성하고 적극적이던 남성이 기력이 쇠한 모습이었다. 아직 한창 일할 때인데 말이다. 그런데도 그는 항해를 통하여 쉴 수 있어 도움이 되었고 괜찮다고 하였다. 그러나 그는 괜찮지 않았다. 시간이 지나면서 그는 천천히 더 쇠약해졌고, 병이 깊어졌고, 침상에 누워 그날을 기다렸다. 그리고 부름이 왔다. 그의 사명은 다하였다. 이제 그는 주님의 미소와 함께할 것이다.

아담슨은 훌륭한 특파원이었다. 언론은 러일전쟁 시 그의 편지를 가장 먼저 찾았다. 그는 그곳의 상황을 제일 먼저 접하였고, 최후의 총성까지 들은 사람이다. 그의 한국어 실력은 매우 폭이 넓었으며, 유창한 언변은 한국인도 놀라게 하였고 동료선교사의 부러움을 샀다.

그는 개인적으로 온유한 영을 가진 사랑스러운 남성이었다. 부산에서 그와 함께 일하였던 한 미국 의료선교사는 다음과 같이 그를 높게 칭송하였다. "아담슨 목사와 같이 고린도전서 13장과 가깝게 산 사람을 나는 만나본 적이 없다." 그는 두 번 결혼하였다. 첫 아내를 한국에서 잃었다. 그에게는 현재 아내와 네 명의 딸이 있다. 빅토리안 친구들의 다정한 동정심이 이들과 함께할 것을 믿어 의심치 않는다.

친교연합회 임원들에게 한가지 위안이 되는 것은, 연합회의 전 서기였던 토마스 멘리 씨가 영국에 살면서 그가 아플 때 자주 방문하였다는 사실이다.

더블류 위시아트
선교위원회 위원장
('더 메신저', 1915년 9월 24일, 619)

114. 해외선교위원회 기록

아담슨 목사가 별세하였다는 슬픈 소식이 전해져 왔다. 지난 8월 3일 런던 버우드에서 사망하였다는 것이다. 아담슨 부인과 모든 가족의 슬픈 사별에 우리 교회의 위로를 전한다.

해외선교위원회는 정기모임에서 다음과 같은 기록을 남기었다.

"한국의 개척적인 선교사 중 한 명인 앤드류 아담슨 목사가 지난 8월 3일 별세하여 추모하며 이 기록을 남긴다. 아담슨은 영국장로교회 목사였다. 그가 1894년 친교연합회 선교사로 한국에 임명될 때 영국성서공회 선교사로 중국에서 6년 동안 일한 경험이 있었다.

아담슨은 20년 동안 큰 활력과 성실함으로 성공적으로 자신의 일을 수행하였다. 그는 개척자가 당면하는 어려움을 기백과 인내로 대처하였고, 그의 능력과 판단으로 튼튼한 교회들을 세워 큰 교구를 이루었다. 그는 예의가 바르고 사랑스러운 성격을 지녔고, 한국인에 대한 그의 진지한 관심과 안타까이 여기는 마음으로 그들의 자긍심과 애정을 많이 얻었다. 그는 진정으로 한국을 위하여 자신의 생명을 드렸다고 말할 수 있다.

본 위원회는 그의 아내와 자녀들에게 깊은 동정심을 나누며, 이 슬픈 기간에 하나님의 위로가 함께하기를 기도한다."

('Our Missionaries at Work', 1915년 10월, 15-16)

115. 아담슨이 설립하거나 관계된 교회

초량교회(부산, 1894), 병영교회(울산, 1895), 반회리교회(양산, 1895), 옥포교회(거제, 1896), 월백교회(창원, 1896), 사촌교회(함안, 1897), 구영교회(거제, 1900), 마산포교회(마산, 1901), 본포교회(창원, 1901), 동항리교회(욕지, 1902), 대화정교회(통영, 1905), 서암교회(의령, 1905), 연사교회(거제, 1905), 양산읍교회(양산, 1906), 배둔교회(고성, 1907), 정연교회(1907), 용소교회(의령, 1907), 이목교회(의령, 1907), 분계교회(의령, 1907), 마장리교회(의령, 1907), 미수교회(통영, 1907), 고성읍교회(고성, 1908), 윤회리교회(함안, 1908), 상정리교회(의령, 1908), 신반교회(의령, 1908), 북교회(함안, 1909) 등.

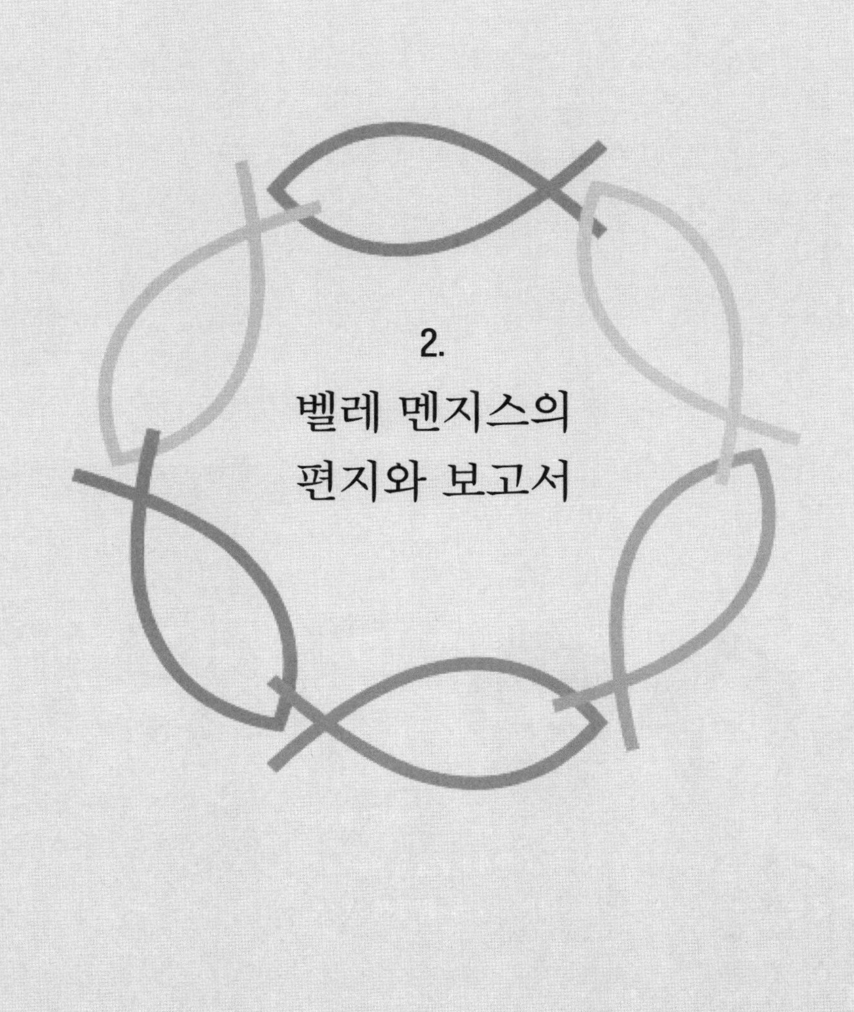

2.
벨레 멘지스의 편지와 보고서

니븐, 브라운, 멘지스, 켈리Niven, Brown, Menzies, Kelly(Photo-'더 크로니클', 1907)

벨레 멘지스 Belle Menzies
(Photo-'더 크로니클', 1909)

무어, 멘지스, 브라운Moore, Menzies, Brown
(Photo-Engel Family Archive, 1900년경)

벨레 멘지스 Isabella(Belle) Menzies
(Photo-PWMU, 1920년대)

제임스와 사라 매케이 James & Sara Mackay, 호주, 1890년경
(Photo-Mackay Family)

제임스와 메리 매케이 James & Mary Mackay, 일본, 1892
(Photo-Mackay Family)

1. 멘지스 한국 파송 공고

이달 28일 금요일 저녁, 한국 선교사로 떠나는 매케이 목사 부부와 퍼셋, 멘지스, 그리고 페리 양을 위한 예배가 콜린스 가의 스코트교회당에서 열린다. 총회장 길레스피(Rev. W. J. Gillespie) 목사가 기도하며, 로빈슨 목사 등이 연설할 계획이다.

('더 메신저', 1891년 9월 1일, 245)

2. 에베네저교회 당회

발라렛 에베네저교회 당회는 귀하가 우리를 대신하여 한국선교사로 임명되어 수락함을 축하하며, 우리는 진심으로 행운을 빕니다. 예수 그리스도를 위한 귀하의 헌신 된 신앙과 기독교인으로서의 성숙함은 주님의 영광과 영혼 구원을 위하여 쓰일 것입니다. 추수의 주님께서 자신의 거룩한 이름으로 귀하의 필요함을 풍성하게 부여하실 것을 믿으며 보냅니다.

우리는 귀하의 장차 사역에 깊은 관심이 있으며, 귀하를 위하여 진실하게 기도하며, 귀하의 모든 생활에 하나님의 함께 하심을 확신합니다.

우리는 이 수표를 귀하와 귀하 동역자들의 행운을 빌며 선물로 주게 되어 기쁩니다.

에베네저교회

당회장 찰스 카메론 목사
('에베네저교회 당회록', 1891년 9월 7일)

3. 발라렛노회의 기도

발라렛 - 이달 2일 매달 열리는 노회가 샌 앤드류교회당에서 열렸다. 총회장 헤이(Rev. G. Hay) 목사가 집례하였다. 한국의 선교사로 떠난 매케이 목사 부부와 퍼셋, 멘지스 그리고 페리를 위한 성스럽고 진실한 기도가 있었다.

('더 메신저', 1891년 10월 1일, 277)

4. 시드니에서

9월 2일 수요일, 많은 여성과 남성들이 와레고 호(s.s. Warrego)에 올라 워드 목사 부부, 헤이 씨, 그리고 퍼셋, 멘지스, 페리 양을 환송하였다. 먼저 세 사람은 북퀸즐랜드 원주민을 위한 선교로 떠나며, 나머지 세 사람은 빅토리아여선교연합회를 대표하여 한국으로 떠난다.

모인 사람들은 '우리 다시 만날 때까지'를 합창하였으며, 해외선교위원회 하디 위원장이 귀한 선교사들을 위하여 거룩한 기도를 하였다. 송영과 축도로 모임을 마쳤고, 사랑스러운 작별의 인사를 나누었다. 그 후 배는 북쪽을 향하여 서서히 항해를 시작하였다.

('더 메신저', 1891년 10월 1일, 285)

5. 파송예배

한국으로 떠나는 매케이 목사 부부와 퍼셋, 멘지스, 그리고 페리 양을 위한 예배가 스코트교회당에서 열렸다. 또한, 북퀸즐랜드로 떠나는 워드 목사 부부와 헤이 씨를 위한 예배도 함께 하였다. 많은 사람이 모인 인상적인 예배였으며, 현재 선교에 관한 관심이 높다는 것을 증명하였다.

총회장이 사회를 보았고, 빅토리아여선교연합회 회장이 격려사를 하였다. 주님이 더 많은 열매를 맺기 위하여 우리를 깨끗게 하셨으며, 선교사 한 명을 보내기보다 다섯 명을 보내게 하셨다.

매케이 씨는 자신의 인격적인 가치로 우리의 사랑을 받을 뿐 아니라 주님이 우리의 기도를 들어주셨기 때문에 배로 가치가 있다. 우리는 그리스 몸의 한 지체이다. 매케이 씨를 보내므로 우리의 손도 한국에까지 미치는 것이다. 손이 활발한 일을 하기 위해서는 몸으로부터 힘이 공급되어야 한다. 우리가 그것을 공급해야 하는 역할을 맡았다. 우리는 그를 지원할 것을 서약하며, 매 주일 아침 은혜의 보좌 앞에서 그를 기억할 것이다.

한국의 시간은 한 시간 늦다. 우리가 예배를 마칠 때쯤 매케이 씨는 예배를 준비할 것이다. 손은 짐을 감당하고, 우리의 선교사는 어려움을 감당해야 할 것이다. 그리고 우리는 전장에 있는 그를 지원하여야 한다.

맥라렌 목사(Rev S. G. M'Laren)가 여선교연합회를 대신하여 연설하였다. 교회의 여성들이 동정과 신속함으로 얼마나 실용적으로 선교 현장에 적응하고 있는지 모른다. 25개 교회가 연합회에 가입하였고, 또한 모든 교회가 가입하기를 희망한다. 그 방법은 선교사들을 위하여 기도하고 선교사를 교회들이 지원하는 것이다. 재정적인 성공도 놀라운데 이미 308파운드가 약정되었다. 그리고 몇 교회는 선교사를 파송하기 원한다고 하고 있다.

...

렌토울 박사가 적절한 설교를 하였다. 두 선교사 그룹이 야만적인 인종들에게 기독교의 적응성과 유연성을 보여 줄 것이라고 하였다. 워드 목사는 우리에게 기도와 지원과 믿음과 동정을 요청하였다.

매케이 목사는 세상은 넓은 감옥이라고 응답하였다. 오직 그리스도만이 그 갇힌 자들을 구해줄 것이라고 하였다. 세상은 죄로 병들어 있고, 그리스도만이 치유할 수 있다. 세상은 죽음으로 가득 찼지만, 그리스도만이 그 죽어가는 세상을 구할 수 있을 것이다. 이 복음을 사람들에게 선포할 것이라고 하였다.

('더 메신저', 1891년 10월 1일, 286-287)

6. 매케이 부인의 사망

이곳보다 더 나은 곳으로 떠난 매케이 부인에 관한 소식을 들었을 것이다. 12월 12일부터 그녀는 아프기 시작하여 구역질과 불면증으로 심한 고통을 겪으며 6주간 침상에 있었다. 오, 그러나 그녀는 한 번도 짜증을 내거나 불평하지 않았다.

매케이와 퍼셋이 그녀 곁에서 계속 간호하였고, 멘지스와 나는 공부도 멈추고 잠도 아껴가며 그들을 도울 수 있는 만큼 도왔다. 하디 박사도 최대한으로 관심을 가지며 그녀를 돌보았다. 그는 "네 손이 일을 얻는 대로 힘을 다하여 할지어다"를 매일 실천하는 사람 같았다. 매케이 부인이 아팠던 전 기간에 그는 매일 그녀를 들여다보았다. 기독교인으로 그리고 친구로 그의 도움은 매우 가치가 있었다.

데이비스 목사와 매케이 부인, 우리 선교사 두 명의 죽음은 내 생각에 한국 날씨 때문이다. 그러나 이곳의 좋은 기후와 부산의 아름다움은 그 생각과 모순이 된다. 여러분이 알다시피 매케이 부인은 오랫동안 몸이 약하였다. 얼마 동안은 몸이 회복되는 것 같았지만 건강한 적은 없었다.

그녀는 1월 27일 새벽 세상을 떠났다. 그리고 29일 데이비스 무덤 옆에 장사되었다. 아름다운 항구를 내려다보는 전망 좋은 언덕이다. 그녀는 오랜 병으로 완전히 소진되었고, 조용히 눈을 감았다. 한번은 죽는 것이 두려우냐고 묻자 그녀는 이렇게 대답하였다. "두려워요!" 그러나 그녀의 목소리 톤은 궁금해하며 기뻐하였다.

매케이 부인이 떠나기 전날 밤 일본인 유모가 그녀의 방으로 들어갔다. 그때 그녀는 유모에게 하늘을 가리키며 말하였다. "유모. 나는 곧 저곳으로 갈 거야." 불쌍한 유모. 그녀는 매케이 부인의 죽음으로 매우 상심해 있었는데, 우리와 계속 함께 되어

지금 메케이와 퍼셋이 이곳에 살고 있다. 퍼셋은 우리와 한 방을 같이 쓰고, 하디 씨가 유모를 하인으로 삼고 있다. 기뻐하였다. 그녀는 종종 우리 방에 들어와 서성거리며 작은 것으로 우리를 돕는다.

매케이 부인의 사망 다음 날 나는 네 명의 한국인 교사를 데리고 밖으로 나가 덩굴을 모아 그녀가 좋아하는 방법으로 하얀 리본을 묶었다. 겨울이기에 꽃이 없었기 때문이다. 관은 일본인이 만들었고, 그들이 그 위에 영어를 쓸 수 없어 그녀의 이름과 그녀가 생전에 선택한 비석문 내용을 내가 썼다. "내가 저희에게 영생을 주노니 영원히 멸망치 아니할 터이요."

우리 세 명의 여성이 장례 행렬을 따라 장지로 갔다. 무덤 앞에서 남편 매케이 씨가 예배를 인도하였다. 몇 명의 일본인과 우리의 교사들도 모두 참석하였다. 관의 뚜껑이 닫히기 전에 우리는 마지막으로 사랑하는 사람의 모습을 보았다. 일본인들은 정중히 인사를 하고 떠났다. 교사 한 명이 감정적으로 말하였다. "편안히 가시오." 나도 감정이 북받치었다. 누가 안 그렇겠는가.

퍼셋과 멘지스가 그들의 사랑을 보낸다. 퍼셋이 이달 말 공식 편지를 여러분께 보낼 것이다. 지난 한 달은 꿈과 같았다. 매케이 부인이 정말 우리를 떠났다는 것이 믿기지 않았다. 그녀가 방문을 열고 들어올 것 같고, 우리 중에 빈자리가 느껴졌다. 우리는 성경을 읽으며 기도하며 버텼고, 어떤 때는 둘 다 못할 정도로 힘들었다. 어려운 기간에 여러분이 우리를 위하여 기도한다는 사실에 힘을 얻었다. 우리는 서로에게 말하였다. "고향에서 우리를 위하여 매일 기도한다니 얼마나 위로가 되는가?" 여러분의 기도는 응답되었고, 우리는 잘 지나왔다. 그러나 기도를 멈추지 말아달라. 또 어떤 힘든 일이 닥쳐올지 모르지 않는가.

곧 우리의 선교관이 생긴다니 나는 기쁘다. 지금도 행복하고 편하지만,

우리 자신의 공간을 가질 수 있다니 말이다. 선교를 위해서도 많이 더 좋을 것이다. 미래의 선교사들에게도 유익할 것이다. 이제 편지를 마쳐야겠다.

나의 친애하는 친구 모두에게 안부를 전한다.

1892년 2월 5일, 부산.
여러분의 신실한 주님의 종
진 페리
('더 메신저', 1892년 5월 1일, 162)

7. 부산의 여성들

빅토리아여선교연합회 회장님께,

이 편지가 회장님께 도착하기 오래전에 이미 매케이 부인의 소식을 들었을 것이다. 그녀는 6주 반을 아픔 속에 있다 사망하였다. 그녀는 언덕 위에 있는 데이비스 무덤 옆에 묻혔다. 우리 선교 활동에 큰 손실이고 우리 모두 깊게 느끼고 있다.

매켄지 씨도 건강하지 못하다. 그가 최근 지나온 큰 슬픔과 압박으로 인한 결과인 것 같다. 하디 박사는 더 심각해지기 전에 당분간 완전한 휴식을 취하라고 권고하였다. 매케이 부인의 죽음은 그 가정을 무너트렸다. 나는 그들과 함께 살고 있었지만, 지금은 우리 모두 하디 박사의 집에 있다.

우리는 아무것도 없는 벌거벗은 언덕을 기대하였지만, 하나님은 가장 아름다운 곳으로 우리를 인도하셨다. 항구는 사랑스럽고 주변의 산은 끝없이 펼쳐져 있다. 계곡은 매우 기름지며 논밭으로 덮여 있다. 호주인에게는 이곳의 밀집된 인구가 눈에 확 뜨이고, 길과 언덕을 계속하여 지나다니는 흰색

옷을 입은 사람들의 행렬이 인상적이다.

우리가 사는 주변에 많은 마을이 있고, 2마일 떨어진 곳에 한국인 마을 부산이 있는데 작은 성벽으로 둘려 있다. 거기에 3만 명이 사는 성벽 마을이 있는데 10마일 거리이다. 우리는 일본인 구역에 거주하고 있지만, 한국인이 여러 곳을 오가는 모습을 거리에서 항상 볼 수 있다. 바로 집 앞에 우리가 해야 할 일이 충분히 많이 있다. 주님에 관하여 전혀 모르는 우리와 같은 피조물인 이들을 매일 보는 것은 매우 슬프다. 우리 선교사들에게 '방언의 은사'가 쏟아지기를 앙망할 때가 있다. 그러나 포기하지 않고 인내하며 언어를 연습하다 보면 우리의 주님을 위하여 할 일을 할 수 있을 것이다. 이곳의 언어는 가장 어렵고 복잡하다.

언덕은 무덤으로 덮여있다. 이들의 장례는 우리와 매우 다른데 사람이 죽으면 그 시신을 평범한 나무로 된 들것에 눕히고, 볏짚으로 덮어 언덕에 둔다. 그러면 '산신령'이 그 영혼이 평안히 쉴 곳을 찾아 준다고 한다…. 때로 그 시신이 부패하고 백골화될 때까지 그 자리에 두기도 한다.

부산의 날씨는 매우 좋다. 호주의 날씨보다는 못하지만, 한국의 다른 어느 곳보다 낫다. 장마철에는 말라리아가 있고, 여름에는 콜레라가 돈다. 그러나 적당한 집에서만 산다면 전체적으로 건강하기에 호주인도 두려워할 것이 없다.

아름다운 항구에는 다양한 배들이 항상 오가고 있다. 이것이 우리로 하여금 세상과 접촉하게 한다. 우리의 일은 여성들과 함께하는 것인데, 이곳의 여성은 매우 무지하다. 미신을 믿고 악령을 섬긴다. 나쁜 남성들의 영이 자신들을 통제한다고 믿는다. 무당이 여러 여성과 함께 북을 치며 악령을 달랜다. 적은 수의 여성만 읽고 쓸 수 있다. 그런데도 사귀기는 어렵지 않다. 밭이 희어지고 추수할 때가 되었다. 추수의 주님께서 일꾼을 더 보내주시기를 기도한다.

부산, 한국

1892년 2월 11일

메리 퍼셋

('더 메신저', 1892년 5월 1일, 162)

8. 아픈 선교사들

지난번 여러분께 쓴 이후로 새해가 시작되었다. 불확실한 미래이지만 우리는 선한 손에 이끌리고 있다…. 퍼셋 양이 매케이 부인의 죽음에 대하여 여러분께 편지를 썼다. 한 주 후에는 페리 양이 아프기 시작하여서 한 달 넘게 침대에 누워있었다. 감사하게도 그녀는 회복하고 있지만, 공부를 할 만큼 힘이 있지는 않다….

매케이 씨는 5주째 침상에 있다. 매우 위중하며, 신경이 완전히 약해져 있다. 오, 이곳에서의 우리 선교 활동 준비와 축복은 많은 슬픔과 고난을 통하여 얻어지는 것 같다. 모든 일을 온전케하시는 하나님의 뜻 앞에 우리가 기꺼이 사랑으로 순종하도록 기도한다…. 퍼셋과 나는 언어를 배우고 있지만, 진보는 매우 느리다. 페리와 퍼셋이 나와 함께 여러분께 사랑을 전한다.

1892년 3월 17일, 부산
멘지스
('더 메신저', 1892년 8월 1일, 265)

9. 일꾼을 더 보내 달라

우리는 미래에 대한 희망을 가지고 한국에 도착하였다. 한두 달은 매우 잘 지나갔다. 언어공부에 정진하며 동요하지 않았다. 그러다 '매우 큰 일'이 벌어졌다. 매케이 부인이 아프다 사망한 것이다. 그 아픈 과정을 더는 이야기하기 싫다. 이미 여러분은 안다. 그러나 그녀가 무덤에 장사 되던 햇볕이 아름답게 내리던 그 날, 슬픈 사람들의 마음에 주님의 음성이 들렸다. "그녀는 죽지 않았다. 잠들었다." 힘든 육신이 쉼을 얻은 그곳에서 본 파란 바다는 계속하여 뭍으로 물결치고 있었다. 그 몸은 그곳에서 부활을 기다릴 것이다.

다음 차례는 나였다. 내가 그 병상에 올라야 했다. 그러나 매케이 씨가 올라 6주 동안 아팠고, 치료는 오직 변화와 쉼뿐이었다. 그래서 하디 박사는 그와 함께 나가사키까지 동행하였다. 그러나 빅토리아로 돌아가는 것이 그에게 최선이다.

퍼셋과 멘지스 그리고 나는 하디 박사 집에 머물고 있다. 매우 편안하다. 길 앞으로 흐르는 작은 시냇물은 논을 지나오지 않았다면 매우 깨끗했을 것이다. 논은 위생적이지 않은 곳이다. 소와 사람이 함께 일을 하는데 소보다는 사람이 더 많은 일을 한다…. 그 물이 마을마다 흘러들고 그 물을 사람들이 마시니 건강하지 못하다….

매케이 씨가 건강과 힘을 속히 회복하여 다시 이 땅으로 돌아오기를 희망한다. 그래서 이곳의 이방인들 사이에 오랫동안 일을 할 수 있기를 바란다. "추수할 것은 많되 일꾼이 적으니." 선교 현장에 서면, 이 말씀이 더 절실하게 다가온다. 몇 안 되는 일꾼이 넓고 광활한 희어진 밭에 서 있다. 주님께서 더 많은 일꾼을 보내주시고, 이미 있는 일꾼에게는 힘을 주시기를 기도한다. 우리를 위해 기도하기를 멈추지 말아달라. 그러지 않을 것을 나는 안다.

1892년 4월 19일
진 페리
('더 메신저', 1892년 8월 1일, 265)

10. 퍼셋의 결혼

10월 11일 우리의 선교사가 부산의 퍼셋 양과 나가사키에서 결혼하였다는 선언은 반가운 소식이다. 우리와 함께 청년친교연합회의 회원들은 매케이 부부에게 마음속의 축하를 보낸다. 빅토리아여선교연합회는 자신들의 헌신적인 여선교사를 잃게 되었지만, 우리에게는 우리를 대표하는 한국의 선교사가 힘을 얻게 되어 축하할 일이다.

한국에 우리의 선교사를 보강하는 안을 이제 심각하게 받아들이고 있다. 현재 또 다른 목사를 보내기는 어렵지만, 일본인이나 한국인 평신도 일꾼을 임명할 수 있다. 이 안이 현재 연합회 앞에 있으며, 회원들의 지원 약속이 이 제안의 성패를 결정할 수 있다.

청년친교연합회

('더 메신저', 1893년 1월 1일, 19)

11. 기근의 공포

우리는 모두 잘 있다. 진정으로 기도하기는 이곳의 사랑하는 사람들이 우리를 가장 필요로 할 때 부산을 강제로 떠나지 않기를 바란다. 기근의 공포가 우리를 위협하는 것 같다. 6월 초부터 아직 비가 내리지 않고 있다. 쌀 농사는 실패작이다. 쌀 한 가마니에 2달러로 지난달보다 비싸다. 1달러에 700 cash였는데 지금은 400이다.

겨울이 다가오고 있는바 그 의미는 많은 사람에게 배고픔과 죽음이다. 여러분께 한 가지 제안을 하자면 지난 성탄절처럼 선물 상자를 보내기보다 그에 상응하는 돈을 보내면 좋겠다. 예를 들어 각 회원이 1페니씩을 지원하면 이 어두운 시절에 우리에게 큰 도움과 힘이 될 것이다.

고향에도 여러분이 돌볼 사람이 많다는 것을 안다. 그러나 이곳 사람들을 위한 작은 도움이 그곳에 큰 영향을 미칠까? 하나님을 위하여 여러분이 행동한다면 큰 축복을 받을 것이다.

8월 26일

멘지스

('더 메신저', 1894년 11월 1일, 422)

12. 모친이 편지를 읽다

4월 8일 월요일 오후 3시 빅토리아여선교연합회 월례기도회가 콜린 가 총회 회관에서 열렸다. 로버트 하퍼 부인이 사회를 보았고, 회원들의 출석률이 높았다. 발라렛의 멘지스 부인이 자신의 딸에게서 온 편지를 읽었다. 그녀는 한국에 있는 우리 연합회의 선교사 중 한 명이다. 선교 활동의 진보와 일꾼이 더 필요하다는 내용이었다.

...

부산에서의 생활 비용이 증가한 결과로 위원회는 현재 현장에 있는 일꾼들의 봉급을 인상하기로 결정하였다. 부산에 임명된 브라운 양은 발라렛 노회에 속한 연합회 지부가 지원하기로 하였다. 보고서는 한국에서의 선교를 희망적으로 말하고 있다.

('더 메신저', 1895년 5월 1일, 161-162)

13. 페리의 사직

페리는 직선적이고 열정적인 성격을 지녔던 인물로 보인다. 그녀는 한국어를 빠르게 익혔고, 선교회를 설립하는데 지도력을 보여주었으며, 부산진에 새로운 여선교사관 건축을 감독했다. 그녀는 고아원을 설립하는데 추진력을 가지고 일한 것으로 보인다. 부산진에서 최초의 기독교인 개종자들에게 세례를 주기 위해 미국선교회의 윌리엄 베어드 목사를 초대한 것도 페리였다.

한편 빅토리아여선교회연합회 실행위원회는 1895년 9월 1일에 갑작스럽게 페리의 편지(7월 1일 자)를 받았다. 그 편지의 내용은 "우리 교회의 특정 교리들에 대한 그녀의 신념 변화로 인해 한국에서 페리가 선교사직을 사임한다"는 것이었다. 여선교연합회는 불복종과 불성실을 이유로 그녀의 사임을 수용하지 않고 임직 자체를 종료시켰다.

그러나 페리는 1896년 독립적으로 한국으로 돌아와서, 한 영국 여성과 협력하여 자발적인 헌금으로 운영되는 빈민 어린이를 위한 시설을 서울에 설립하였다.

(변조은 저, 정병준 역, 『은혜의 증인들』, 한장사, 2009, 56-57)

*진 페리는 이후 한국에 관한 수 권의 책을 남겼는바 『Chilgoopie The Glad』(1905), 『Man in Gray』(1906), 『Uncle Mac-The Missionary』(1906) 등이 있다. - 역자 주

14. 한 마을의 사랑

여성 두 명과 나는 부산 인근의 마을을 순회하였다. 한 작은 방에 16명의 여성이 모여 주님에 관한 이야기를 진지하게 들었다. 이야기 후에 그들은 누구를 보내 자신들을 더 가르쳐 달라고 나에게 부탁하였다. 밭은 희었는데 추수할 일꾼이 적다.

이곳에 다시 돌아온 후 즐거운 일이 있었다. 그 마을의 지도자들이 하인 한 명을 대동하고 나를 방문한 것이다. 큰 나무 그릇에 감과 달걀을 가지고 왔다. 편지도 주었는데 자신들의 마을을 또 방문해 달라는 것이었다. 이들의 환영은 매우 감동적이다. 나는 그 기회를 놓치지 않고 그들에게 기독교인이 되기를 열망한다고 하였다. 주님을 더 배워 알고 사랑하기 바란다고 말하였다. 한국의 예법대로 나는 오후에 그들을 초청하여 차와 케이크를 공궤하였다.

우리의 아이들은 새 찬송가를 두 곡 더 배웠다. 'Simply trusting everyday'와 'There is a fountain'이다. 이들은 마음을 다해 찬송을 부른다. 젊은 여성 몇 명은 읽기를 배우기 원하여 그들을 위해 하루 저녁 더 일하고 있다. 여성들 스스로 복음서를 읽을 수 있으면 우리가 성경 과목을 더 쉽게 가르칠 수 있다.

3월 8일
멘지스와 브라운
('더 메신저', 1898년 5월 1일, 169)

15. 가정예배의 모범

은혜가 넘친다. 많은 회심자가 점차로 성장하고 있다. 그들 중 두 명은 장날마다 나가 복음서를 팔며 전도하고 있다. 어떤 가정들은 아침저녁으로 가정예배를 드리고 있다. 많은 가정이 이들처럼 되기를 하나님이 그날을 앞당겨 주시기를 기도한다!

우리는 '초읍'마을을 염려하고 있다. 그곳 여성들을 위하여 교사 한 명을 임명하거나 아니면 최소한 주일예배를 인도할 수 있기를 바란다. 장마철에는 먼 거리를 걸어 이곳까지 오기가 힘들기 때문이다….

이번 여름에 말라리아가 유행하고 있다. 그러나 우리와 아이들은 모두 잘 있다.

멘지스

('더 메신저', 1898년 10월 1일, 357)

16. 매서인 이 서방

새해의 사랑스러운 인사를 여러분에게 전한다. 작년이 너무 빠르게 지났지만, 우리에게 주님을 보내신 하나님의 놀라운 사랑으로 감사함이 넘친다. 우리의 한국인 교인들은 우리의 큰 도움 없이 자신들의 매서인을 지원하고 있다. 대영성서공회가 이 서방에게 책을 제공하고 있다. 그가 옆 마을을 방문한 후 주일에 세 명의 여성이 새로 나왔고, 그의 진실한 전도로 앞으로도 축복 된 결과가 있기를 기대한다.

어린이들도 모두 잘 있고 열심히 공부하고 있다. 홍아는 마침내 스스로 글을 읽을 수 있게 되었다. 그녀는 이제 종희에게 한글을 가르치는데 여러분이 그 모습을 볼 수 있으면 좋겠다. 봉순이와 기미를 지원하는 회원들에게 특별히 편지를 쓰며, 이들이 만든 수예품을 보낸다.

나는 매주 수요일마다 초읍에 간다. 그곳에 소녀와 소년들의 읽기를 위한 반이 있다. 이들은 성경에 관심이 많고 진보도 있다. 그러나 이들이 부르려는 찬송 소리는 뭐라고 설명할 수 없다. 그런데도 우리는 희망을 버리지 않는바, 성탄절 아침에 부산의 아이들이 부르는 '천사 찬송하기를'은 가장 아름답기 때문이다. 나이 있는 소년들은 그 찬송가의 힘을 느끼는 것 같아 감동된다. 우리는 매일 편지함을 본다. 우리를 기억해 주는 자상한 여러분이 참 고맙다.

('더 메신저', 1899년 4월 1일, 124)

17. 세 개의 깃발

우리는 행복한 성탄절을 보냈다. 한국의 명절은 항상 조상 제사와 관련이 되어있기에 한국인이 기독교인이 되면 그들에게 그날은 큰 의미가 없어진다. 그래서 우리는 전보다 성탄절을 더 크게 준비하여 그들에게 즐거운 날이 되게 하였다. 세 개의 깃발이 선교관에 나부끼게 하였다. 영국, 한국, 그리고 여기에서 상징적으로 사용하는 기독교 깃발이다. 정원의 아치문에 일본 등도 달아 선교관이 축제적인 분위기가 되게 하였다.

마침 이날 무어가 도착하여 남녀노소의 환영을 받아 성탄절의 기쁨은 더하였다. 오후 예배에 몇 미국선교사도 참여하였다. 3시에는 50여 명의 아이가 모여 '천사 찬송하기를 거룩하신 구주께' 찬송을 하였다. 로스 씨가 기도를 인도하였고, 또 하나의 찬송 후 그는 아이들에게 주님의 탄생에 관한 질문을 많이 하였다. 아이들의 똑똑한 대답은 우리를 놀라게 하였다. 한국인 교사 두 명의 기도로 예배를 마쳤다. 아이들은 떠날 때 그들이 좋아하는 것이 담겨있는 종이 봉지를 받아 돌아갔다.

저녁에는 초읍에서 교인들이 와 함께 예배를 드렸다. 공간이 한정되어 있어 성경반에 정기적으로 참석하는 사람만 예배당에 들어오게 하였다. 60명이 모두 앉도록 하는 것은 쉽지 않았다. 찬송과 기도 후에 로스 씨가 짧은 설교를 하였고, 그 후 다과를 나누었다. 교인들은 각자 자신의 방법으로 무어를 환영하였다. 그 후에는 젊은 여성들의 시간이었다. 미션 박스에 담긴 물건을 우리는 분류하여 이들에게 한 개씩 주는 기쁨이 있었다.

송구영신에는 한국인 30여 명 정도가 우리와 함께 예배를 드렸다. 매우 추운 밤이었지만 우리는 하나님께 감사할 것이 많다. 또한, 새해를 깨끗한 마음과 새 각오로 맞이할 수 있었다. 작년 한 해 우리에게 관대하였던 여러분을 생각한다. 그리고 1900년에 여러분 위원회와 모든 연합회 회원에 큰 축복이 함께 하기를 기도한다.

1월 17일, 부산.

('더 메신저', 1900년 4월 6일, 155)

18. 엥겔의 도착

어제 오래 기다렸던 날이 마침내 왔다. 엥겔 부부와 아이들이 도착한 것이다. 우리는 여러분들이 확신하는 대로 마음 깊이 이들을 환영하였다. 또한, 여러분이 보낸 많은 선물로 인하여 감동을 받았다. 그곳 도시와 시골에서 보낸 소포들로 인하여 우리는 여러 친구에게 감사하다. 시간이 날 때 각자에게 편지하도록 하겠다. 동시에 연합회의 모든 회원에게 성탄 안부와 사랑을 전한다.

('더 메신저', 1901년 1월 18일, 954)

19. 일본에서의 요양

일본에서 2달 동안 요양하고 다시 부산으로 돌아왔다. 돌아오는 바닷 길은 매우 거칠었다. 그러나 나는 이제 힘이 나고 나아진 것을 느낀다. 반에서 다시 가르치기 시작하였다. 고아원의 아이들은 모두 잘 있다.

우리 동네에 질병이 돌고 있다. 그래서 무어가 수고가 많다. 브라운이 고향에서 축복 된 일정을 보내기를 희망한다. 이곳에서 하는 일에 관심이 더 깊어진 것을 보고 기뻐할 수 있기를 바란다. 그래서 다시 이곳에 돌아와 신실하게 실행하던 사역을 계속할 수 있기를 바란다.

('더 메신저', 1901년 7월 26일, 500)

20. 1901년 성탄절

여러분이 나의 보고서를 기다리고 있을 것으로 생각한다. 1901년 성탄절이 지나갔고, 매우 즐거운 날이었다. 여러 친구의 친절함으로 우리는 풍성히 보낼 수 있었다.

우리는 먼저 예배를 드렸고, 그 후 엥겔이 우등생에게 상품을 주었다. 그리고 모든 교인이 종이봉투를 받았는데 그 속에는 과일, 케이크 그리고 사탕이 들어 있었다. 아픈 여성 한 명만 제외하고 초읍과 구서의 교인도 모두 참석하였다. 오후와 저녁에는 엥겔의 가족과 함께하였다. 이렇게 즐거운 성탄절을 보냈다.

관절염으로 다리를 저는 한 여성은 10년을 집에서 나오지 않았는데 초읍에서부터 가마에 태워 데리고 왔다. 그녀에게는 큰 대접이었다. 주일에 그녀는 우리 교인의 집에 머물렀다. 오후에 그 집 여성이 그녀를 업어 엥겔 부인의 집 식당으로 데리고 왔다. 그녀는 벽에 걸려있던 거울을 보더니 다음과 같이 말하였다.

"나와 비슷하게 생긴 여인이 업혀 들어오는 것을 보게 될 줄이야." 나는 크게 웃으며 말하였다. "그 여인이 바로 당신입니다." 그녀는 처음으로 자신의 모습을 거울을 통하여 자세히 보았다. 그 후 그녀는 우리 집에도 와 함께 차를 마셨다. 무어가 오르간을 치며 몇 학생과 찬송을 불렀다. 그녀는 눈에 눈물을 보이며 말하였다. "오. 이곳이 마치 천국 같습니다." 저녁에 그녀는 고아원으로 가 학생들과 함께 저녁 식사를 하였다.

월요일 그녀는 다시 자신의 집으로 갔다. 이곳에서의 시간 시간을 그녀는 매우 즐겼다. 그녀는 예수를 믿는다고 하지만 공개적으로 감히 고백하지는 못하고 있다. 그녀의 가족이 몹시 반대하기 때문이다. 그러나 초읍에 갈 때마다 우리는 그녀를 방문한다. 때로 그녀의 삼촌이 우리를 쫓아내지만 말이다.

지난주일 나는 초읍에 갔다. 온화한 날이었다. 가는 길은 즐거웠고 은혜로운 예배도 드렸다. 저녁 시간에 나는 그녀와 다른 환자를 방문하였다. 돌아오는 길에 엥겔 부부와 세 명의 아이들을 만났고, 아이들이 나를 집까지 호위하였다.

몇 년 전 우리가 락수와 덕수에게 준 인형을 태워버린 할머니를 기억하는가. 덕수는 수년 동안 아프다. 매주 두 번씩 매물이가 그녀에게 읽기와 성경 그리고 찬송을 가르치고 있다. 무어와 나도 그녀를 방문하였는데 그녀는 예수를 믿는다고 하며 찬송을 즐겨 불렀다. 그녀는 무어에게 인형과 그림책을 또 달라고 하며 할머니가 못 보도록 감추겠다고 하였다. 무어는 그녀에게 인형 한 개와 그림을 두어 장 주었다.

락수는 그 그림을 벽에 붙였는데 할머니가 그것을 보자마자 뜯어냈다. "우리 집에 이런 서양 귀신 붙이지 마." 그녀는 화를 내며 말하였다. 그녀는 자신에게 무엇이 필요한지도 모르고 무지하였다. 덕수는 방에서 추위에 떨며 누워있었다.

지난주 매물이가 덕수를 보러 방문하였다. 락수는 그녀가 며칠 전 죽고 장사 되었다고 전하였다. 그녀가 그 인형과 그림을 좋아하여 함께 묻었다는 것이다. 매물이는 우리에게 돌아와 그 이야기를 하며 아프게 울었다. 덕수가 죽기 전에 꿈속에서 락수를 천당에서 만났다고 하였다. 불쌍한 자매, 이들은 꿈을 많이 믿는다. 비록 그녀의 믿음은 약하였지만 선한 목자께서 그 품에 안아주셨을 것이라고 우리는 믿는다.

여러분은 자신의 모친 집에서 기도회를 열었던 성우를 기억할 것이다. 불행하게 그는 나병과 다른 질병에 전염되었다. 이것이 만약 주님의 뜻이라면 그도 본향으로 돌아갈 것이다. 그는 작년에 세례를 받았다.

엥겔 씨가 여학생들의 사진을 찍었다. 예전과는 다른 모습을 여러분이 보았으면 좋겠다. 현재 모두 건강하고 잘하고 있다. 엥겔 가족도 잘 있다. 아이들이 빨리 크고 있다. 맥스는 매력적인 아이이다.

('더 메신저', 1902년 4월 11일, 189)

21. 매물이와의 심방

지난번 편지를 쓴 이후 엥겔은 울산을 두 번 방문하였고, 그 결과를 여러분에게 보고하였다. 그곳에서의 선교 활동이 성장하고 있다는 소식에 여러분은 기쁠 것이다. 더 멀리 복음이 전해지기를 우리는 진심으로 기도한다. 지난 3월 보고서에 한 할머니에 대하여 언급하였다. 이번 주 주님이 그녀를 불러가셨다. 그녀의 모든 슬픔과 고생이 이제 끝나게 되어 우리는 기뻐한다.

올해 봄에는 비가 많이 온다. 지난 화요일 오후 매물이와 나는 여러 핑계로 출석을 게을리하는 몇 명의 낮 반 학생을 심방하였다. 그중 세 명이 병중에 있었는데 약도 없이 그냥 앓고 있었다. 우리는 모두 13가정을 방문하였고, 어떤 집에서는 전도할 기회도 있었다. 학생의 모친에게 교회에 나오도록 권유하였다.

한 집에는 등이 몹시 굽은 모친이 있었다. 그녀는 남편이 없을 때 학교 행사에 항상 참석하는 여성이었다. 나는 그녀에게 물었다. “주일에 교회에 왜 안 나오시나요?” 그녀가 대답하였다. “갈 수가 없습니다. 남편이 핍박합니다.” 바로 옆집은 얼마 전 시골에서 이사를 왔다. 그녀는 전에 외국인 여성을 본 적이 없었다. 그녀의 질문이 내가 이곳에 처음 온 때를 회상하게 하였다. 내가 그녀에게 나는 결혼을 안 하였다고 하니 그녀의 얼굴은 놀라움을 넘어 충격적인 모습이었다. 그녀는 서울에 사는 자신의 오빠는 기독교인이라 하며 교회에 나가라고 편지를 보냈다고 하였다.

“그렇다면 교회에 나와 기독교 진리에 대해 들어보세요. 당신과 오빠는 영원하고 행복한 길을 함께 할 수 있습니다.” 그녀는 그렇게 하겠다고 대답하였다. 그러나 이곳의 많은 사람은 대답만 하고 오지는 않는다. 어떻게 될지 기다려 보자.

외부에서 오는 학생 세 명은 이번 주부터 성경을 천천히 읽기 시작하였다. 이들의 마음이 깨어나기를 바란다. 그리고 자신의 집에서 전도하기를 기도한다. 두 명은 불신자 가정에서 오는데 부모가 전혀 신앙에 관심이 없다. 다른 한 명은 기독교 가정의 아이이다. 최근 나는 마을 세 곳에서 초청을 받았다. 와서 가르쳐 달라는 것이다. 지금은 이곳을 떠날 수 없지만 언젠가 그곳에서 가르칠 기회가 있기를 바란다.

나는 커를 박사 부부를 벌써 만나기 바랐지만, 항해로 인한 멀미와 세관 통과를 위하여 그들은 아직 나가사키에 있다. 이번 주말이나 이곳에 도착할 것이다. 이곳 학생들은 모두 잘 있다. 화요일 저녁에 34명의 소녀가 모였다. 많은 학생이 새로 왔다. 이 아이들이 계속 나올 뿐만 아니라 그 수가 증가하기를 기도해 달라.

최근에 초읍에 가지 못하였다. 그러나 장날에 오는 몇 명의 여인을 만나고 있다. 브라운 부인이 곧 돌아온다는 소식에 이들은 기뻐하였다. 여러분이 기도해 주어 나는 건강을 회복하고 있다. 엥겔 가족도 잘 있다. 그 집 아이들이 종종 우리 집에 놀러 온다. 이 아이들과 노는 것은 항상 재미있다.

('더 메신저', 1902년 8월 8일, 534)

22. 창궐하는 콜레라

현재 치명적인 콜레라가 창궐하고 있는 슬픈 상황이다. 길가에서 죽어 있는 사람들은 매장도 없이 언덕 뒤에 던져지고 있다. 우리는 두 명의 남학생을 잃었다. 그중 한 명은 9살인데 우리는 그 아이를 더 어릴 때부터 알아왔다. 성경도 잘 읽고 암송도 잘하던 나의 학생이었다.

주일 저녁 그 아이는 기도하러 왔다가 예배당에서 잤다. 아침 7시부터 아프기 시작하여 4시 반경에 사망하였고, 7시에 장사되었다. 우리는 석탄으로 무장하고 사람들이 많이 묻혀있는 언덕 위로 올라갔다. 얼마 안 있어 그 아이의 부친이 작은 시신을 안고 올라왔다. 모친과 친척도 함께 있었다. 먼저 그 아이를 묻고 우리는 성경을 읽고 찬송을 불렀다. 그리고 산에서 내려왔다. 그 아이가 더는 우리와 함께 없다는 사실이 믿기지를 않았다. 그 가정에서 부친만 교회에 안 나온다. 그가 이번 시험으로 교회에 나오게 되기를 기도해 달라. 그리스도의 도움이나 위로 없이 죽은 자를 위해 우는 소리는 끔찍하다.

('더 메신저', 1902년 11월 28일, 862)

23. 호주로 돌아온 멘지스

이달 1일 여선교회 임원회는 멘지스를 따뜻하게 환영하였다. 그녀는 현재 발라렛의 가족을 만나고 있고, 그곳에서 몇 달을 쉬어야 할 것이다. 그녀의 건강이 완전히 회복될 때까지 어떤 보고회나 모임에도 참석하지 않을 것이다.

멘지스는 임원회에서 한국선교의 밝은 전망에 대하여 간단히 언급하였다. 그리고 엥겔의 가치 있고 우애 있는 지원은 항상 도움이 된다고 하였다. 그는 지혜롭고 계획적으로 선교 활동의 방향과 확장에 도움을 주고 있다. 무어는 대영성서공회에서 지원하는 전도부인으로 인하여 힘을 얻었고, 브라운은 건강이 회복되어 자신의 사역에 다시 매진하고 있다.

멘지스가 떠날 때 새 선교관 부지가 아직 확보되지 않았는데, 내년 2월에 다시 만날 때까지 '메신저'를 통하여 회원들에게 진행 상황을 알릴 것이다.

('더 메신저', 1902년 12월 12일, 902)

24. 순회 보고회 시작

멘지스의 한국 선교 보고회가 오는 6월 8일 오후 3시 정기 기도회 시간에 총회 회관에서 열린다. 보고 순회의 첫 시작인 이 모임에 우리 회원들이 모두 나와 그녀를 격려해 줄 것으로 믿는다. 이달 멘지스의 보고회 일정은 다음과 같다.

스코트교회 - 4일 3시 30분, 동멜버른의 케인스기념교회 - 15일 3시, 아마데일선교회 - 18일 3시, 프라한교회 - 20일 3시.

멘지스를 초청하기 원하는 교회나 선교회는 국내 총무에게 즉시 신청하기 바란다. 주소: 12 Hawthorn Grove, Hawthorn. 보고회 모임은 그녀의 건강 상태에 따라 조정될 것임을 양해 바란다. 하나님이 그녀를 사용하여 선교에 관한 관심을 높이도록 회원들은 기도를 해 주시겠는가?

('더 메신저', 1903년 6월 5일, 365)

25. 스코트교회 보고회

공휴일에 날씨도 좋지 않았지만, 이달 8일 스코트교회에 많은 사람이 모였다. 한국선교사였던 제임스 매케이 목사가 사회를 보았고, 멘지스를 한국 선교를 위한 '하나님의 선한 선물'로 소개하였다. 그는 우리가 그녀로 인하여 감사함을 알기 원한다고 하였고, 마지막 날에서야 멘지스의 인내하고 사랑하는 선교 활동의 결과를 알 수 있을 것이라 하였다.

멘지스는 가장 격려되고 힘을 주는 보고를 하였다. 그녀는 복음으로 인하여 변화되고 '새사람'이 된 한국인 두 사람(그중 한 명은 장금이)을 소개하였다. 선교 활동의 긍정적인 부분은 한국 기독교인 스스로 선교의 영역을 넓히고 있다는 사실이다. 선교가 확장되고 있고 새 신자에게 '예수 신학'을 가르칠 수 있는 선교사가 더 필요하다고 강조하였다. 그러나 선교를 확장할 수 있는 충분한 기금이 우리에게는 아직 없다. 그녀는 우리에게 앞으로 나아갈 수 있도록 기도와 재정후원을 요청하면서 보고회를 마치었다.

회원들은 멘지스를 보좌 앞에서 기억해 주기를 바라며 다음과 같은 보고회 일정이 더 추가되었다. 팍빌교회 - 13일 3시, 동 샌 킬다교회 - 24일 8시, 에센돈교회 - 25일 3시.

('더 메신저', 1903년 6월 12일, 393)

26. 아홉 명의 고아원 소녀들

이달 16일 오번에서 보고회가 열렸다. 이 모임에 박스힐, 캔터베리, 서리힐스, 캠버웰, 큐, 호손에서도 친구들이 함께 참석하였다. 퍼거스 목사가 사회를 보았다. 멘지스의 보고회는 많은 교인이 선한 일을 하시는 하나님께 감사하게 하였다.

그녀는 특별히 고아원의 아이들에 관한 이야기를 많이 하였는바, 지난 5년 동안 그녀가 그들을 돌보아 왔다. 9명의 소녀는 모두 세례를 받았고, 그중 6명은 성찬식에 참여하고 있다. 또한, 몇 소녀는 그 지역 면려회의 첫 회원이기도 하다. 이들은 다른 아이들을 전도하여 그리스도께 데려오기도 한다. 오번의 선교회는 첫 모임을 성공적으로 마쳐 축하한다. 강당은 아름답게 장식되었고, 오후 다과회도 제공되었다.

('더 메신저', 1903년 7월 24일, 515)

27. 발라렛의 환영

비우포트선교회의 서기는 다음과 같은 보고를 하였다. 우리 모두는 멘지스의 방문을 매우 즐겼다. 그녀의 보고회를 통하여 선교 활동에 관한 관심이 더 커졌을 것을 확신한다. 금요일 오후 여선교연합회 회원과 친구들이 학교 강당에 모여 멘지스를 환영하였다. 발라렛의 멘지스 여사(벨레 멘지스의 모친)가 개회를 하였고, 멘지스는 회원들의 질문에 답하는 형식으로 모임을 진행하였다. 매우 유쾌하고 흥미로운 대화식의 모임이었다. 다과회 시간에는 흥미로운 정보가 공유되기도 하였다. 다과회 후에 멘지스는 '예수 사랑하심을'을 한국어로 불렀다. 네 명의 새 회원이 들어오기도 하였다.

교회의 공식적인 모임은 저녁에 열렸다. 많은 교인이 참석하였다. 바버 목사가 사회를 보며 그녀를 소개하였다. 멘지스는 처음부터 지금까지의 한국 선교 활동을 훌륭하게 보고를 하였다. 그녀가 가지고 온 한복을 두 명의 여성이 입어 보였고, 다른 공예품도 교인들의 주의를 끌었다. 참석자들은 그녀에게 감사를 표하였고, 한국선교 기금을 위한 헌금을 하였다.

('더 메신저', 1903년 10월 2일, 710)

28. 고별사와 답사

이달 26일 멘지스를 환송하기 위하여 많은 교인이 총회 회관에 모였다. 그녀는 휴가 중에(전쟁으로 인하여 거의 2년의 기간이었다) 많은 교회를 방문하며 사랑을 받았다. 환송식에 하나님의 함께하심과 축복을 깊이 느끼면서 '평화, 완전한 평화' 찬송을 부르며 예배를 시작하였다. 그리고 하디 목사가 기도를 인도하였다.

사회자 로란드 여사는 여선교연합회 회장이 병으로 인하여 예배에 참석하지 못함을 애도하였고, 세일과 깁스본에서 온 전보를 낭독하였다. 그 후 교인들은 차를 마시며 교제하며 멘지스에게 작별을 인사하는 기회를 가졌다. 프라한의 베글리 양이 특송 '영혼의 안식처'를 불렀고, 선교 시작부터 멘지스와 가깝게 협력한 해외선교 총무 앤더슨이 고별사를 하였다.

앤더슨 여사는 멘지스가 한국에 간지 벌써 13년이 되었고, 현재 그녀만이 그곳에 남아있다고 하였다. 그녀는 해외선교위원회와 여선교연합회 모두를 대신하여 휴가 동안 선교의 관심을 불러일으킨 많은 일과 한국 복귀에 축복을 빌었다. 그녀는 말하기를 멘지스는 전체 교회의 확신과 연합회의 사랑과 자부심 속에 떠난다고 하였다. 앤더슨은 '여호와는 네게 복을 주시고 너를 지키시기를 원하며 여호와는 그 얼굴로 네게 비취사 은혜 베푸시기를 원하며 여호와는 그 얼굴을 네게로 향하여 드사 평강 주시기를 원하노라 할찌니라'라는 신명기 말씀으로 축복하고 고별사를 마쳤다.

멘지스가 답사를 하였다.

"앤더슨 여사의 친절한 고별사를 잘 들었습니다. 하나님은 저에게 많은 축복을 주셨지만 제가 그 축복을 받을 자격이 있는지 모르겠습니다. 하나님이 길을 계속 열어두셔서 제가 그곳으로 돌아가는 것뿐입니다. 그가 틀림없이 문을 열어주셨고, 저는 가야만 합니다.

모든 지부 회원들의 사랑에 진심으로 감사합니다. 여러분의 실제적인 사랑으로 한국에 있는 우리의 집이 더 예뻐지고 밝아질 것입니다. 그러나 이곳에서 여러분이 기도해 주지 않으면 나의 선교 활동은 쓸모없을 것입니다. 여러분의 깊은 관심이 계속되기를 바랍니다.

저의 답사를 마치기 전 호소할 것이 있습니다. 더 많은 선교사가 한국에 오기를 바랍니다. 25만 명 인구에 선교사가 9명뿐입니다. 하나님이 더 많은 여성을 불러 세워 우리와 함께 일하도록 꼭 기도해 주십시오."

그 후 말번의 톰슨 여사가 멘지스를 위하여 중보기도를 하였고, 로란드 여사가 축도하였다. 그리고 30분 후에 여선교연합회 임원들과 로란드 목사, 모친, 자매들, 그리고 친구들이 스펜서 가의 역에 모여 환송하였다. 슬펐으나 기뻤다! 헤어져서 슬프지만, 그녀를 꼭 필요로 하는 곳에 그녀가 갈 수 있어 기뻤다. 회원들이 보낸 이별 편지도 기차 위로 올려졌다. 그리고 그녀를 태운 기차는 사랑하는 사람들을 뒤로하고 시드니로 출발하였다.

('더 메신저', 1904년 9월 30일, 718)

29. 다시 부산진에서

1904년 11월 14일 나는 한국에 도착하였다. 스펜서가 역에서 여러분을 떠난 지 꼭 7주 만이다. 여러분의 기도로 잘 항해하여 나의 사랑하는 선교지에 다시 돌아왔다. 한국인과 유럽인의 환영이 나를 기다리고 있었다.

상해의 그레함 양 집에서 하룻밤을 묵고 고베로 갔다. 그곳에서 나는 9일을 머물며 배를 기다렸는데, 일본에 와 있던 무어가 고베로 와 함께 배를 타고 바다를 건너 부산에 도착하였다. 커를 부부와 브라운이 아이들을 데리고 나와 나를 맞았다. 그리고 의사의 집에서 아침을 먹었다. 일본인 일꾼들에게 폭행당한 엥겔은 천천히 회복 중이었다. 생명에는 지장이 없어 우리는 얼마나 감사한지 모른다. 그는 나를 만나러 나오지 못하였지만, 환영의 편지를 보냈다.

아침 식사 후, 우리는 부산을 둘러보았는데 많은 것이 변화하였다. 우리는 우리의 거주지까지 왔다. 엥겔 가족과 시간을 보낸 후, 고아원의 아이들을 만났다. 그리고 오후에 짐을 풀었다. 여러분들의 관대한 선물에 우리는 모두 감사하다. 새집은 매우 편안하지만, 50파운드만 더 쓰면 좀 더 튼튼하고 오래가는 장식을 쓸 수 있을 것이다. 여러분이 보낸 편지가 짐에서 좀 없어진 것 같다.

20일 순남이의 결혼식이 있었다. 그녀는 다리월의 호프 양이 후원하는 아이이다. 법이는 12월경에 결혼할 것이다. 다음 주 나는 무어와 함께 울산을 방문할 것이다. 좋은 결과가 있기를 희망한다. 이곳에 오랜만에 다시 오니 초가집이 낯설어 보인다. 많은 사람이 하와이로 떠났다. 교회에도 영향이 있지만 그만큼 더 열심히 전도해야 할 것이다. 지나가는 기차 경적에 다시 집에 왔다는 느낌이지만, 모든 것이 발전하고 있다.

1905년 새해를 맞는 여러분에게 우리는 마음을 모아 안부를 전한다. 기도 속에 우리와 우리의 사역을 기억해 달라.

('더 메신저', 1905년 1월 20일, 1022)

30. 부인은 우리 사람입니다

성탄절이 조용히 지나갔다. 주일에 우리는 연합예배를 드렸고, 교회당은 꽉 찼다. 월요일에는 간단한 예배 후 미션 박스에서 나온 물건들을 여성과 소녀들에게 선물로 주었다. 여성들에게는 옷감, 소녀들에게는 인형 그리고 우수한 교인들에게는 상품을 주었다. 저녁에는 남성과 소년들이 모여 찬송을 불렀다. 우리는 그들 중 믿지 않는 자에게 전도할 기회가 있었다.

다음 날, 브라운은 대구로 나는 밀양으로 떠났다. 미국선교사가 인도하는 성경반을 돕기 위해서였다. 성경반은 8일 동안 계속되었는데, 어떤 여성은 30~40마일을 걸어와 참석하였다. 부산에 있는 미국선교사가 감사의 편지를 나에게 보냈다. 그 후 나는 독감에 걸려 몸 상태가 좋지 않다.

무어는 내덕의 친구 두 명을 불러 성탄절을 함께 보냈다. 그들은 떠나기 전 그녀에게 그곳에 꼭 오라고 당부하였다. 그녀는 여름 전에 고향에 갈지도 모른다고 하였다. "우리는 어떻게 하고요. 부인은 우리 사람입니다. 부인이 외국인으로 우리에게 처음 가르쳐 준 분입니다."

우리의 회원들은 이들의 울음소리가 들리는가. 기도하며 필요한 재정을 모금하여 새 일꾼들을 신속하게 보내주지 않으려는가.

('더 메신저', 1905년 3월 10일, 138)

31. 40여 명의 여학생

지난 2월에 나는 근처의 마을을 방문하였다. 그리고 지난달 학교 일을 다시 책임 맡았다. 브라운은 이제 순회 전도를 다시 시작할 수 있다. 우리 학교에는 이제 고아원의 아이들 이외에 40~43명의 소녀가 출석하고 있다. 교실이 부족하다. 고아원에서 공부를 하고 있다. 교실이 매우 비좁아 위생상에도 안 좋다. 낮 반과 야간 반을 위한 교실을 시급히 확보하기 원한다.

학생 중 많은 소녀가 안 믿는 가정에서 온다. 이들을 어릴 때부터 보호하고 가르칠 수 있어 매우 즐겁다. 이들은 읽는 것을 잘 배우고 있다. 이 선교활동이 중요한 것이라면 우리는 독립된 학교 교실이 필요하다.

('더 메신저', 1905년 6월 16일, 418)

32. 고아원 아이들 소식

올해 여름은 매우 이상하였다. 비가 많이 왔고 태풍도 세 번 불어 닥쳤다. 그러나 우리 재산의 피해는 작년보다 더 크지는 않았다. 엥겔 부부는 서울의 공회에 참석차 이번 주 떠난다. 심 석사도 같이 간다. 지난번 그가 공부를 마치고 돌아와 설교하였는데 듣기에 좋았다. 어서 나머지 공부도 모두 마치어 그를 기다리고 있는 목회지로 가기를 희망한다.

대구의 친구가 지원하는 작은 덕복이가 잠시 앓은 후 어제 죽었다. 그녀는 친구와 교사들에게 사랑을 받던 사랑스러운 아이였다. 심복이는 다음 달 결혼할 것이고, 세기도 그 후에 결혼할 것이다. 홍이는 매크레 양에게 편지를 받고 매우 자랑스럽게 생각한다. 이들의 사진을 곧 후원자들에게 보내도록 하겠다.

우리는 페이튼 박사와 그의 아들에게 깊은 슬픔을 느끼며, 이 곳에서 그들을 위하여 기도를 드린다. 페이튼 여사를 기념하여 새 고아원을 짓는다면 훌륭한 일이 아닌가?

오늘은 이곳에 조상 제사를 하는 날이다. 많은 소녀가 옷을 잘 차려입고 구경 다니고 있다. 하퍼 여사가 다시 회장 일을 시작하게 되어 우리는 매우 기쁘다.

('더 메신저', 1905년 11월 17일, 850)

33. 예배당 확장 계획

우리의 연례보고서를 보면 지난 한 해 동안 시험과 슬픔이 있었지만 격려되는 일도 많았다. 하나님의 넘치는 축복을 위하여 우리는 기도한다. 우리 예배당이 너무 작아 확장할 것을 고려하고 있다. 이루어지기를 바란다. 지난 주일 몇 명의 젊은 남성들은 밖에 서서 예배를 보았다. 한 주일에 특별 헌금이 있을 것 같다. 우리의 교인들이 최선을 다할 것을 믿는다. 우리 교회 교인 대부분은 가난하다.

('더 메신저', 1906년 10월 5일, 604)

34. 엥겔 가족과 아담슨 부인 송별

지난 10월 18일 엥겔과 그의 세 아들이 부산을 떠났다. 그 전날 온종일 작별의 시간이 있었다. 13마일이나 걸어온 한 교인은 계속 울었다. 남학생들은 멋진 분홍빛 코트를 입고 모여 '우리 다시 만날 때까지' 찬송을 불렀다. 선교사와 교사 그리고 교인들도 그 자리에 함께하였다. 어떤 이들은 1마일 반까지 배웅 나갔다. 작은 맥스의 보모도 맥스 옆에서 흐느끼며 울었다. 주일에 우리의 선교사를 잃은 느낌이 크게 다가왔다.

토요일에 우리는 초량으로 가 아담슨 부인에게 작별을 고하였다. 그녀는 매우 아프다. 항해를 잘 견디고 신속히 건강을 회복하기 바란다. 1906년은 이곳의 선교사들에게 사건이 많았던 해이다.

('더 메신저', 1906년 11월 30일, 749)

*이후부터 1936년까지의 멘지스 편지와 보고서는 『조선의 어둠을 밝힌 첫 호주인 여선교사 벨레 멘지스』(2022)를 보라.

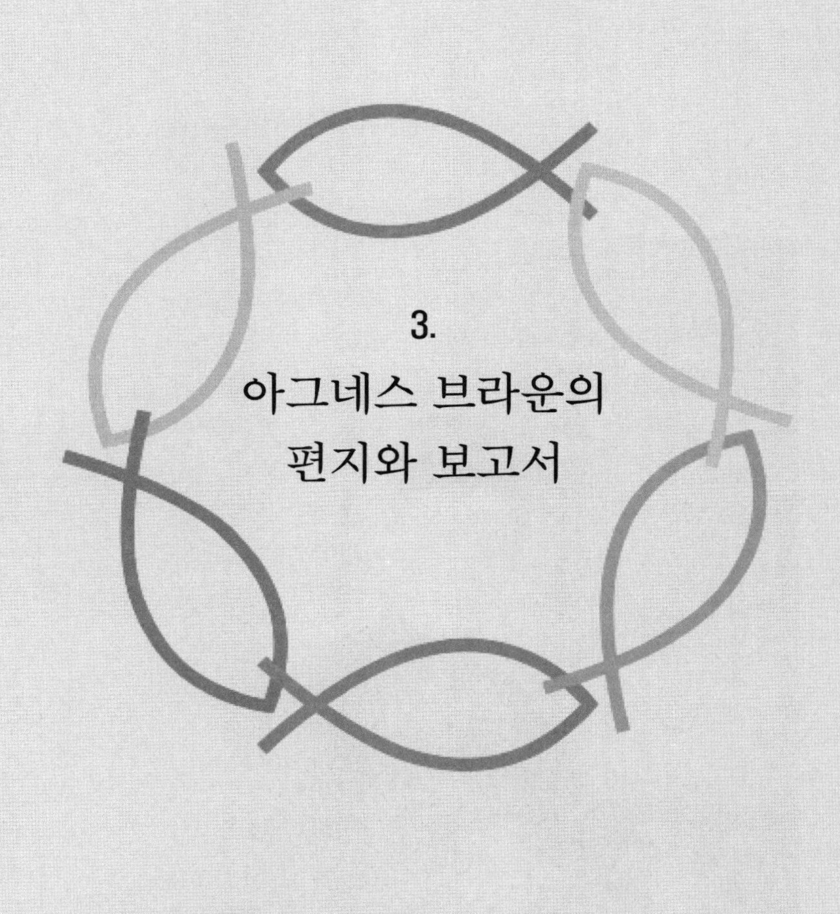

3.
아그네스 브라운의 편지와 보고서

아그네스 브라운Agnes Brown(Photo-부산진교회, 1895)

아그네스 브라운 Agnes Brown
(Photo-'더 크로니클', 1907)

아그네스 엥겔 Agnes Engel (PCV Archives, 1930s)

1. 한국의 새 선교사

10월 18일 금요일 저녁, 콜린가의 총회회관에서 평범하지 않은 모임이 열렸다. 이 예배의 특별한 목적은 아그네스 브라운 양을 장로교여성선교연합회의 한국 선교사로 안수하는 자리였다. 총회장이 인도하였고, 몇 명의 목사가 예배의 순서를 맡았다.

선교사역의 큰 중요성과 자신들을 대표하여 해외의 선교현장에 있는 선교사에 대한 교회의 책임에 관하여 스키네 목사가 연설하였다. 그리고 총회장이 브라운 양에게 권면하였는바 몇 가지 질문을 하였다. 그리고 헌금 후에 그녀는 자신의 각오를 말할 기회를 얻었다.

브라운 양은 선교를 위하여 선택된 큰 영광과 특권에 대하여 잘 정제된 언어로 말하였고, 특별히 고향 교회의 기도를 요청하였다.

그 후에 하디 목사가 헌신 기도를 인도하였고, 총회장은 교회의 이름으로 새 선교사와 악수를 하였다. 연이어 로빈슨 박사가 격려사를 하였고, 매케이 목사가 한국에서 진행된 선교 활동에 관하여 설명하였다. 동양에서의 소요에도 불구하고 선교사에게 크게 위험한 상황은 아니라고 특별히 언급하였다.

예배에 많은 교인이 참석하였고, 모든 순서마다 큰 관심을 모았다.

('The Presbyterian Monthly', 1895 11 1, 421)

2. 습관되는 귀

친애하는 친구 여러분,

편지를 쓰려고 펜을 드니 나의 마음은 하나님의 선하심에 대한 찬양으로 가득 찹니다. 이 땅에 온 지 얼마 안 되는 동안 베푸신 그분의 사랑과 은혜를 깨닫습니다.

나의 귀는 이제 이곳에서 온종일 들리는 이방 언어 소리에 습관 되어가고 있습니다. 매일 사람들이 우리 집을 방문하고 있는데, 이들과 함께 사는 장점 중의 하나입니다. 그리고 그중에 어린이들도 있는데 생기발랄하고 귀엽습니다.

방금 저녁 예배를 마쳤는데 그 아이들의 기도와 찬송 소리는 달콤합니다. 이 아이들이 어두움으로부터 구원받도록 이곳과 고향의 일꾼들이 하나님이 주시는 힘으로 함께 일한다고 생각하니 마음속에 기쁨이 차오릅니다. 고향의 여러분도 이들이 행복해하는 모습을 보면 우리가 이들에게 해주는 것보다 더 큰 보상을 느낍니다.

나는 페리의 전 교사 고 서방과 공부를 시작하였습니다. 만약 페리가 그를 지금 보면 알아볼 수 있을까 궁금합니다. 몇 주 전 왕이 내린 단발령으로 다른 사람과 마찬가지로 고 서방도 긴 머리를 잘랐고, 이제는 서양 옷을 입기 원하고 있습니다. 너무 작아 어울리지 않지만, 모자도 쓰고 있고, 반은 일본식 반은 한국식 옷도 입고 있습니다. 처음 보았던 고 서방이 아니라 다른 사람 같습니다.

단발령이 내려진 얼마 후에 길을 가다가 한국인 경찰 두 명을 만났습니다. 그들은 가위를 들고, 사람들의 머리카락을 짧게 자르고 있었습니다. 만약 저항하면 경찰서로 연행하여 구타한다고 합니다. 왕의 명에 순응하도록 하는 것입니다. 그것을 본 사람들은 얼른 일본인 이발사에 가 머리를 자르고 서양식 모자를 썼는데 그 모습이 좀 우스꽝스럽기도 하였습니다. 일본인들이 장사를 위하여 일본에서 들여온 모자입니다. 이것은 조상 제사에도 영향을 미치는데 긴 머리 없이 제사에 참여하지 못하기 때문입니다.

이곳의 정부 관료도 같은 치욕을 경험하였습니다. 그러나 서양식 복장은 아직 받아들이지 못하고 있습니다. 어느 날 아침, 고위 관료 한 명이 우리를 방문하였습니다. 먼저 그의 심부름꾼이 와 방문해도 좋은지 물었습니다. 그리고 얼마 후 그가 수행원과 함께 나타났습니다. 한국인 몇 명도 호기심으로 따라 왔습니다. 그들 모두 우리의 거실로 들어왔으나 그 관료 외에는 앉지 않았습니다. 그러나 그도 우리가 고용한 교사들을 체포할 권위는 없습니다. 그는 우월하게 보였고, 자루 옷과 같은 복장을 하고 있었는데 왕비를 위하여 애도하고 있었습니다.

멘지스와 그는 자유롭게 대화하였습니다. 우리가 누구인지 무엇을 하고 있는지 그는 물었습니다. 멘지스가 찬송가 "예수 사랑하심을"을 연주하며 불렀습니다. 그는 자신이 보고 들은 것에 큰 관심을 갖는 것 같았습니다. 그리고 곧 그는 인사하고 나갔습니다. 우리의 사람들도 큰 관심을 가졌습니다. 그런 정부 관료의 방문을 영광스럽게 여기는 것 같았습니다. 관료들을 선망하는 이들이 측은합니다. 가난하고, 억압받고, 무방비 상태의 민족입니다.

이 편지를 쓸 때 이곳에 화재가 있었습니다. 우리 이웃의 한 집이 불에 탔습니다. 마른 초가지붕에 사고로 불이 붙었던 것입니다. 그 집의 모친과 할머니는 통곡하였는데, 남성들의 반응이 흥미롭습니다. 십여 명의 남성이 있었지만 두세 명만 물을 길어서 뿌렸습니다. 나머지는 소리치며 명령만 내렸습니다. 우리 기독교인들이 그 가정을 위하여 돈을 거두었습니다. 또 다른 이웃은 그 모친과 아이들을 집안으로 들였습니다. 오늘 아침 그녀가 찾아와 우리의 우물에서 물을 퍼 불을 끄게 해서 고맙다고 인사하였습니다.

한국인 새해가 시작되었습니다. 어제와 오늘 많은 구경꾼이 와 우리를 보았습니다. 오늘 우리는 문을 내려 평화로운 가운데 저녁을 먹었습니다…. 어제 멘지스와 나는 몇 한국인 집을 방문하였습니다. 구정 휴일이기에 우리는 아이들 수 명을 대동하였습니다. 방문하는 집에서 아이들은 찬송을 불렀습니다. 한국인 집에서 제공하는 음식도 먹었는데 어떤 것은 소화하기 어려웠습니다.

무어 양은 휴식과 변화를 위하여 상해에 갔습니다. 멘지스는 잘 있고, 나와 더불어 여러분 모두에게 사랑의 안부를 전합니다.

부산, 1896년 2월 12일

브라운

('The Presbyterian Monthly', 1896 05 01, 174)

3. 단발령에 대한 저항

이 편지가 여러분에게 도착하기 전에 여러분은 이미 이 불행한 나라의 어려움에 대하여 들었을 것입니다. 여러 곳에서 폭동이 일어나고 있고, 그 폭동은 점점 숫자와 힘을 얻고 있다고 합니다. 이것은 최근에 내려진 단발령으로 원성이 더 확대되고 있습니다. 이곳의 많은 사람에게 긴 머리를 자르는 것은 거의 신성모독적이므로, 전국적으로 저항을 불러일으키고 있습니다.

수도에도 무질서가 난무합니다. 왕이 러시아영사관으로 피신하였다는 소식이 막 전하여 졌습니다. 두 명의 장관이 길에서 피살되었다는 소식도 있습니다. 일본으로 도망쳐 그곳에서 보호받고 있는 나머지 6명의 장관에는 큰 현상금이 붙었다 합니다. 일본은 물론 러시아의 현재 태도에 크게 분노하고 있습니다. 전쟁은 불가피하게 보이며, 앞으로 며칠은 평범하지 않을 것입니다.

만약 일본과 러시아가 전쟁을 시작해도 우리는 아마 이 땅에서 가장 안전한 지역에 있어 우리의 사역에는 영향을 미칠 것 같지는 않습니다. 이곳의 상황으로 인하여 여러분이 지나치게 걱정하지 않아도 될 것 같습니다.

멘지스가 곧 휴가차 고향으로 떠날 것입니다. 그전에 여러분이 새 일꾼을 보낼 수 있기를 희망합니다. 브라운 양을 우리 중에 환영하는 기쁨을 최근에 가졌습니다. 그녀는 현재 언어 공부에 바쁘고, 만족스러운 진보를 보이고 있습니다. 모두 잘 있습니다.

부산, 꼬레아

1896년 2월 24일

('The Presbyterian Monthly', 1896 05 01, 174)

4. 범어사 방문

빅토리아여선교연합회 회원들에게,

동역자 여러분, 지난번 쓴 이후로 나는 이곳의 시골을 방문할 기회가 있었습니다. 범어사라는 큰 불교 사원을 갔는데 이곳에서 13마일 반 정도 떨어져 있습니다.

몇 주 전 어느 날 아침, 우리는 켈리의 교사인 성서공회 전도부인 애기와 작은 봉남이와 함께 갔습니다. 우리는 가마를 탔고, 전도부인은 우리의 이불이 얹힌 나귀를 탔습니다. 한 소년은 우리의 짐을 운반하였습니다.

예배를 위하여 모인 우리의 사람들에게 환송을 받으며 아침 9시 반 정도에 출발하였습니다. 마을의 작은 골목을 벗어나 우리는 큰길로 나왔는데, 많은 여성이 머리 위에 짐을 지고 시장으로 걷고 있었습니다. 한국식대로 많은 사람이 우리가 누구이고 어디 가며 언제 돌아오냐 등등을 물었습니다.

11시 반 정도에 우리는 동래에 다다랐습니다. 반 정도 온 것입니다. 우리는 휴식을 위하여 한 여관 마당에 들어섰는데 누가 즉시 소리쳤습니다. "양국 부인 왔소!" 우리가 작은 방에 앉아 점심을 먹는데 어린이 어른 할 것 없이 모두 모여 우리를 구경하였습니다! 한 아이는 우리가 무서웠던지 도망치며 소리쳤습니다.

우리의 전도부인은 그 기회를 놓치지 않고 전도를 시작하였고, 사람들은 관심을 가지고 들었습니다. 한 나이 많은 여성이 말하였습니다. "당신이 하는 이야기는 좋고 놀라운데 이미 늦었습니다. 나는 나이가 너무 많아 배우기 어렵습니다." 나이는 상관없다고 하는데도 그녀는 계속하여 너무 늦었다고 고개를 저었습니다. 너무 늦었다면 누구를 원망해야 합니까. 먼저 믿은 고향의 교회가 좀 더 일찍 이 어두운 이방 땅에 선교사를 보내지 않은 것을 원망해야 할까요?

오후 3시쯤에 우리는 아름다운 사찰 입구에 다다랐다. 한쪽에는 나무가 많은 산이 있고, 다른 한쪽에는 거대한 바위들이 솟아있는 산이 있는데 예전에 화산활동을 말하여 주는 것 같았다. 사찰은 그 중간에 자리 잡고 있었고, 산 위에서 내려오는 맑은 물도 지나고 있었다. 우리는 돌로 된 다리를 건넜다….

특별한 때라 많은 한국인 여성들이 절에 있었다. 그곳에서 제공한 한 방에 우리가 있을 때 여성들이 다가와 이것저것 묻기 시작하였다. 너무 많은 질문에 우리는 피곤하여졌고, 마침내 침구를 펴고 쉴 수 있었다. 그러나 계속하여 들려오는 종소리에 평화로운 밤은 아니었다….

오! 우상 앞에 절하는 여성들을 보고 매우 슬펐다. "눈이 있어도 보지 못하고 귀가 있어도 듣지 못하며"라는 말씀이 생각났다. 하나님만이 우리의 기도를 듣고 응답해주신다는 말을 해 주고 싶었다. 주님에게만이 하늘과 땅의 권세가 주어졌다.

부산, 1896년 5월 20일
('The Presbyterian Monthly', 1896 08 01, 293)

5. 매주 최소 1다임 헌금

(한국선교를 위한) 승인된 후원 봉투가 원하는 (빅토리아여선교연합회) 회원들에게 배부되었다. 봉투는 방 안의 잘 보이는 곳에 놓는데, 창문 앞에 두는 것이 제일 좋다고 누가 제안하였다. 그리고 주일마다 원하는 만큼의 후원금을 넣는다. 매달 첫 주일 그 봉투를 관계된 지부에 헌금한다.

('The Presbyterian Monthly', 1897 06 01, 206)

6. 천당이 이곳 같다

친애하는 친구들께,

2월이 지났습니다. 우리가 너무 바빠 보고서를 이제 쓰게 됨을 양해 바랍니다. 한국 새해 기간이 막 지났습니다. 보통 때처럼 구경꾼 무리가 많이 왔고 먼 곳에서도 오고 있습니다. 보름날도 이들에게는 큰 축제의 날인바, 줄다리기가 있었습니다. 초량과 구관 사람들과 부산 사람들이 대회를 하였습니다. 굉장한 모습이었습니다! 우리는 베란다에서 바닷가에 많은 사람이 몰려있는 것을 볼 수 있었고, 나중에 부산이 이겼다고 들었습니다.

남성들이 운동할 때 수명의 여성들은 우리를 방문하였습니다. 오후가 되자 백 명 정도의 여성들이 우리 집에 모였고, 우리의 여성 신자들이 들려주는 복음서 이야기를 들었습니다. 그들은 '놀랍다'고 하였고, 한 여성은 '천당이 이곳 같다'고 하였습니다….

우리의 '친구'라고 스스로 말하는 한 여성은 딸과 며느리 두 명을 데리고 왔는데 모두 복음에 관심을 보였습니다. 이들 몇 명은 책을 샀고, 그 씨가 언젠가 그들 생활 중에 열매를 맺지 않겠습니까?

지난주일 오후반에 51명의 여성이 참석하였습니다. 그중 세 명은 여성 스님이었는데 큰 관심은 보이지 않았지만 기도할 때는 경건하게 고개를 숙였습니다. 구관에서 온 몇 사람은 머리 숙여 인사하였습니다.

얼마 전 나의 교사는 부산의 의미를 말하여 주었습니다. '부'는 한문으로 엎어진 냄비이고, '산'은 언덕을 말한다고 합니다. 구 부산 성곽 안에 밥 짓는 큰 솥이 엎어진 모양의 언덕이 있다고 하여 부산이라고 합니다….

지난 3주 동안 독감에 걸려 마을 사역을 못 하였지만, 내일부터 다시 방문하려 합니다. 딘우딘 양도 목감기에 걸려 고생하고 있고, 무어 양은 이제 거의 다 나았습니다.

우리 모두 함께 안부를 전합니다.

부산, 1897년 3월 12일

아그네스 브라운
('The Presbyterian Monthly', 1897 06 01, 207)

7. 멘지스의 주일학교

추수로 인하여 이곳 사람들은 현재 매우 바쁘다. 가족 전체가 논에 가 쌀을 수확한다. 지난 금요일 저녁의 반에 젊은 여성들은 매우 피곤하여 보였다. 그런데도 한 여성은 십계명을 다 외워 나를 놀라게 하였다. 우리 노력의 결실이다.

우리의 예배에 계속하여 사람들이 잘 참석하고 있다. 멘지스의 주일학교에 78명의 소녀가 있고, 소년들도 적지 않다. 그녀는 휴가가 필요해 보인다. 그녀의 휴가를 늦어지지 않기를 희망한다. 이달 14일 딘우딘 양이 상해에서 돌아올 것이다.

고아원의 아이들도 모두 잘 있다. 혜기만 몇 주 동안 아파 염려스럽다. 곧 다시 생기를 찾기를 바란다. 아담스 부부는 우리의 요리사 '봉 사비'를 데리고 대구에 갔다. 로스 부부는 이곳에 자리를 잡았다. 이들은 미국에서 3주 전 도착하였다. 로스 부인은 의사이고 의사가 필요한 이 땅에서 할 일이 많을 것이다.

모든 친구에게 사랑을 전한다.

부산, 11월 2일
브라운
('The Presbyterian Monthly', 1898 02, 50)

8. 언더우드와 아비슨 박사

모든 조사가 다 마치어서 우리 모두 감사하고 있다. 힘든 시간이었다.

지난주 아비슨과 언더우드 박사가 이곳의 미국선교회와 관련하여 매일 저녁 예배를 인도하였다. 좋은 인원이 참석하였다. 이들은 또한 우리를 위하여 어제와 지난주일 두 번의 모임을 주관하였는바, 우리의 방들이 남녀와 어린이로 넘쳤다.

약 120명의 여성이 우리의 식당과 거실에 모였고, 고아원 2개의 방은 남성들로 찼다. 약 60명의 어린이는 사랑방에 모였다. 언더우드 박사가 여성들에게 연설하였고, 아비슨이 남성들을 인도하였다. 나중에 남성들이 우리와 합류하여 예배를 드렸다. 이들의 유창한 언어가 부러웠다. 언더우드는 이곳에 13년 살았는데 한국인 같이 말하였다.

많은 사람이 모인 모습이 좋았다. 어떤 이는 안으로 들어올 수 없어 베란다나 마당에 서서 그들의 강연을 들었다. 언더우드 박사는 지금이 한국의 열린 문으로 들어오는 좋은 기회라고 하였다. 그는 평양에서 이루어지고 있는 일을 소개하였고, 세례를 신청하는 많은 숫자에 대하여 언급하였다….

1월 31일

브라운

('The Presbyterian Monthly', 1898 05, 169)

9. 결단하는 여성과 어린이

주일 정오 예배에서 14명의 여성이 주님을 받아들였다. 이 여성 대부분 지난 2~3년 동안 성경반에 참석하였었다. 그중 3명은 초읍에서 온 여성인데 날씨가 어떻든지 매주 정기적으로 참석을 하였다. 최근 어느 아침에는 건너는 시냇물이 무릎까지 찼다고 한다. 이들의 신앙은 아직 결단하지 못하는 이웃들을 부끄럽게 만든다.

어린이들도 마음을 열어 주님의 말씀을 받아들이고 있다. 9명이 자신의 마음을 주님께 드렸다. 그들 중 봉선아, 기미(장금이), 세기, 매물이가 있다. 그 중 기미는 우리의 작은 전도자라 부른다. 그녀는 때로 전도부인과 함께 자신의 마음에서 진실하게 전도를 한다.

8월 9일

브라운

('The Presbyterian Monthly', 1898 10, 357)

10. 심 서방의 변화

새해의 문턱에서 우리는 어떤 가보지 않은 길이 우리 앞에 열릴까 궁금하다. 그러나 두렵지 않은 것은 하나님이 그 열쇠를 쥐고 계시기 때문이다. 송구영신 예배에 온 교인들의 얼굴을 둘러보았다. 얼마 전까지만 해도 어둠 속에 있던 사람들인데 지금은 주님의 발치에 앉아 있다. 오래전의 기적이 아직 끝나지 않은 느낌이다.

전에 내가 언급한 심 서방은 친구들의 비난에도 여전히 굳건하다. 그들 중 한 명은 우리에게 찾아와 무엇이 이토록 심 서방을 '크게 변화시켰는지' 궁금해하며 묻기까지 하였다.

성탄절은 조용하였으나 즐겁게 지나갔다. 우리 사람들에게 우리는 작은 선물을 주었다. 월요일에 남녀학교 학생들의 성경 시험을 마친 후, 우리는 한국 책을 상품으로 주었고, 학생 모두 과일과 사탕이 든 봉지를 받았다. 부모들은 저녁에 왔고, 젊은 여성들은 밤에 왔다. 여성들은 우리 선교관에서 노는 것을 즐거워하였고, 어둠 속에서 사랑 없이 사는 것 같은 이들이 행복해하는 모습은 우리에게도 큰 기쁨이다.

아이들은 소나무를 꺾어 와 방을 꾸몄고, 소년들은 심 서방의 도움으로 초가집을 꾸몄다. 그리고 종이 등에 불을 켜 주변에 매달았다. 나는 미션 박스에 옥양목이 포함되어 있기를 희망한다. 상처를 싸매주기 위하여 꼭 필요한데 지금 불에 많이 덴 아이가 한 명 있다. 그녀의 할머니가 급히 우리를 불러 따라갔는데, 그곳에 5살의 아이가 큰 고통 속에 울고 있었다. 그 여성들은 아이의 상처에 소금과 뜨거운 보리를 발랐다. 얼마나 무지한가. 나는 그 아이가 그 큰 충격에서 살아날 수 있을까 생각했지만 지금 조금씩 나아지고 있다.

내가 한국어 1학년과 2학년 시험을 통과하였다는 소식에 여러분은 기뻐할 것이다. 지금 막 서울에서 온 편지를 받았다.

1월 2일
브라운
('The Presbyterian Monthly', 1899 04, 124)

11. 2년 반 만의 성찬식

비가 오는 오늘 오후 나는 여러분께 편지를 쓴다. 가뭄이 계속되어 염려하던 차에 비가 와 우리 모두 기뻐하고 있다. 모종도 아직 옮겨 심지 못하여 흉작이 예상되었다. 상황이 심각하여지자 왕은 각 지역에서 기우제를 지내며 하늘에 기도하라고 명하였다. 부산 사람들은 즉시 각자의 집 마당을 청소하고, 앞길에 새 흙을 뿌리고, 대문에 소나무 가지를 내걸었다.

각 마을은 대표자 한 명씩 뽑아 4명을 대동하여 마을 뒷산에 올랐고, 그곳에서 하늘에 기우제를 지냈다. 그들은 비가 올 때까지 그곳에 머문다고 하였다.

그때가 금요일이었다. 그리고 일요일 기다리던 비가 내리기 시작하였고, 남성들은 하산하였다. 그러나 비의 양은 여전히 부족하였고, 그다음 날은 다시 뜨거운 햇볕이 내리쬐어 땅이 말랐다.

지난 주일에는 2년 반 동안 하지 못한 성찬식이 거행되었다. 미국선교사 시릴 로스가 집례하였다. 우리 선교부 22명의 회심자 중에 8명만 참여하였다. 전도부인은 시골에 나가 있었고, 남녀 각 2명씩 4명은 아담슨이 고용하고 있고, 4명은 사망하였고, 나머지 5명은 신앙이 식어 있다. 그들이 다시 열심을 찾을 수 있도록 기도해 달라.

그 외의 다른 교인들과 초읍에서 온 15명은 오후 예배에 참석하였다. 초읍에서 온 교인들은 비로 젖어있었지만, 비가 온다는 사실에 기뻐하였다. 이들 중 몇 노인들은 보리 이삭을 주우려 얼마 동안 섬에 나가 있었다. 이들이 주일에는 이삭을 줍지 않고 쉬자 섬사람이 놀렸다고 한다. 보리 추수가 끝날 때까지 노아리나 다른 마을의 성경반을 취소해야 하였다.

오래된 성읍의 사람들은 우리의 방문을 강하게 거부하고 있다. 벌써 세 번째 모임 장소를 바꾸었다. 그래도 무관심보다는 반대를 받는 것이 낫다. 이 서방이 여름을 위하여 그곳 시장통에 방 한 칸을 확보하였다. 그곳에서 복음서와 기독교 서적을 판매한다. 시장이 열리면 많은 사람이 문의해 온다. 이들이 참 구도자가 될 수 있도록 기도해 달라. 동시에 이 서방은 서양인과 관계하며 예수 사설을 전한다고 많은 비난을 받고 있다. 그는 좋은 군병으로 용감하게 대처하고 있다.

우리 아이들은 모두 잘 있고, 공부에 진전을 보이고 있다. 최근 서울의 감리교선교회 여성들이 '인간 육체에 관한 공부'라는 소책자를 냈는데, 멘지스가 교재로 쓰고 있다. 학생들이 그 과목을 공부하며 육체의 경이함으로 놀라고 있다. 교사들에게도 책을 주어 생리학에 눈을 좀 뜨게 하였는데 한국인들은 과학에 무지하기 때문이다.

6월 26일 – 지금 비가 쏟아져 내리고 있다. 이 가난한 사람들의 필요를 채워주시는 하나님께 감사하다.

로빈슨 박사의 별세를 여러분과 함께 슬퍼한다. 그가 그리울 것이지만 그는 더 높은 곳으로 올라갔다. 3년 반 전 나의 파송 예배 시 하였던 그의 격려사는 절대로 잊지 못할 것이다.

멘지스와 더불어 여러분께 기독교 안부를 전한다.

부산, 6월 24일

브라운

('The Presbyterian Monthly', 1899 10 02, 370)

12. 박해받는 한 여성

지난 두 주 동안 독감이 돌고 있다. 멘지스와 무어가 독감에 걸려 심하게 앓았다. 이제 둘 다 많이 회복되어 감사하다. 시골의 많은 사람이 후유증으로 죽었다. 가난하고 도움을 받지 못하는 사람들은 병중에 큰 고통을 겪었다.

독감이 도는 동안 주일예배에 참석하는 교인 수가 크게 줄었었지만, 지금 다시 회복되고 있다.

동네에서 5명이 새 학생이 들어왔다. 3명의 소녀와 2명의 소년이다. 소녀들을 학교에 정기적으로 출석시키기란 어려운 일이다. 부모가 소녀들을 사소한 이유로 집안에 두려 하기 때문이다. 그런데도 어떤 소녀들은 좋은 진보를 보이고 있다.

젊은 여성 사역은 천천히 진행되고 있다. 이번 주 잘 참석하고 있는 한 여성이 나병에 걸렸다는 소식에 나는 마음이 아팠다. 며칠 그녀가 안 보이길래 문의하다가 그 슬픈 사실을 알게 된 것이다. 불쌍한 그 여성의 눈은 눈물로 부어올라 있었다. 그녀는 어떤 집의 종인데 결국 내쳐질 것이다. 그녀는 17살 혹은 18살인데 기독교인이라 고백하였었다.

초읍과 구서에서의 사역은 긍정적이다. 구정 때 교인들은 자신의 불신자

가족과 친척들에게 많은 핍박을 받았다. 제사에 참여하지 않는다고 한 여성은 남편에게 다른 여성은 오빠에게 구타당하였다. 또 다른 여성은 신당에 돈을 안 낸다고 마을 대표로부터 소환당하기도 하였다. 귀신이 노하지 않게 기독교인은 마을에서 이사를 나가라는 말까지 들었다고 한다. 그녀는 그러한 위협에도 굴하지 않고 잘 견디고 있다.

더운 여름이 오기 전에 초읍교회는 좀 더 큰 방을 찾아야 한다. 현재 그곳 교인들이 알아보고 있다. 그들은 지금 1000(화폐 단위는 기록되지 않음-역자 주)의 현금이 있고, 지금의 예배당을 팔면 필요한 크기의 방을 구할 수 있을 것이다. 만약 모자라면 우리가 그 부분만 빌려줄 수 있고, 그들은 곧 갚을 것이다. 이 겸소한 교인들을 통하여 주님이 역사하고 계시다.

새 선교사가 곧 올 것이라는 기대에 우리는 기뻐하고 있다. 우리는 그들을 진실하게 환영할 것이다! 나의 동료와 더불어 여러분 모두에게 안부를 전한다.

('The Messenger', 1900 05 04, 214)

13. 피영 방문

매우 흥미 있는 피영(현재의 병영) 방문을 마치고 막 돌아왔다. 그곳에 두 명의 우리 여성 신자가 이웃의 어두움에 빛을 비추고 있다. 나의 울산 방문보고서를 여러분께 보낸다. 그곳까지의 길 양쪽에 거의 마을들이 있고, 사람들로 붐비었다. 전도부인 아재가 오늘 그곳을 방문하는데 판매할 책자를 가지고 갔다. 무어 양은 범어사의 온천에 며칠 가 있다. 그녀는 최근 건강이 좋지 않았는데, 클라크 의사 부부와 함께 돌아오면서 힘을 내고 있다. 우리는 멘지스의 귀국을 고대하고 있는바 모두 그녀를 그리워하고 있다.

우리가 요청한 새 선교사 소식은 아직 확실한 것이 없다. 인내가 우리를 단련시킨다. 일본에서 만난 기자 벤저민 양이 제푸와 천진으로 가는 길에 우리를 잠시 방문하였다. 그녀는 5개월 동안 마닐라에 있었고, 그곳에서 일어나는 전쟁에 관한 흥미로운 소식을 들려주었다. 그녀는 클라크 부부와 함께 우리를 떠났다. 클라크 부부는 기독교 면려회 관계로 호주방문을 희망한다고 하였다.

우리는 하나 되어 여러분 모두에게 사랑을 보낸다.

부산, 5월 28일

('더 메신저', 1900 07 20, 442)

14. 초읍에서의 예배

엥겔 부부가 곧 이곳으로 향해한다는 여러분의 반가운 편지가 어제 우리에게 도착하였다. 우리는 벌써 그들이 이곳에 도착하여 환영할 날을 세고 있다. 여러분을 통하여 보낸 엥겔의 격려 메시지로 인하여 우리는 매우 감사하다.

나는 클라라 바스가 엥겔의 부인으로 인도에 간 것을 선명히 기억하고 있다. 내가 워런의 훈련소에 입학한 바로 직후였다. 그녀와 보티어 양이 우리의 기도 모임에 왔었고, 인도에 가는 길이 어떻게 열렸는지 이야기를 나누었다. 그리고 주님은 지금 그들을 위한 다른 계획이 있다. 한 명은 영국에 있고, 다른 한 명은 곧 이곳 은둔의 나라에서 우리를 만날 것이다.

우리 중에 서양 아이들이 온다는 사실에 우리의 고아원 아이들은 기대를 감추지 못하고 있다. 아이들도 우리와 함께 새 친구들을 환영할 것이다.

지난주 나는 순남이와 함께 초읍의 예배에 참석하였다. 논과 밭을 지나는 길은 사랑스러웠다. 공휴일 기간이기에 길과 들에는 색색의 옷을 입은 어린이들이 뛰어놀았다. 초읍에는 10시 반에 도착하였다. 여성과 어린이들과 함께 우선 짧은 예배를 드렸다. 그리고 나는 한 절뚝발이 여성을 방문하였는데, 그녀는 구원의 소식에 마음의 문을 열고 있었다. 한때 그녀는 매주 한 번씩 멘지스로부터 성경을 배웠다. 그런데 그것을 반대하는 형부로 인하여 그녀는 크게 두려워하였다.

우리는 항상 우리의 한 여성이 준비해 주는 양식을 가지고 다닌다. 심 서방도 때로 이곳을 방문하며 가르친다. 그는 우리의 교사 중에 가장 젊지만 가장 진중하다. 가는 곳마다 주의와 존경을 받는다.

5시 30분경 집으로 돌아오는 길에 다른 곳에서 행복한 일을 마치고 오는 멘지스와 매물이를 만났다. 여러분 모두에게 안부를 전한다.

한국, 9월 14일

브라운

('더 메신저', 1900 12 28, 370)

15. 선교사 연합기도회

곧 고향에서 여러분을 만나기를 고대한다. 새 일꾼들이 왔기에 나는 나의 휴가를 갈 수 있을 것 같다…. 우리는 매주 목요일 엥겔이 인도하는 성경공부에 참석하고 있다. 빌립보서를 공부하는데 즐겁다.

이곳의 모든 선교사 연합기도회 날이 매달 마지막 월요일로 정해졌다. 첫 모임은 31일 시드보탐 씨 집에서 열릴 것이다. 그는 얼마 전 대구에서 이주하였다. 로스 씨가 설교할 것이다. 두 번째 모임은 로스 씨의 집에서 열리는데 엥겔 씨가 설교할 것이다. 함께 모여 기도하고 말씀을 나누는 이 모임은 우리 모두에게 도움이 될 것이다.

('더 메신저', 1901 02 22, 76)

16. 브라운의 휴가

이달 17일 브라운 양이 도착하였다. 한국에서 5년 반 동안의 선교 후에 휴가를 왔는데 매우 건강하게 보여 모두 기뻐하였다. 지난 화요일 아침 우리 위원회의 모임에 브라운이 참석하였는데, 하디 목사가 기도하였고, 우리의 회장이 환영사를 하였다. 그리고 브라운 양이 간단히 답례하였다.

이날 오후 그녀는 멜버른을 떠나 가족이 있는 발라렛으로 갔다. 위원회는 그녀가 최소한 3개월 휴식을 취하기를 원하며, 그 후에 국내선교부 총무가 보고회 모임들을 준비할 것이다.

('더 메신저', 1901 06 28, 411)

17. 에베네저교회에서

발라렛의 에베네저교회는 한국에서 막 돌아온 아그네스 브라운을 환영하는 모임을 개최하였다. 여선교연합회가 제공한 저녁 식사 모임에 200명 정도가 앉았다.

그 후 교회당에서의 모임에는 더 많은 교인과 대표들이 참석하였다. 카메론 목사가 사회를 보았으며, 참석한 사람들을 대표하여 마음속의 환영사를 하였다. 브라운은 이들에게 진실하고 깊은 신앙인으로 잘 알려져 있다.

총회의 한국선교위원회 회장인 케인즈 목사는 안전하게 고향에 돌아온 것을 축하하였으며, 그녀의 성공적인 선교 활동에 감사하였다. 또한, 그녀가 한국어를 잘 배운 것도 축하하였다.

브라운 양은 참석자들에게 감사의 응답을 하였고, 선교가 성공적인 이유는 고향 교회 친구들의 기도와 후원 덕분이라고 말하였다. 그리어슨 목사, 프레이저 목사, 하트 목사도 환영과 위로를 전하였다. 마지막으로 선교 찬송을 함께 부르며 즐겁고 흥미로운 모임을 모두 마치었다.

('더 메신저', 1901 07 19, 470)

18. 성공적인 모임

연례 선교대회가 10월 30일 피콜라교회에서 개최되었다. 이 지역에서 열린 대회 중 가장 크고 성공적인 모임이었다. 300명 정도가 참석하였다.

이날 저녁 한국선교사 브라운 양의 보고가 있었다. 조용한 아침의 나라 사람들의 관습과 신앙에 관한 이야기는 매우 흥미로웠다. 한국에서 가지고 온 조선인 의상도 보여주었다. 해외 선교 활동에 깊은 관심을 유발하는 기회였다. 성가대는 저녁 동안에 몇 곡의 성가를 불렀다.

다음 날 주일학교는 소풍을 나갔고, 화창한 날에 어린이들은 즐거운 시간을 가졌다.

('더 메신저', 1901 11 08, 799)

19. 한국의 관습 소개

여선교연합회가 지원하는 한국선교사 브라운 양이 최근 교회에서 보고회를 하였다. 그녀는 그 나라와 그 나라 사람들의 습관과 관습에 대하여 명쾌하게 설명하였다. 또한, 그들을 위한 선교 활동에 대한 보고도 있었다. 그녀는 성공적인 전도 활동의 증명으로 하루아침에 41명이 세례받은 경우를 설명하였다. 얼마 전 스타웰의 엥겔 목사 부부가 그곳의 여선교사들과 합류하였고, '조용한 아침의 나라'에서 더 큰 성공이 일어나기를 기대하고 있다.

이곳의 지역 교회에 장로교여선교연합회 지부가 설립되기를 희망하고 있고, 금번 보고회 목적 중의 하나이기도 하였다.

브라운은 발라렛의 젊은 숙녀로 열정과 정확성을 가지고 연설하였다. 그녀는 골번 벨리 노회를 순회하며 보고회를 갖고 있는바 선교에 대한 새 관심을 불러일으키기를 희망하고 있다. 브라운 양은 한국인들이 입던 의상도 보여주었다.

('The Broadford Courier' 1901 11 08, 2)

20. 78번의 보고회

브라운 양은 빅토리아주의 곳곳에서 한국 선교활동을 보고하였다. 그녀는 2,000마일을 다녔으며, 지금까지 78번의 보고회를 하였다. 휴가 기간에 이러한 활동을 한 그녀에게 여선교연합회는 빚을 지었다. 그녀의 수고에 우리는 감사하다. 여러 교회의 여선교회에서 간곡한 보고회 신청이 들어오는 것을 우리는 거절할 수 없었다.

벤디고노회 보고회 후에는 이제 신청을 절대 받을 수 없음을 양해하기 바란다. 보고회는 6월 2일에 모두 마치게 된다. 우리 선교사는 이제 남은 시간을 조용히 보낼 수 있어야 한다. 모든 보고회와 여선교회의 기도가 열정과 관심을 불러일으키는 결과를 가져온다면 브라운 양의 시간과 노력은 아깝지 않을 것이다.

('더 메신저', 1902 05 23, 310)

21. 다시 한국으로

8월 4일 열린 브라운 양 환송회에 여선교연합회 친구들과 수 명의 목사들이 참석하였다. 롤란드 목사가 사회를 보았고, 하디 목사가 환송사를 하며 우리의 선교사를 격려하였다. 그리고 그녀를 위하여 사랑의 기도를 하였다.

브라운 양은 행복한 휴가 후에 다시 한국으로 떠나게 되어 기쁘다고 하며 그곳에서의 선교를 긍정적으로 전망하였다. 그녀는 최근에 받은 한국 친구들의 편지 내용을 소개하며, 밤낮으로 그녀가 돌아오기만을 기도하고 있다고 하였다.

8월 5일 스펜서 역에 많은 무리가 모였다. 시드니 발 '쿠마노 마루'호를 타기 위해 떠나는 브라운 양을 작별하기 위한 자리였다. 우리 회원들은 매일 은혜의 보좌 앞에서 그녀와 그녀의 선교지를 기억할 것이다.

('더 메신저', 1902 08 15, 554)

22. 익숙한 냄새

9월 4일 나는 이곳 선교부에 도착하였다. 멘지스, 무어, 엥겔이 배 위에까지 올라와 나를 만났다. 이들을 다시 만나게 되어 반가웠다. 모두 잘 있었지만 작은 맥스는 백일해에 걸렸고, 고아원의 봉순이는 콜레라가 살짝 지나갔다. 현재 한국에는 이 전염병이 유행하고 있다.

여름의 기후는 뜨거웠고, 익숙한 냄새가 다시 나기 시작하였다. 내가 없는 동안 여러 변화가 있었을지라도 이 냄새는 변화가 없다.

홍콩에서 나가사키까지의 항해는 순조롭지 못하였다. 두 번의 태풍이 있었고, 배 안에서 우리는 이리저리로 던져졌다.

엥겔은 두 명의 교사를 데리고 북쪽으로 순회를 떠났다. 한 명은 우리 교회의 대표로 함께 갔다. 내가 돌아온 후 엥겔은 교인들에게 환등기를 보여주었다. 이들은 환등기 그림 보기를 좋아한다. 그림은 깨끗하고 아름다웠고, 우리도 즐겁게 관람하였다.

커를 박사가 이틀 전에 우리와 많은 한국인에게 콜레라 예방 주사를 놓아주었다. 커를 부부는 이번 여름을 힘들어하고 있으며, 둘 다 건강이 좋아 보이지 않았다.

9월 8일
('더 메신저', 1902 11 14, 819)

23. 재봉틀

우리 고아원에 재봉틀이 생긴다니 얼마나 좋은 소식인가! 우리 고아원 가족을 위한 바느질감은 너무 많다. 나가사키나 제물포에서 좋은 재봉틀을 구매할 수 있다.

성탄절은 왔다가 지나갔다. 우리는 조용하고 즐겁게 성탄절을 보냈다. 후번 여사가 성인과 아이들에게 매우 즐거운 시간을 제공하였다. 아이들을 위해서는 24일 성탄 나무를 만들었고, 어른들에게는 26일 저녁 식사를 대접하였다. 후번은 헌트 씨 집에 있는데 우리에게 관대하다.

여러분이 보내준 미션 박스에서 어린이와 부모에게 맞는 선물을 찾아 줄 수 있었다. 무어와 나는 작은 선물들을 포장하는 기쁨을 누렸다. 무어의 건강은 현재 양호하지만, 새집이 완공되기를 고대하고 있다….

엥겔의 두 아이는 지금 홍역에서 회복되고 있다. 그 외에는 다 잘 있다. 엥겔은 어젯밤 교인들에게 능력 있는 설교를 하였다. 본문은 히브리서 18장

14절이다. 한 해를 마무리하며 다음의 말씀을 기억한다. "그 선한 말씀이 하나도 이루지 않음이 없도다."

('더 메신저', 1903 02 20, 74)

24. 불이 나다

평상시대로 활동이 진행되고 있다. 여자 야간반도 잘 꾸려지고 있다. 주간반의 여학생들은 정기적으로 출석하지 못한다. 부모가 자신의 딸이 읽고 쓰는 것을 잘 이해해 주지 못한다…….

지난주일 8일에 부엌의 스토브 연통에서 불이 나 지붕에 옮겨붙었는데 우리는 간신히 탈출하였다. 예배시간 바로 전에 불이 나 모여 있던 소년과 남성들이 물을 날라 불을 끌 수 있었다. 이곳에는 소방관이 없어 이들의 도움이 감사하였다.

이날 저녁 엥겔 부인이 아들을 낳았다. 무어가 산모와 아이를 돌보고 있고, 둘 다 건강하다. 커를 부인도 잘 있고, 그녀의 딸은 이제 한 달 되었다…….

우리의 연합기도회는 9일에 있었다. 대구의 아담스 씨가 인도하였다. 그는 '하나님과의 동행'이라는 주제로 좋은 말씀을 나누었다. 그는 휴가차 오늘 부산을 떠나 미국으로 간다…….

여러분의 기도에 우리를 기억해 주기를 무어와 나는 간구한다.

('더 메신저', 1903 04 24, 257)

25. 결혼식 의상 준비

현재 고아원의 소녀들은 봉순이 결혼식에 쓸 의상 준비로 바쁘다. 그녀는 3월 초에 결혼할 것이다. 재봉틀은 잘 보관되고 있고, 금이가 책임 맡고 있다. 신랑은 우리가 수년간 알아 왔던 사람이다. 이들이 행복하기를 기원한다. 이들은 서로를 알고 보살펴 주는데 한국의 젊은이들 사이에서는 잘 보지 못하는 모습이다. 여기에서는 결혼 전날까지도 서로를 보지 못한다. 어린 아기 진순이는 이제 걷기 시작하였다.

무어는 부산에서 6마일 반 떨어져 있는 마을을 방문하였다. 그곳 사람들은 예수에 대하여 더 알기 원한다고 하였다. 7명이 기독교인이 되기를 원하였고, 무어는 크게 기뻐하였다.

('더 메신저', 1904 04 01, 197)

26. 봉순이의 결혼식

3월 3일 2시에 결혼한 봉순이의 편지를 동봉한다. 우리가 예배당으로 사용하는 한국식 집이 기독교인과 비기독교인이 꽉 찼다. 모두가 결혼식을 보러 온 것이다. 결혼예배가 마치자 신부는 가마에 타 모습을 숨기고 신랑의 집으로 향하였다. 무어와 엥겔 그리고 신랑과 내가 그 뒤를 따랐다.

무어와 나는 봉순이와 함께 작은 방으로 들어갔는데 그곳에는 3~4명의 결혼한 여성이 기다리고 있었다. 그곳에서 반 시간 정도 요리를 하였고, 우리를 위한 작은 상이 차려졌다. 엥겔은 마당 건넛방에서 상을 받았다.

봉순이는 우리와 친구들과 헤어지게 되자 아프게 울었다. 금이는 특히 가까운 친구이다. 모두 나의 전도부인이 좋은 며느리를 얻어 행운이라고 말하였다. 남편 정 씨는 신실한 기독교인이다. 우리는 그를 오래 알아 왔다. 그는 미국선교회 홀 씨의 요리사로 일하였는데, 칭찬을 받았다. 전쟁이 선포되었으므로 멘지스가 이제 올 것인지 궁금하다. 북쪽에 전투가 벌어지는데 이곳은 이렇게 조용한 것이 믿어지지 않는다.

오늘 맥스 엥겔이 세 살 되는 날이다. 노만은 어제 한 살 되었다.

('더 메신저', 1904 05 13, 318)

27. 전쟁의 소문

전쟁의 소문이 계속되고 있고, 한국인들은 동요하고 있다. 위험의 징조가 보이면 이들은 도망갈 준비가 되어있다. 일본인들은 서울과 부산 사이의 철길 건설을 서두르고 있다. 대구까지의 철길은 10월에 완공될 것으로 기대하고 있다. 부산에서 46마일 떨어진 곳은 지금도 갈 수 있다.

심 석사가 장로로 안수받는다는 소식은 엥겔에게서 들었을 것이다. 남쪽 한국에서는 처음 있는 일이며, 그의 일관된 신앙으로 잘 감당할 것이다. 나의 여성 중 3명이 세례를 신청하였고, 커를 박사가 그들을 세례문답반에 입학시켰다.

이 새로운 센터의 사역을 위하여 기도해 달라. 사람들에게 쉽게 다가가지 못하는 어려움이 있다. 이곳 사람들은 현재 보리를 수확하고, 벼를 심느라 분주하다. 이것은 학교의 소녀들에게 영향을 주는데, 집을 보거나 심부름을 해야 하기 때문이다.

고아원의 아이들은 다 잘 있다. 복근이도 잘 크고 있고 순종적이다. 올해 말 법이가 결혼할 것으로 기대하고 있다. 엥겔 가족도 잘 있다…….

('더 메신저', 1904 09 09, 658)

28. 폭행당한 엥겔

커를 부인은 13일 전에 두 번째 딸을 낳았다. 나는 현재 이들과 함께하며 돌보고 있다. 어제 아침에 나는 학생들을 가르치려 반에 갔는데 그들은 나를 따뜻하게 맞았다. 학생들은 말하였다.

"무어와 브라운 선생님은 떠나 계시고, 엥겔 목사님은 아프고, 우리는 외롭습니다. 선생님은 언제 집에 돌아오십니까?"

무어는 3주 전에 일본으로 떠나갔었다. 그녀가 돌아올 때 멘지스와 함께 오기를 우리는 고대하고 있다.

이달 14일 엥겔은 일본인 인부들에 의하여 거칠게 다루어졌다. 그 후 그는 방 안에만 있다. 교사인 심 씨가 먼저 당하였고, 그를 구하고자 엥겔이 나섰는데, 한 일본인이 엥겔까지 폭행을 시작한 것이다. 다른 일본인도 그를 때리려 하자 엥겔은 도망하였다. 일본인 인부들은 그를 좇으면서 돌까지 던졌다. 부산 마을에 다다를 즈음 돌 하나가 그의 머리를 쳐 그는 쓰러지고 말았다. 결국, 5~6명의 한국인 남성이 그를 집까지 데려다주었다.

그 모습을 본 엥겔 부인의 심정이 어떠했는지 상상이 갈 것이다. 한 시간 전에 건강한 모습으로 집을 나갔던 그가 그런 모습으로 돌아왔으니 말이다. 그녀는 커를 박사와 아담슨 씨를 불렀다. 의사가 도착하였을 때 엥겔의 집 마당에는 흥분한 한국인들로 차 있었다. 그는 사람들을 다 돌려보내고 엥겔을 침대에 눕혔다. 엥겔은 머리의 상처로 고통스러워하였지만, 다른 증상은 없었다.

후에 10~11명의 폭력배가 붙잡혔고, 정의가 실현되는 실례가 되기를 바란다. 커를은 엥겔이 최소 한 달은 쉬어야 한다고 하였다. 엥겔은 새로운 지역인 서쪽을 가을에 방문할 계획을 하였는데 실망하는 모습이었다. 우리는 우리의 16개 지역 중에 현재 6개 지역만 돌보고 있다. 칠십오만 명의 인구 중에 목사 3명과 여선교사 3명만 있다.

우리의 새 지역인 서쪽에는 오십오만 명이 살고 있다. 우리의 고향 교회는 이러한 필요 앞에 한국을 위해서는 더는 할 수 없다고 말할 수 있는가?

선교사 보충이 즉시 요구된다. 추수의 주님께 함께 기도하자. 복음에 열려있는 이 땅에 차고 넘치게 부어 주시리라.

('더 메신저', 1904 12 16, 927)

29. 떠나는 고아원 소녀들

이달 22일 순남이의 결혼식이 있었다. 그리고 부산에서 14마일 떨어진 안평으로 갔다. 우리는 그녀가 좀 더 있다가 결혼할 줄 알았지만, 젊은 기독교인 과부가 와 그녀를 요청하였다. 보배의 장차 남편은 아직 준비가 안 되어있으므로 이번만 한국 관습을 따라 순남이를 먼저 보내기로 하였다.

정 씨는 똑똑한 남성이다. 그와 순남이의 영향으로 그 마을에 주님이 알려지기를 희망한다. 이 부부를 위하여 특히 순남이를 위해 기도해 달라. 그녀는 아직 어린 17살이다. 우리를 떠나 상심해 있다. 우리의 교인 여성 한 명이 그녀를 그녀의 새집까지 동행하여 주었다.

이들을 전송하고 나는 고아원으로 돌아왔다. 매물이가 울고 있었다. 모든 소녀가 자신들의 자매를 잃어버려 슬퍼하였다. 우리와 오래 함께한 아이를 떠나보내는 것은 힘든 일이다. 봉순이와 그녀의 남편은 하와이로 이주하였다. 많은 한국인이 그곳의 나은 생활을 찾아 떠나고 있다. 이들도 그 낯선 곳에서 더욱더 나은 삶을 살며, 주님을 위하여 밝게 빛나기를 바란다.

('더 메신저', 1905 02 03, 37)

30. 울산, 병영, 학동을 가다

11월 3일

백명과 나는 집을 떠나 울산 지역을 방문하였다. 첫날 서창까지 갔다. 학다리에 이르렀을 때 마부가 떠난 것을 안 일꾼이 크게 화를 내었다.

11월 4일 토요일

매우 추운 날이다. 아침 7시에 떠나 울산 읍내에서 식사하고, 오후 4시에 병영에 도착하였다.

11월 5일

주일에도 추웠다. 추위에도 불구하고 참석한 교인들과 즐거운 시간을 가졌다.

11월 6일

백명과 희대의 이모는 우리가 3-4일 머무를 방을 찾기 위하여 송전으로 갔다.

11월 7일

오늘 송전에 도착하였다. 어찌한 일인지 주인이 그의 마음을 바꾸어 우리에게 하루만 있을 수 있다고 하였다.

11월 8일

박 서방 집으로 가 작은 방을 나누어 썼다. 매번 굴을 들락날락하는 것 같았다.

11월 17일

어제 울산에서 학동까지 걸어왔다. 도중에 비가 왔는데 오늘은 청명하다. 비를 맞고 10마일을 걸었던 것은 잊어버렸다.

11월 18일

어제 주일 교인들과 만나 저녁기도 모임에서 새 찬송가를 연습하였다. 오늘은 조용하게 편지를 썼다. 내일은 신월로 갈 것이다.

11월 23일

부산의 심 석사가 신월로부터 내덕에 왔다. 그곳을 방문한 그의 보고를 듣고 집으로 가기로 하였다.

('브라운의 일기', 1905년 11월 3일-11월 23일)

31. 엥겔을 공격한 일본인을 방문하다

우리의 지역에도 일본인들이 들어와 많아졌다. 영국성서공회에서 일본어로 된 복음서와 신약을 가져와 나누어주었다. 그들은 감사하며 책을 받았다. 복음서는 1센트인데 나는 무료로 주었다. 그러나 일본인들은 신약성서를 5센트를 내고 사기 원하였다.

또한, 나는 작년에 엥겔을 공격한 일본인 몇 명도 방문하였다. 그들은 공손하였고, 책을 받으며 감사하였다. 몇 명은 복음서를 주의 깊게 읽어보았다. 뿌려진 씨가 그들 인생에서 열매를 맺기 바란다!

('더 메신저', 1905 11 17, 850)

32. 떠나는 커를 가족

니븐이 다시 돌아온다는 여러분의 편지가 우리를 기쁘게 한다. 우리의 기도가 응답되었다. 니븐과 켈리가 돌아오고 있다니 말이다. 11월 초에는 이곳에 도착할 것이다.

나는 3주간의 휴가에서 돌아왔다. 힘이 나고 여유 있는 시간이었다. 순복이는 지난 7일 커를의 조사 박 석사와 결혼하였다. 이들은 며칠 후에 진주로 이주할 것이다. 그녀는 좋은 여성이며, 그 어두운 도시에서 주님을 밝게 증거할 것으로 믿는다. 그녀의 남편도 진실한 기독교인이며, 3년여 전에 자신의 부친을 회심시켰다. 박 씨의 모친도 올해 초 세례를 받았다. 그의 영향력이 자신의 가정에 좋은 결실을 가져오고 있다.

일본철도회사가 커를이 살던 집을 사들였고, 그는 자신의 짐을 모두 진주로 보냈다. 그리고 우리 집에 와 그곳으로 떠날 때까지 머물고 있다. 커를은 일주일 전에 진주로 갔다. 그곳에 임시로 거할 집을 구해야 한다. 커를 부인과 아이들은 우리와 함께 있다.

엥겔은 서울에서 사고로 무릎을 다쳤다. 아직 잘 움직이지 못하고 아프다고 한다. 멘지스는 잘 있다.

('더 메신저', 1905 12 01, 894)

33. 두구동, 신월, 내덕, 안평 방문

3월 18일 주일

오늘 예배를 위하여 18명의 여성이 모였다. 예배 후 백명과 나는 두구동 여성들과 함께 집으로 오는 길의 한 부분을 함께 걸었다.

3월 20일

어제 두구동에서 신월로 왔다. 우리가 도착할 때 비가 내렸다. 그럼에도 몇 여성과 소녀가 우리를 만나러 왔다. 방의 구석구석에 램프가 필요하였다.

3월 21일

오늘 오후 밖에 앉아 있을 때 많은 방문객이 왔다. 마당에서 바느질을 하고 있는데 한 여성이 들어 와 말하였다. "오! 바느질을 하시네요. 머리 색에 비하여 눈이 너무 검다고 생각합니다."…. 우리는 60명의 여성을 만났고, 30

권의 책을 팔았다. 내일 내덕으로 떠날 것이다.

3월 23일

어제 신월에서 내덕까지 즐겁게 걸어왔다….

3월 26일

오늘 범곡으로 떠나려 하였지만 백명이 아프다.

3월 28일

범곡. 오늘 저녁에 도착하였다. 백명은 가마를 타고 왔다. 나는 최 석사의 모친과 걸어왔다. 40리를 걸어오는데 길에서 정 석사를 만났다. 그는 심 석사와 목사가 평양에 갔다고 알려 주었다.

3월 29일

비가 왔다. 오늘 오후 안평으로 내려갔다. 그곳에서 교인 여성 2명을 만났다.

3월 30일

읍내. 전도부인이 부산에 갔다. 나는 주일을 위하여 남았다.

('브라운의 일기', 1906년 3월 18일-3월 30일)

34. 김유실과의 순회 전도

4월 25일 혹은 26일

유실과 나는 피영을 방문하였다.

4월 28일 토

우리는 어제 학동까지 걸어갔다 오늘 왔다. 누가 길을 잘못 알려주어 10리를 다른 곳으로 갔다. 오후 3시가 돼서야 학동에 도착하였다. 나는 나중에 해변가로 내려가 발을 물에 담그며 피곤한 발을 쉬게 하였다.

4월 30일 월

어제 피영의 교인들과 좋은 시간을 보냈다. 오늘 아침 울산 읍내로 내려왔다. 김 부인의 집에 있는데 적지 않은 여성들이 우리를 보러 왔다. 나를 구경한 후 그들은 서로 이렇게 말하였다. "이제 어린 것을 보러 가자."

김 부인의 딸이 겁먹은 얼굴로 급히 나에게 와 어서 마당 건너에 있는 방으로 오라고 하였다. 그곳에는 메리 켈리가 공부를 하고 있었다. 그녀의 아버지가 오고 있었고, 오자마자 크게 화를 내었다. 메리와 나는 환기를 위하여 뚫어놓은 구멍을 통하여 그를 보았다. 그 구멍을 보고 남편이 더 화를 낼까 봐 나중에 아내는 그 구멍을 종이로 발랐다.

남편이 다시 나가자 그들은 우리 보러 떠나 달라고 하였다. 우리를 위하여 방을 준비한 친척 집으로 가게 하였다. 우리는 오히려 기뻤는데 그 집이 더 넓고 풍경도 더 좋았기 때문이다. 그러나 김 부인 집의 할머니는 더 배우기 원하였으므로 우리가 떠나는 것을 아쉬워하였다.

저녁에 김 석사가 찾아와 부친의 행동을 사과하였다. 그리고 다시 자신의 집으로 오라고 청하였다. 그러나 우리는 이곳이 더 편하므로 돌아가지 않았다. 김 석사의 이런 모습은 놀라운데, 지난 11월만 해도 우리가 자신의 집에 머무는 것을 달가워하지 않았기 때문이다.

이곳에 있는 동안 여성 교인들을 매일 아침에 만나 공부하기로 하였다. 그리고 저녁에는 집집마다 방문하며 전도하기로 하였다.

5월 4일~5일

울산을 방문하였다. 50명의 여성을 만났다.

5월 7일 월

어제 오전 이곳에서 여성들과 피영으로 걸어 올라갔다. 그곳의 기독교인들과 즐겁게 지냈다. 그들을 떠날 때 작별을 고하기란 어려운 일이다. 오늘 집으로 돌아갈 계획이었지만 날씨로 인하여 연기되었다. 오후에 다시 여성들을 만나 공부하였다. 이들은 우리가 떠나지 못하게 되어 기뻐하였다.

('브라운의 일기', 1906년 4월 25일-5월 7일)

35. 외로운 순회 여정

엥겔은 평양의 신학교 강의 차 한 달 출타해 있다. 미국선교회의 요청이었다. 심 장로도 학생으로 그와 함께 갔다. 이 학교에 한국인 학생 25명이 있다고 하며, 각 선교부 대표가 한 달씩 와 강의를 하고 있다.

엥겔이 떠나 있는 동안 멘지스가 그의 아들 셋을 돌보고 있다. 이들에게 믿을 수 있는 좋은 요리사가 있어 다행이다. 아이들도 착하고 잘 크고 있다. 나는 사흘 전 순회 전도에서 돌아왔는데 그 내용은 보고서에 기록하였다. 켈리와 니븐은 이번 주 읍내에 갔는데 그곳에서 언어공부에 집중할 계획이다. 이들은 지난 몇 주말을 나를 따라 이 마을을 방문하여서, 그곳 여성들에게 낯선 사람은 아니다.

켈리가 돌아오면 나는 곧 울산을 방문할 계획이다. 시골 순회는 외로운 여정이다. 한국말의 홍수 속에 영어가 그리울 때가 있다….

멘지스, 금이, 매물이는 학교 일로 바쁘다. 학교 공간이 많이 부족하다. 새 건물을 위한 모금 요청에 친절하고 관대한 응답이 있기를 바란다. 이 필요는 정말 시급하다. 고향에 있는 여러분도 우리의 시각으로 볼 수 있으면 좋겠다.

4월 4일 부산.

('더 메신저', 1906 05 18, 267)

36. 구서 방문

3주 전 전도부인 백명과 나는 순회전도를 떠났다. 우리는 먼저 구서에 갔다. 구서를 중심으로 우리는 그 주변 6개의 마을 방문하였다. 대부분 여성은 낮에 너무 바빠 우리를 맞이하지 못하였다. 우리는 마당에서 여러 가지 일하는 그들 옆에 앉아 말을 걸며 전도를 하였다. 어떤 때는 방 안까지 초청받아 들어갈 수 있었지만, 그들은 우리의 이야기를 들으며 바느질을 하였다.

저녁에는 구서의 교인들과 만나 기도회를 가졌다. 그리고 글을 못 읽는 여성들에게 성경을 읽어주었다. 그중 한 여성 계실은 '깨달음'을 얻고 열심을 내었는데 스스로 말씀을 읽을 수 있도록 노력하겠다고 하였다. 55세의 그 여성은 우리가 묵는 집안의 16살 아들과 함께 배우는 것을 마다하지 않았다. 그녀는 어려운 삶을 살아왔고, 믿음의 시험 속에 있었다.

('더 메신저', 1906 05 25, 285)

37. 마산포를 지나

지난 5월의 순회전도는 어려운 여정이었다. 어윈 박사는 나에게 몇 주 조용히 쉬기를 권고하였고, 나는 진주의 커를 부부를 찾기로 마음먹었다. 전도부인 유실을 데리고 갔다. 우리는 먼저 마산포까지 기차로 55마일을 갔다. 그곳에서 우리는 송부인 집에 하룻밤 머물렀는데 그녀는 멘지스가 양녀였고, 10년 전에 아담슨의 매서인과 결혼을 하였었다. 그는 이제 마산포교회를 책임지고 있다.

이곳에서 우리는 40마일을 더 가야 하기에 아침 일찍 출발하였다. 가마를 타기도 하고 걷기도 하며 17시간을 거쳐 마침내 우리는 목적지에 도착하였다. 유실은 박 석사와 순복이 집에 머물기 위해 시내로 갔다.

커를 박사는 진주에서 지난 9개월 동안 좋은 발전을 보이고 있었다. 매주 대부분 남성이지만 그곳 사람들과 예배를 드리고 있고, 이번 가을에 예배당을 세울 계획에 있었다. 이들 부부는 스콜스 양이 부임하기를 고대하고 있다.

나는 진주에 있는 동안 대구의 아담스 부인으로부터 연락을 받았다. 과일의 계절에 오라는 친절한 초청이었다. 나는 네 명의 다른 여성들과 그때를 맞추어 대구에 갔다. 아담스 부인은 우리가 과수원에 들어가 마음껏 과일을 따 먹게 하였다.

니븐과 켈리는 성서대회 참석을 위하여 서울에 갈 예정이다. 그곳에서 그들은 선교사공의회도 참석할 것이다.

부산진, 8월 17일.
('더 메신저', 1906 10 05, 604)

38. 진주선교부에서

지난 5월에 나는 순회를 다녔다. 울산, 피영, 울산 읍과 학동을 방문하였다. 이번에는 울산 읍에서 일주일 있었는바, 매일 그곳의 교인들과 성경공부를 하였다. 피영의 교회에서 10리밖에 안 떨어져 있지만 피영과는 다른 계층의 여성들이다. 이들은 공부를 위하여 좀 더 여유가 있었다.

이번 순회는 매우 고무적이었지만 육체적으로는 피곤하였다. 그래서 6월에는 어빈 박사의 충고대로 집에서만 일하였다.

6월에는 유실과 함께 내지에 있는 커를 박사 부부를 방문하였다. 남서쪽에 있는 마산포까지 기차로 갔고, 그 후에는 가마나 나귀로 갔다. 길 일부분은 매우 거칠었고, 한두 개의 높은 언덕도 넘어야 했다. 중간에 밤나무가 많아 그 그늘에서 여행자가 쉴 수 있었고, 먼 배경에는 높은 산이 있었다.

진주는 오래된 성읍이다. 산으로 둘러싸여 있고, 다른 곳처럼 매우 지저분하였다. 선교부는 산자락 아래 자리를 잘 잡고 있었다. 성읍에서 10분 거리이다. 커를 박사는 그곳에 작은 방이 있어 환자들을 보고 있다.

박 석사와 그의 아내 그리고 모친은 전에 커를 부부가 살던 집 한 부분에서 살고 있다. 방 2칸은 주일에 예배처로 사용하고 있고, 주중에는 남학교로 사용하고 있다. 모두가 참여하기에는 너무 비좁다. 여름에는 밖에서 모이는데 남자들은 성곽 위에 앉고, 여성들은 성과 가까운 곳에 있는 초가집에서 모인다. 이들의 찬송 소리는 많은 사람을 불러모아 큰 모임이 되고는 한다.

몇 명의 교인들은 열심이어서 이번 가을에 예배당을 세운다고 한다. 내가 진주에 있을 때 이들은 선교관 근처의 작은 땅을 매입하였고, 40~50리 떨어진 곳에서 목재도 구입하였다. 비가 오면 목재를 강에 띄워 진주로 가지고 온다고 한다.

커를 박사는 자신의 병원 건축을 10월경 시작하기 원하고 있다. 건물이 생기면 그의 의료 사역은 더 나아질 것이다. 커를 부인은 매주 화요일 저녁 집을 공개하여 예배를 드리는데 여성은 누구나 환영이다. 그러나 금요일 저녁 모임은 세례문답자만 들어와 공부할 수 있다. 이 일에 박순복이 커를 부인을 돕고 있다. 여성들 모두 커를 부인을 좋아한다. 그녀도 그 여성들에게 관심이 많고 그들의 집을 자유로이 방문하고 있다. 커를 박사 부부는 스콜스의 부임을 고대하고 있다. 특히 커를 부인은 외로운 곳에서 사적인 친구가 필요하다.

부산의 사역도 잘 진행되고 있다. 교인들이 예배당을 넓히기 위하여 고군분투하고 있다. 몇 명은 헌금을 작정하기도 하였다. 가난하여 헌금할 수 없는 초읍의 몇 여성은 나무를 해오겠다고 약속하였고, 남학교 교사의 아내와 전도부인은 그들의 은반지를 팔아 건축 헌금하였다. 그리고 몇 소녀들은 골무를 만들고 있다. 운영위원회는 다음 달부터 건축을 시작되기를 희망하고 있다. 오는 사람 모두가 앉을 수 있는 예배당이 생기면 좋지 않겠는가. 지금은 사람이 작은 베란다도 앉아야 한다.

올해 6월에 성찬예배가 있었다. 엄내에서 온 한 여성과 16실 된 한 여성이 세례를 받았다. 지난번에도 2명의 여성이 세례를 받았었다.

어제 오후 백명과 나는 초읍을 방문하였다. 그곳에서 신자 한 명을 만났는데 그녀는 지난 13년 동안 사지를 쓰지 않던 노인이었다. 그런 그녀가 갑자기 걸을 수 있었고, 교인들은 기도의 응답이라 하였다. 우리도 그녀가 지팡이를 짚고 마당을 걷는 모습을 보고 놀랐다. 자신에게 힘을 준 '하나님'께 그녀는 감사하였다….

일주일 전 학교가 다시 시작하였다. 그러나 학생들은 아직 모두 돌아오지 않고 있다. 이곳에는 15일마다 조상 제사가 있고, 그것을 준비하느라 여성들은 바쁘다. 비기독교 가정의 여학생들은 그것을 도와야 한다. 야학교의 학생도 마찬가지이다. 이 기간이 끝나면 다시 원래대로 돌아갈 것이다. 우리는 믿는다.

부산, 9월 18일

('더 크로니클', 1906년 12월 1일, 4)

39. 전도부인 감독과 순회

브라운의 사역은 주로 전도부인 교육과 감독, 구 부산과 그 주변 마을 순회, 그리고 그곳의 여성들을 가르치는 일이다. 11월 대부분은 병영(울산)에서 보냈고, 3월의 반 이상은 구서, 신화, 내덕을 방문하였다. 그리고 4월과 5월에 다시 병영과 울산읍을 4주간 방문하였다. 총 69일을 순회하였으며, 그 중 60일은 가가호호 방문, 성경공부 그리고 예배 인도를 하였다. 안 믿는 자의 집을 방문할 때는 전도부인을 통하여 전도하였는바, 1,020명 이상의 여성이 그녀에게 복음을 들었다. 22번의 주일은 동래읍의 여성반에서 성경을 가르쳤다.

엥겔

('더 크로니클', 1907년 2월 1일, 9)

40. 부산진예배당 증축

최근 니븐과 나는 기장과 울산 지역을 즐겁게 방문하였다. 좋은 날씨 속에 19일 동안 순회를 하였다. 기장 지역의 학동에는 예배당을 따로 가지고 있었는바, 지난 6월 혹은 7월에 엥겔이 헌당식을 하였다. 이번에 우리는 그곳에 머물렀다. 지난번 학동을 방문하였을 때는 김 씨 가족과 작은 방에서 잤는데, 그때보다 훨씬 편안하였다.

판곡에서 우리는 손암이와 그녀의 3개월 난 아들을 보았다. 그녀는 보이는 대로 어린이 엄마이다. 순복이의 아이는 몇 시간 살지 못하여 그녀와 박 석사에게 큰 실망이었다. 그는 최근 진주에서 방문하였는데 그곳의 활동이 잘 되고 있다고 보고하였다.

보배의 작은 딸 진주는 이제 걸음마를 시작하며 웅얼거리고 있다. 그 아이는 고아원 소녀들에게 귀여움을 독차지하고 있다. 이 소녀들이 각자의 아픔을 뒤로하고 서로 사랑하며 우정을 나누는 모습이 놀랍다.

예배당 건물의 새 부분이 완성되었다. 다음 주일에 감사예배가 있을 것이다. 새 기와를 얹진 예배당의 모습은 슬프게도 낡아 보인다. 내년에 교인들이 다시 힘을 내어 예배당 전체를 완공하기를 바란다. 60~70파운드 정도 더 들 것인데 이들에게 큰돈이다. 외부의 도움 없이 증축을 완성하지는 못할 것이다. 이들은 용감하게 최선을 다하고 있다. 모든 공간이 다 필요한데, 18피트 제곱미터다.

우리는 곧 미션 박스에 있는 물건들을 이곳 사람들에게 선물로 준비할 것이다. 고향의 여러분이 친절하게 보내준 것이다. 공책, 연필, 인형 등은 학교 아이들의 상품으로 사용될 것이다.

부산진, 1906년 12월 18일

브라운

('더 크로니클', 1907년 3월 1일, 4)

41. 학동의 김 선생

부산에서 40마일 떨어진 동쪽 해변의 마을 학동의 교회 지도자 김 씨는 복음을 6년 전에 처음 접하였다. 우리 항구의 입구에 있는 영도에서 사는 친구에게서 들었다고 한다. 당시 그는 섬을 전전할 정도로 가난하였다. 그의 아들 중 한 명이 공금을 횡령하여 일본으로 도망갔을 때 그의 부친이 빚을 갚기 위하여 가진 밭 등을 모두 팔았기 때문이었다.

"예수를 믿는다는 것이 무슨 뜻이야?" 그는 전도하는 친구에게 물었다. "걱정과 염려에서부터 자유로울 수 있어." 친구가 대답하였다. "지금 내가 필요한 것이 바로 그거야. 나보다 더 무거운 짐을 진 사람은 없을 거야." 그는 대답하였다.

그 주일 그는 섬에서 열리는 예배에 참석하였다. 그곳에서 그는 미국선교회의 시드보탐 목사를 만났다. 시드보탐은 김 씨와 대화하였고, 다음 날 친구와 함께 자신의 집으로 초대하였다. 그들은 그곳에서 세례문답반에 들어갔다. 김 씨는 책을 사서 집에 가 읽었다. 그는 신약을 처음으로 다 읽었지만 무슨 말인지 통 몰랐다. 두 번째 읽었을 때는 흥미가 생겼고, 세 번째는 너무 집중하여 점심 먹는 것도 잊을 정도였다….

몇 달 후 그는 농촌 마을 학동으로 돌아갔고, 그곳에서 엥겔에게 세례를 받았다. 약 3년 전의 일이다. 그가 부산에서 학동으로 돌아올 때 주막에서 하룻밤을 묵었다. 그는 방에 같이 있던 손님들에게 성경 이야기를 하였다. 이야기 중 두 명의 남성이 더 들어왔는데, 그중 한 명이 상복을 입고 있었다. 그는 등짐을 내리며 말하였다. "예수 믿는 분인가요? 나도 믿는데 반갑습니다."

그 두 명은 다름 아닌 커를의 조사 박 씨 그리고 부산의 김 씨였다. 이들은 서로 반가워하였고, 밤늦게까지 이야기를 나누었다. 학동의 김 씨는 예수에 관하여 많은 질문을 하였다. 다음 날 그들은 각자의 길로 떠났다. 그리고 몇 주일 후, 박 조사는 학동의 김 씨를 방문하였다.

지난달 니븐과 내가 학동을 방문하였다. 그때 김 씨는 그곳 교인들의 미지근함과 추수를 이유로 주일예배에 불참하자 기운이 빠져 있었다. 그는 말하였다. “저도 농부이기에 압니다. 마음만 먹으면 추수 기간이라도 주님의 거룩한 날을 지킬 수 있습니다. 저들의 행위가 저를 슬프게 합니다.”

그곳의 교인들과 하나님의 종 김 씨를 위하여 기도해 달라.

부산진, 1906년 12월 18일
브라운
('더 크로니클', 1907년 3월 1일, 4)

42. 여성성경반

지난달 14~24일까지 여성을 위한 겨울 성경반이 이곳에서 열렸다. 시골에서 40명의 여성이 참석하였는데 작년의 19명보다 2배이다. 우리는 매일 아침 9시 반에 모여 30분 예배를 드렸다. 그리고 10시부터 12시까지 성경공부를 하고, 2시부터 3시 사이에는 새 찬송가를 배우고, 그 후 한국어 단어를 배운다. 이 반은 고아원의 상급생이 가르친다.

반은 문맹자와 비 문맹자로 나누어 사도행전, 소요리문답, 성경 구절 암기, 십계명, 사도신경을 가르친다. 한 번은 어빈 박사가 '위생'에 대하여 이야기하였는데, 여성들에게 도움이 될 것이다. 만약 실행에 옮기면 말이다. 여성들은 다른 곳에서 온 교인들과의 교제를 매우 즐거워하였다.

그중 초읍에서 온 노인이 있었다. 작년에 그녀는 누가 옮겨왔는데 이번에는 지팡이를 짚고 스스로 왔다. 사지를 13년 동안 안 쓰던 그 여인이다…. 이곳의 여성들도 그녀가 걷는 힘을 얻자 모두 기뻐하였다.

2월 28일, 나는 기차로 밀양에 갔다. 부산에서 36마일 정도 떨어져 있는데 그곳에서 성경반을 인도하였다. 그 근방 여러 지역에서 여성과 소녀들이 모였는데 백 명가량이었다. 시드보탐과 스미스 목사가 주관하였고, 나는 하루에 4시간씩 가르쳤다. 성경반은 일주일 동안 진행되었고, 여성들은 즐거워하였다. 여러 교회에서 온 사람들과 만나는 기회였다.

우리의 선교 활동은 안정적으로 진행되고 있다. 어제 주일에는 연합예배가 있었는바 다른 교회에서 많이 참석하였다. 선교사들과 멘지스가 지난번 언급한 둘개의 여성들도 참석하였다. 각종 영으로부터 어려움을 당하던 그들이 자유로워지고 밝아졌다. 백명과 내가 지난번 방문하였을 때 우리를 잘 맞아주었다.

여성성경반이 이곳에서 열릴 때 남성성경반은 김해에서 열렸다. 부산에서 20마일 떨어진 곳이다. 3백 명 정도가 공부를 위하여 모였다고 한다. 경상남도에서 열린 성경반 중에 가장 큰 규모이다.

여러분이 보는 대로 사역은 점점 커지고 있고, 이 일을 감당할 수 있는 선교사가 더 필요하다. 누구를 보내겠는가? 누가 오겠는가? 누가 '왕의 일을 위하여' 서두르겠는가? 지난 27일 도착한 스콜스 양과 라이얼 씨를 환영하게 되어 정말 기뻤다.

엄내의 나의 반은 수적으로 많아지고 관심이 커지고 있다. 어제 그들과 흥미로운 시간을 보냈다. 그곳의 남성들도 주님께 돌아오기를 고대한다. 그들 중 많은 사람이 이미 주님에 대하여 들었다. 그러나 아직 무관심하다. 확신의 영이 그들과 함께하여 그들도 예수를 알도록 우리와 함께 기도해 달라. 그에게만 영생이 있다.

부산, 3월 11일

('더 크로니클', 1907년 5월, 8)

43. 시드보탐의 편지

브라운 양이 5월 11일 한국에서 돌아와 반가웠다. 지난 월요일 여선교연합회는 그녀를 환영하였다…. 엥겔은 현재 교회를 방문하며 보고회를 하고 있다. 지난 4개월 동안 121번의 모임에서 보고하였고, 2,694마일을 다녔다. 새 지부도 생겼다.

한국의 시드보탐 목사가 지난번 엥겔에게 보낸 편지를 보면 다음과 같은 내용이 있다. 허락을 받아 이곳에 소개한다.

"김해에서 열린 남성성경반에 심 장로가 가치 있는 도움을 주고 있다. 성경반에 약 200명의 남성이 참가하였고, 그중 8~9명이 당신의 사람이다. 그 후 여성반이 열렸는바 브라운 양이 훌륭하게 도와주었다. 80명이 참석하였고, 열정적인 반이었다. 이 반에 목사님의 일꾼들이 도와주어 매우 감사하다. 호주선교회의 여성과 미국선교회의 여성 간에 자매 사랑의 정신이 있다.

다음에는 물론 우리가 목사님의 일을 도울 의향이 있다. 여성들에게도 그렇게 요청하였다. 나의 조사 방 씨는 아직 병원에 있다. 아마 조사 일을 더는 하지 못할 것 같다. 그의 딸 달순이는 여전히 부산진학교에 있다. 2월까지의 비용을 이미 지급하였다. 방 씨가 앞으로 무엇을 할지 모르겠다. 그의 봉급도 정지된 상황이다….

목사님의 호주방문이 그곳 교회에 큰 유익이 되고, 목사님께도 충전의 시간이 되기를 바란다. 이곳의 사역이 확장되기를 원한다면 1910년까지 7~8명의 목사선교사가 현장에 더 있어야 할 것이다."

우리 고아원 학교에 두 명의 작은 소녀가 있는데 여러분의 지원이 필요하다. 위에서 언급한 방 조사의 딸 그리고 작년에 들어온 덕순이다. 각 소녀에게 연 7파운드가 필요하다.

심 장로 선물로 손목시계가 이미 지원되었다. 은 시곗줄은 호손 남학생 선교회가 후원하였다.

해외 총무

('더 크로니클', 1907년 6월 1일, 2)

44. 엥겔의 부인이 되다

지난 7월 3일 엥겔 목사와 한국의 브라운 양이 7월 3일 발라렛의 에베네저교회에서 카메론 목사의 주례로 결혼하였다. 브라운 양은 이 교회의 교인이다. 엥겔 부부는 우리 회원 모두의 따뜻한 축복을 받았다. 우리는 그들의 행복과 우리 연합회에 이것은 좋은 일이라고 믿는다.

엥겔 부인은 이제 우리와 전과 같은 관계로 부산으로 돌아가지 않지만, 그녀는 여전히 우리의 기도와 지지를 원하며, 우리의 모든 회원도 은혜의 보좌 앞에서 그들을 사랑으로 기억하리라 확신한다.

부산과 다른 지역의 우리 일꾼들도 사랑하고 신뢰하는 친구의 귀환을 크게 기뻐하며 환영할 것이다. 이들을 위한 환송 모임은 8월 2일(알림을 보라) 열릴 것이다!

마가렛 번즈

('The Chronicle', 1907년 8월 1일, 1)

45. 엥겔 부부 송별회

엥겔과 엥겔 부인 송별회가 8월 2일 금요일 오후 스코트교회 홀에서 열렸다. 많은 회원과 친구들이 참석하였다. 로란드 여사가 사회를 보았고, 단위에는 해외선교위원회를 대표하여 총회장 프레이저 목사, 그레이 목사와 아담슨 목사 부부, 임원회 회원들, 그리고 우리의 초청 손님인 엥겔 부부가 앉아 있었다.

백합꽃과 녹색 잎 그리고 다른 꽃들로 홀은 잘 장식되었고, 홀 앞의 작은 책상 위에는 꽃이 담긴 꽃병이 놓여 축하의 분위기를 더 하였다. 찬송가 '햇빛을 받는 곳마다 주 예수 왕이 되시고'를 함께 부른 후, 총회장이 아름다운 기도를 하였다….

로란드 여사는 여선교연합회 회원들이 주는 27개의 금화와 은화가 담긴 지갑을 엥겔 부인에게 전달하였다. 또한, 앞으로의 행복을 기원하는 회원들의 축복을 잘 정제된 언어로 말하였다. 엥겔은 로란드 여사와 연합회 회원들에게 선물과 축복을 받으며 짧은 응답을 하였다.

그리고 엥겔의 고별사가 있었다. 그는 먼저 로란드 여사와 다른 연사들의 친절한 연설에 대하여 감사를 표하였다. 그리고 모든 축복과 선물에 대하여 자신의 아내를 대신하여 감사하였다. 이 모든 친절함을 오래 기억할 것이라고 하였다.

그리고 엥겔은 사랑하는 한국선교와 더 많은 일꾼의 필요성에 대하여 연설하였다. 그는 훌륭하고 결단력 있는 한국인들의 성격에 대하여 말하였는데, 한국의 전승 이야기를 예로 들었다. 그는 현장에 있는 우리의 선교사들을 위한 기도도 절실하다고 하였다. 또한, 앞으로 아마 7년 동안 헤어지게 될 자신의 세 아이를 위하여도 기도를 간청하였다.

매케이 목사와 앤더슨 여사의 중보기도 후에, 좋은 소식이 선언되었다. 한 무명의 후원자가 진주를 위한 오르간을 약속하였다는 것이다. 우리의 기도에 또 하나의 응답이며, 그로 인하여 우리 모두 감사드린다.

아담슨의 권면 후에 축도가 있었다. 그리고 오후 다과회를 함께 즐기며 친구들은 엥겔 부부에게 작별을 고하였다. 아라렛 지부는 엥겔 부인에게 축하의 전보를 보냈으며, 로란드 여사가 그 메시지를 읽었다. 그 친절함에 모두 감사하였다.

('The Chronicle', 1907년 9월 1일, 6)

46. 백배로 주시겠다는

빅토리아여선교연합회 임원과 회원들께,

존경하는 친구 여러분, 내가 이곳에 잠시 있는 동안 베푼 여러분의 친절에 호주를 떠나기 전 감사 드리고 싶습니다. 내가 어떤 이유로 여러분의 많은 사랑을 이렇게 받는지 생각하였습니다. 한가지 이유가 떠올랐는바 자신을 따르는 자에게 백배로 축복해 주시겠다는 주님 약속의 말씀이었습니다.

여러분의 기도와 지금까지의 관심에 감사드리며, 앞으로도 계속되기를 바랍니다. 나는 집 안의 일 외에도, 여전히 부산에서의 사역 한 부분을 감당하기 희망합니다. 엥겔 씨도 그렇게 생각하며, 여러분 모두에게 인사를 드립니다.

시드니, 1907년 8월 7일
아그네스 엥겔
('The Chronicle', 1907년 9월 1일, 4-5)

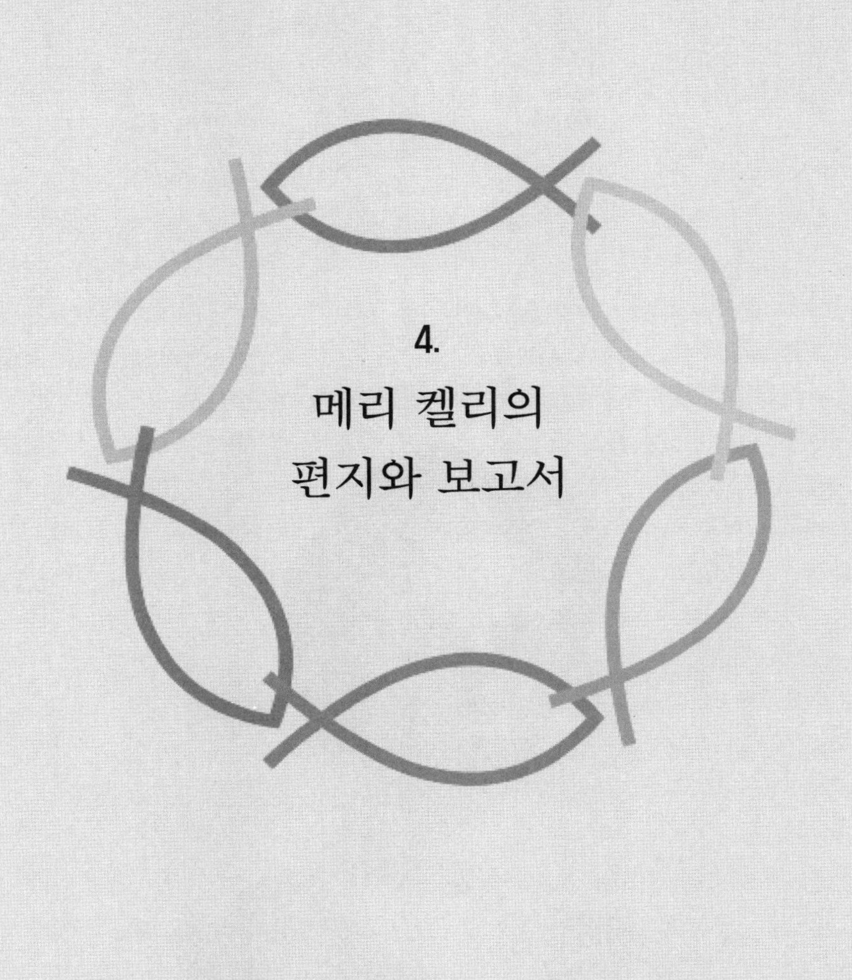

4.
메리 켈리의 편지와 보고서

메리 켈리 Mary Kelly 1905(Photo-'더 크로니클', 1912)

제임스와 메리 맥켄지 결혼James & Mary Mackenzie
(Photo-'더 크로니클', 1912)

박신연, 켈리, 니븐, 클라크, 무어, 김봉명(?) Park, Kelly, Niven, Clark, Moore, Kim(?)
(Busanjin, 1912)

1. 디커니스로 안수

이달 6일 목요일 오후 알버트 팍에 있는 디커니스훈련원이 개강하였는바 많은 사람이 참석하였다. 총회장이 사회를 보았고 그는 두 명의 학생이 수업 과정을 모두 마쳤다고 공표하였다. 총회의 위원회에 의하여 브루스 양과 켈리 양이 5월에 디커니스로 안수를 받을 것이다.

도르카스교회의 닉슨 양이 건강의 이유로 사표를 내어 브루스 양이 그 자리로 임명될 것이고, 켈리 양은 빅토리아여선교연합회 선교사로 몇 달 안에 한국으로 갈 것이다.

('더 메신저', 1905 04 14, 222)

2. 한국선교사로 받아들이다

빅토리아여선교연합회는 켈리 양을 한국선교사로 받아들였다. 8월이나 9월쯤 그곳으로 떠날 것이다. 5월 3일 수요일 오후 7시 30분 총회 회관에서 그녀의 디커니스 임직식이 있을 예정이다. 각 연합회 지부 서기는 이날을 홍보해 주겠는가? 이 흥미로운 예배에 우리 연합회의 많은 회원이 참석해 주기를 바란다.

('더 메신저', 1905 04 28, 274)

*아그네스 브라운은 그 후 겔슨 엥겔의 부인으로 오랫동안 부산과 평양에서 봉사하다가 1937년 은퇴하여 귀국하였다.

3. 복의 근원

빅토리아여선교연합회 샌 킬다 지부는 한국선교사로 임명된 켈리 양을 연사로 초청하였다. 그녀는 18세였을 때 하나님이 어떻게 자신을 해외 선교로 부르셨는지 간증하였다. 그녀에게 주신 말씀은 다음과 같았다고 한다. "너는 복의 근원이 될지라…. 땅의 모든 족속이 너를 인하여 복을 얻을 것이니라."

켈리는 훈련원에서 교육을 받은 것은 큰 축복이었다고 하였고, 다른 이들도 훈련원에서 교육을 받기를 원한다고 하였다.

('더 메신저', 1905 05 26, 357)

4. 환송 모임

이달 5일 화요일 저녁 한국선교사 켈리 양의 송별 모임이 투나교회에서 열렸다. 켈리는 이 지역에서 자라났고, 투나교회에서 적극적으로 봉사를 하여왔다. 그 후 멜버른의 디커니스훈련원에서 수학하였고, 우수한 결과를 가져왔다. 그녀는 이제 여선교연합회에 의하여 파송 받게 되었다.

적지 않은 교인이 송별 모임에 참석하였지만, 좋지 않은 날씨로 인하여 더 많은 사람이 참석을 못 하였다. 존스톤 목사, 애머리 씨, 어바인 씨가 고별 연설을 하였다. 켈리는 자신이 어떻게 한국선교사로 가게 되었는지 훌륭한 간증을 하였다. 이 지역의 성가대와 친구들이 독창과 합창을 불렀다.

('더 메신저', 1905 09 22, 693)

5. 파송 예배

이달 21일 목요일 오후 콜린스 가에 있는 독립 회관에서 켈리 양과 니븐 양을 파송하는 예배가 열렸다. 예배 후 이들은 이날 시드니로 가는 급행열차를 탔다. 하퍼 여사가 첫 번 순서를 사회하며 참석자들을 환영하였다….

파송식은 로란드 목사가 집례하였다. 그는 잘 정제된 언어와 깊은 감정으로 두 명의 젊은 선교사들을 격려하였으며, 그들을 하나님께 위탁하였다. 켈리 양과 니븐 양은 각각 응답하였는데 진심이 담긴 단순한 언어 그리고 절제된 감정으로 모두에게 감동을 주었다.

하디 목사가 파송 연설을 하였고, 프레이저 목사가 축도하였다. 이들 여선교사에게 작별을 고할 수 있는 개인적인 시간도 있었다.

켈리와 니븐은 시드니에서 홍콩으로 '티난호'를 타고 출발하였는바, 많은 친구의 기도와 축복이 있었다.

('더 메신저', 1905 09 29, 710)

6. 사랑의 선교사 가족

이방 땅에서의 첫 성탄절을 맞는 나를 격려하는 여러분의 친절한 메시지가 잘 도착하였다. 성탄절 축하와 동료선교사들의 세심함으로 고향을 그리워하는 마음이 녹아내렸다. 아침 식사 테이블 위에 동료들 사랑의 선물이 놓여 있었고, 심지어 호주에 있는 무어도 미리 나를 생각하고 있었다.

우리는 행복한 가족이다. 브라운은 때로 우리를 '아이들'이라고 부른다. 우리는 멘지스를 '마더 수피리어' 즉 대모라고 부른다. 그녀는 우리가 공부에 너무 피곤하지 않도록 돌본다. 한국어 공부는 많은 인내와 끈기가 요구된다. 엥겔이 큰 도움을 주고 있다. 그는 아직 사고에서 회복되지 않았고, 지팡이를 짚고 다닌다. 그의 부인도 몸이 좋지 않은지 꽤 되었다.

그럼에도 우리는 편안한 이 공동체로 인하여 감사하다. 초기에 희생적으로 길을 낸 개척자들이 이러한 열매를 맺었다. 이곳의 한국 기독교인의 선교사에 대한 애정은 대단하다. 내가 멜버른을 떠날 때 무어는 나에게 사랑의 유산 속으로 간다고 말하였었다. 그녀의 약속은 이미 충분히 이루어졌다.

우리 뒤에 기도의 능력이 있다는 것을 아는 것은 큰 격려가 된다. 우리의 기도는 1906년 여러분 모두에게 축복의 해가 되기를 바란다.

('더 메신저', 1906 02 23, 77)

7. 엥겔 부인의 죽음

엥겔 부인이 사망하였다는 소식이 5월 14일 선교 현장에 전하여졌다. 우리(켈리와 브라운, 김유실 전도부인, 마부 2명, 가마꾼 4명 - 역자 주)가 울산의 순회에서 돌아왔을 때 우리 동료들은 큰 슬픔 속에 있었다. 이곳 교인들은 자신들의 경애하는 목사를 찾아 깊은 위로를 전하였으며, 하얀 옷을 입은 남성들이 그의 공부방을 드나들며 슬픈 감정을 나누었다. 엥겔을 위한 기도가 풍성히 드려졌고, 어제 특별한 예배도 있었다.

15명의 여성과 4명의 남성이 주님에 관한 간증이 있었다. 그리고 그들은 세례문답반에 허입되었다. 우리 중에 각성이 있고, 더 많은 축복을 예견하고 있다.

('더 메신저', 1906 06 29, 368)

8. 서울로 가는 길

9월이 시작되면 한국의 모든 선교사는 보통 기대감으로 기쁘고 바쁘다. 장로교공의회가 서울에서 열려 모두 만나기 때문이다. 과거에는 일주일 동안의 성서대회가 공의회 전에 개최되었다.

니븐과 나는 시간에 맞추어 도착하기 위하여 8월 31일 기차로 부산을 떠나 서울로 갔다. 우리가 떠날 때 비가 억수로 내렸지만, 우리의 기대감은 높았고, 비가 오는 중에도 한국 풍경을 보며 가는 것은 흥미로웠다. 오후 중반 즈음 반쯤 가고 있는데 길이 끊겨 기차가 더는 갈 수 없다는 소식이 들렸다. 엔진 소리가 날카롭게 나더니 기차가 반대로 움직였고, 부산 방향으로 다시 달리기 시작하였다.

우리는 기차가 다시 서울로 떠나기를 나흘 기다렸지만, 기찻길 수리가 끝나려면 열흘 걸린다는 소식을 듣고, 증기선으로 가기로 하였다. 이곳에서의 여행은 이렇게 예상할 수 없는 기쁨이 있다…. 배에 타니 많은 일본인과 독일인 2명이 타고 있었다. 유럽인들의 음식이나 먹을 수 있는 포크와 나이프도 없었다…. 화장실에 내릴 물도 없었다….

이틀 동안의 항해 끝에 우리는 제물포에 도착하였다. 그리고 기차를 잠깐 타니 서울이었다. 성서대회가 이미 끝나고 있어 우리는 실망하였지만, 마지막 강의는 들을 수 있어 좋았다. 영혼이 다시 회복되는 것 같은 느낌이었다. 뉴욕의 하워드 존스톤 박사는 웨일스와 인도에서 일어나고 있는 하나님의 역사하심에 대하여 말하였고, 우리 한국의 선교사들은 조용히 앉아 그의 강의를 들으며 하나님의 언약 속에 새 비전이 마음에 차오르는 것을 느꼈다.

그는 중국도 방문하였지만, 한국이 모든 선교지에서 가장 선교 활동이 잘되고 있다고 하였다. 다른 땅에서는 이렇게 열린 기회와 기독교를 수용하려는 모습을 볼 수 없었다고 말하였다….

이제 다시 부산으로 돌아왔다. 니븐과 나는 부산 뒤에 있는 산에 올랐다. 깨끗한 공기를 마시기 위함이었다. 나의 친구는 고향에서 온 소중한 편지를 몇 번이고 열어보다가, 집을 장식하기 위하여 꽃을 꺾어 가지고 왔다. 나는 지금 앉아 이 편지를 쓰며 이 땅의 사람들을 생각한다. 나의 구주는 이들을 원하고, 나도 그들을 주님께 인도하기 원한다….

이곳 아래 수천 명의 영혼이 살고 있다. 이곳에서 하얀 옷을 입고 움직이는 수많은 사람을 볼 수 있다. 악령을 위한 의식의 종소리도 어디선가 들려온다. 바닷가에서도 작은 배들이 나가기 전 용왕에게 기도한다. 우리의 언덕 근처에 서낭당도 있다. 죄와 악령에게 붙잡혀 사는 이곳 사람들과 내륙에 있는 많은 사람에게 우리는 빛, 즉 하나님의 어린 양을 전해야 할 의무가 있다. 그러나 전도자 없이 그들이 어떻게 들을 수 있을까?

...

사람들은 계속하여 우리를 구경하러 밤낮으로 오고 있다. 니븐과 나는 한국어 1학년 시험을 준비하느라 바쁘다. 오후에 우리는 문을 걸어 잠그고, 방 안의 커튼을 내렸다. '우리는 집에 없다'고 말하고 싶었다. 그러나 다른 창문들이 있었다! 사람들은 여전히 유리창에 코를 박고 안을 들여다본다. "이 시기에는 창문을 닦아도 소용없다." 멘지스가 전에 한 말이다.

니븐과 나는 1학년 시험을 통과하였다. 그러나 여전히 한국어 ABC 수준이다. 우리가 언어를 잘 배울 수 있도록 기도해 달라. 우리는 또한 무어의 귀환을 고대하고 있다. 그녀가 어떤 고향 소식을 가져올지 기대된다.

부산, 1906년 10월 12일

메리 J 켈리

('더 크로니클', 1907년 1월 1일, 3-4)

9. 박신연 – 그의 이야기

박 씨는 기독교인이 되기 전부터 자신의 마을에서 사람들에게 존경과 사랑을 받았다. 그는 교육을 받았고, 젊은 시절에는 관직을 위한 시험에도 합격하였다. 그러나 돈이 없어 관직은 다른 사람들에게 먼저 주어졌다. 그래서 그는 한문 학자로 서당에서 가르치기 시작하였다. 신자가 되기 전까지 그는 유교 추종자였다. 그는 지식인이었기에 이곳의 많은 사람이 섬기는 악령이나 귀신은 믿지 않았다. 그러나 조상 숭배는 그에게 매우 중요하여 엄격하게 지켰다.

이제 그의 회심 이야기를 들어보자. 그의 말 그대로 전하려고 한다. 그 이야기를 할 때 그가 짓는 얼굴 표정을 전달하지 못하여 아쉬울 뿐이다.

"수년 전 나의 마을에서 가르칠 때 있던 학생 한 명이 부산에 왔습니다. 그 학생이 이곳에서 신약이라고 부르는 작은 책을 싼값에 파는 것을 보았습니다. 그는 이 책을 사는 것이 종이를 구하는 좋은 방법이라 여기고, 한 권 샀습니다. 그는 그 책을 가지고 마을로 돌아왔고, 나에게 한번 읽어보라고 주었습니다. 한문으로 되어있었고, 아름다운 필체였습니다. 그래서 나는 처음부터 마지막까지 다 읽었습니다. 이 책의 가르침을 믿어서 읽은 것이 아니라 한문으로 잘 만들어졌기에 읽는 것 자체가 좋았습니다.

나는 그 책을 읽으면서 매우 놀랍고 이상한 책이라 느꼈습니다. 이해하기 어려운 내용이었는데, 특히 계시록이 그랬습니다. 무슨 의미인지 알 수 없었고, 가르쳐주는 사람도 없었습니다. 그래서 그 책을 다시 그 학생에게 돌려주었습니다.

그 후 부산에서 큰 복권 축제가 있었습니다. 모두 가보기 원하였지만 나는 특별히 가고 싶은 마음이 없었습니다. 그런데 친구가 가자고 하여 부산에 가 아담슨 씨 집 근처에 묵고 있었습니다. 친구가 운세와 결혼과 장례식 등의 기일 그리고 풍수지리가 적힌 책자를 사 왔습니다. 우리 종교에 이런 것들은 매우 중요합니다. 나는 그 책을 갖기 원하였습니다. 그러나 비쌌습니다. 누가 나에게 베끼라고 하였지만, 종이도 돈으로 구매해야 합니다. 나는 돈이 없었습니다.

축제 날 나는 눈이 아팠습니다. 밖에 안 나가려고 했지만, 시간이 가까워져 오자 웅성거리는 소리가 점점 커져 안 나갈 수 없었습니다. 한국인, 중국인, 일본인 모두 모였습니다. 그러나 외국인은 없었습니다. 외국선교사 몇 명이 부산에 살고 있는데도 말입니다. 나는 생각하였습니다. '그 사람들은 매

우 원칙적인 사람들인가 보다. 욕심도 없이 이런 축제에도 안 나오고.'

그때 나는 그들이 한 면에만 글이 있는 책을 싸게 판다는 것을 기억하였습니다. '아담슨 씨 집에 가 그 책을 사서 빈 면에 그 운세 내용을 다 적어야겠다.' 나는 생각하고 그곳으로 갔습니다.

그러나 아담슨 씨는 너무 바빠 나를 만날 수 없었습니다. 내일 다시 오면 만날 수 있다고 하였습니다. 그다음 날 다시 가니 아담슨 부부가 나를 반기는 것 같았습니다. 책자 3개를 샀는데 그들은 내가 예수를 알기 위해 구매하는 줄 생각하였습니다. 그들은 무슨 설명도 하였지만 나는 관심이 없었고, 빈 면을 어떻게 쓸까만 생각하였습니다.

나의 마을로 돌아와 나는 빈 면에 운세 책을 베끼기 시작하였습니다. 그러나 무언가 나는 즐겁지 않았습니다. 나의 마음이 말하는 것 같았습니다. '그 선교사는 내가 책을 읽으리라 생각하여 팔았는데, 엉뚱하게 사용하고 있다니.' 나는 두 권만 사용하고 나머지 한 권은 읽어보았습니다.

며칠이 지나고 저녁에 서당에 갔습니다. 남성들이 그곳에 모여 대화하는 관습이 있습니다. 그런데 그날 못 보던 사람이 한 명 와 있었습니다. 우리는 서로 인사를 하였습니다.

'성씨가 어떻게 됩니까?'

'박 석사입니다. 댁의 성씨는요?'

'박 선생입니다. 나이는요?'

'24살입니다. 선생님은 연세가 어떻게 됩니까?'

'66세입니다. 자녀는 몇 명 두셨나요?'

'자녀는 없습니다. 선생님은 몇 명 두셨나요?'

'두 명입니다. 어디서 오셨습니까?'

'부산에서 왔습니다.'

'무슨 일로 오셨지요? 무슨 일을 하십니까?'

'저는 하나님의 아들 예수를 믿는 사람입니다. 나는 그에 관한 책을 팔며, 그를 전하고 있습니다.'

'누가 여기로 보냈습니까?'

'부산의 선교사 엥겔 씨가 보냈습니다.'

'그 책을 보여주세요.'

그는 나에게 책을 보여주었다. 전에 내 학생이 나에게 보여준 책의 한 부분이었고, 이해하지 못하던 내용이었다. 그 자리에 있던 다른 남자들이 하나 둘씩 자리를 떴다. 나이든 남성 한 명만 남았는데 그는 예수 사설을 듣기 원치 않았다. 그러나 나는 바닥에 앉아 박 석사의 설명을 들었다. 그는 일어나 문밖을 보며 계속 말하였다. 그렇게 나는 그날 그 놀라운 이야기를 자정까지 들었다. 그리고 나는 새벽녘에 그를 다시 찾아 아침까지 이야기를 더 들었다. 박 석사는 다시 오겠다고 약속하고 떠났다. 그는 부산으로 돌아가자마자 성경 전체를 나에게 보냈다. 그리고 두 번 더 우리 마을을 다녀갔다.

성경의 가르침이 나의 마음속에 진리로 다가왔다. 예수를 통해서만 영생을 얻고 평화를 얻을 수 있다는 말씀이다. 그러나 나의 유교를 어떻게 해야 할까. 조상 제사를 다 포기한단 말인가. 둘 다 믿을 수도 없고 어찌할 바를 몰랐다. 한 집의 문지방에 서서 들어갈까 말까 하는 나의 모습이었다. 들어갈까 말까. 나는 의심을 버리고 결단할 수 없었다.

그러다 엥겔 씨가 우리 동네를 방문하였다. 그는 좀 더 분명하게 나에게 설명하였고, 함께 기도하였다. 모든 의심은 물러갔다. 예수 그리스도를 구주로 믿고 하나님께 예배를 드렸다. 마침내 내 마음속에 평화가 찾아왔다."

이 이야기에 설명을 덧붙이자면 박 씨는 그 후 집 안의 모든 제사 단지를 밖에 내어놓고 불로 태웠다. 주일에 서당에서 가르치는 것도 그만두었다. 마을 사람들은 그런 그를 불쾌하게 생각하였다. 그는 결국 서당을 그만두고 부산으로 왔다. 현재 그는 이곳에서 니븐과 나에게 한글을 가르치며 봉급을 받고 있다. 그는 어린아이와 같은 신앙과 사랑을 가졌다. 그의 둘째 아들도 기독교인이다.

켈리

('더 크로니클', 1907년 1월 1일, 5-6)

10. 반주자 켈리와 니븐

켈리와 니븐은 이곳에 도착한 이후로 대부분 시간을 한국어 공부에 매진하고 있다. 그리고 좋은 진보를 보이고 있다. 이들은 이곳 주일예배와 수요기도회에서 돌아가며 반주를 맡고 있으며, 12월부터 3월까지 몇 주일을 브라운 양과 동행하여 동래읍도 가고 있다. 이들은 한 주 전체를 그곳에서 있으며 자신들의 한국어를 시험해 보기도 하였고, 전도부인의 도움을 받아 전도하였다.

켈리는 브라운과 함께 3주간 울산도 방문하였다. 그곳에서 브라운이 다른 일을 하는 동안 그녀는 한 소경 여성에게 성경을 가르쳤다.

엥겔
빅토리아여선교연합회 선교 감독자
('더 크로니클', 1907년 2월 1일, 9)

11. 떠나는 브라운 부인

"브라운 부인은 언제 돌아가세요?"

부산의 우리 작은 선교부에 한 명이 줄어든다. 지난 몇 주 동안 이곳 우리의 사람들이 계속 질문하였다. 브라운 양이 집으로 돌아간다는 소문이 처음 들렸을 때, 몇 여성들은 심히 근심하며 울었다. 브라운은 울지 말라 하며 만약 계속 운다면 몰래 떠나겠다고 으름장을 놓기도 하였다. 그 여성들은 그 말을 믿고 브라운이 외출할 때마다 내다보았다.

오늘 그날이 왔다. 멘지스의 보조교사인 금이와 매물이는 학생들이 예의를 갖추어 작별인사를 하기 바랐다. 그래서 학생들은 수업 후에 우리 집 앞까지 행진하여 왔다. 두 명의 교사가 막대기를 들고 같이 걸어도 학생들은 두 줄로 질서 있게 걷지는 못하였다. 학생들은 아마 오늘 더 집중을 못 하는 것 같았다.

"잘 보고 똑바로 서." 매물이가 소리쳤다. 잠시 후 학생들은 줄지어 섰고, 인사하였다. 이 사랑스러운 아이들을 보고 안 울 사람은 없다. 많은 사람이 브라운 양에게 인사하였고, 항구까지 따라간 사람도 적지 않았다. 다른 사람들은 골목에 서서 우리가 지나가기를 기다렸다. 자신이 울면 브라운 부인이 마음 아플까 봐 울음을 참는 사람도 있었다. 그들 중 누가 떨리는 목소리로 인사하였다. "부인. 안녕히 갔다가 빨리 돌아오세요." 그리고 그 여성은 뒤돌아서 눈물을 닦았다.

…

독감이 부산 지역에 창궐하고 있다. 목숨을 잃는 사람도 있다. 그중 초읍의 차수 모친도 있다. 그녀는 무당이었는데 예수를 믿은 후로 산에서 나무를 하며 살았다. 여성에게 힘든 삶이지만 그녀는 초읍의 다른 여성들과 매주 교회에 왔다. 어느 토요일 그녀는 친척들에게 주일에 교회 가자고 전도를 하다 갑자기 쓰러져 사망하였다. 가장 천한 초가집 한구석에서 가장 높은 곳으로 부르심을 받은 것이다. "오. 왜 나를 데리고 안 갔을까?" 그곳의 한 교인 여성이 말하였다. 대부분 한국 여성들의 삶은 고되고 힘들다. 하루빨리 하늘나라의 본향으로 가고 싶어 한다….

우리 외국인이 집을 방문할 때 개가 먼저 알아보고 짖고, 집안 여성의 다듬이질 소리를 들으며 전도하며, 역한 공기 속에서 숨을 쉬며 교제한다. 그러나 토착인이 전도할 때 이런 어려움은 거의 없다. 북쪽에서 부흥운동이 일어나고 있다는 소식을 접하며 우리 지역에도 성령의 바람이 불기를 기도한다. 그동안 부산과 주변 지역에 많은 씨를 뿌렸지만, 아직 그 부르심에 응답하는 사람이 적다. 우리와 함께 기도해 달라.

부산진, 4월 3일

켈리

('더 크로니클', 1907년 7월 1일, 1)

12. 전도부인 김단청과 이수은

7월의 무더운 날씨도 주일예배를 막지 못한다. 초읍에서 오는 사람들이 특히 그렇다. 너무 더운 주일은 자신들의 집에서 예배를 드리고 싶을 텐데 우리 교회에 빠지지 않는다. 그뿐만 아니라 인원도 늘고 있다. "초읍에서 온 새 교인입니다." 종종 듣는 소식이다. 4명의 남성도 함께 오고 있어 반갑다.

주일학교는 예배 전 1시간 반 동안 진행된다. 먼저 함께 다 모여 개회한 후, 남학생들은 교사들과 함께 남학교에 가 공부를 한다. 매물이와 나는 읽지 못하는 소녀들을 데리고 고아원으로 가고, 멘지스는 교회의 남자 칸에서 상급반 여학생들을 가르친다. 그때 남성들은 교회당 뜰 앞에 있는 사랑방에 모이고, 여성들은 자신들의 칸에서 공부한다. 주일학교가 마칠 때 즈음 각반은 사람들로 붐빈다….

심 장로는 병영에서 돌아와 몇 명에게 세례문답을 하였다. 합격한 몇 사람은 엥겔이 어서 돌아와 세례받기를 고대한다. 그런데 어떤 여성들은 쉽지 않을 것이다. 엥겔도 그들에게 문답할 것이며, 사도행전, 주기도문 그리고 십계명을 외워야 하기 때문이다. 동래 읍내의 한 여성은 무어에게 이번에 죽는 한이 있어도 세례를 꼭 받겠다고 하였다. 그러나 세례문답 공부를 시작하면서 그녀는 한숨을 쉬었다. "하늘나라 가기도 어렵지만, 세례받기가 더 어렵습니다."

지난주 심 장로는 함안의 작은 예배 모임을 방문하여 그곳의 8명을 세례문답반에 허입하였다. 그는 곧 울산도 방문하여 같은 일을 하기 원한다. 시골의 교인들은 종종 우리에게 편지를 써 방문을 요청하는데 그 내용이 감동적이다. 방문할 시간이 없다거나 누구를 보낼 방법이 없다고 대답하면 그들이 얼마나 실망할까!

니븐과 나는 지난 3개월 동안 시골을 방문하지 못하고 있다. 우리의 전도부인을 잃었기 때문이다. 빅토리아의 토론토 기도회가 지원하는 김단청과 이수은인데, 작년 12월 기금이 고갈되었다. 우리는 기금이 올 것으로 생각하고 5월까지 그들을 고용하였다. 그러나 기도회에서 더 이상의 지원은 없었고, 주저하며 그녀들을 돌려보내야 하였다. 그들은 신실하고 한국어가 제한된 우리에게 가치 있는 일꾼들이다. 그들은 너무 가난하여 우리가 봉급을 못 주면 다른 일을 해야 한다. 이수은이 더 그렇다. 김단청은 친척 집에서 살 수 있지만, 그들은 기독교에 적대적이다….

부산, 7월 31일
켈리
('더 크로니클', 1907년 11월 1일, 1)

13. 진주의 '새 부인'

지난 분기 편지를 보낸 후 나에게 많은 변화가 있었다. 이미 여러분은 부산의 선교사들에 의하여 그 소식을 들어서 이 편지에 쓰인 주소가 놀랍지 않을 것이다…. 이곳의 우리 선교사 수가 적은 이유로 내가 부산에서 진주로 옮기게 되었다. 나는 그 결정에 순종하였고, 두 달 전에 이곳으로 왔다.

한 무리의 여성 신자가 '새 부인'을 환영하였다. 그들은 새 부인으로부터 많은 것을 배우기 기대하였지만, 이제 2년 배운 나의 서툰 한국어로 인하여 그들에게 미안하였다. 이들은 자신의 동네 밖으로 나가 본 적이 없어 자신의 언어가 얼마나 배우기 어려운지 모른다. 두렵게도 선교사가 쉽게 배울 수 있을 것으로 생각한다. 이들이 나에게 배우려면 인내가 필요하지만, 때로 나의 서툰 한국어를 듣는 기술도 필요하다.

다행인 것은 이들의 배우려는 열정이다. 성경반에서 우리는 즐겁게 지내고 있다. 주일 오후에 우리는 연합하여 예배를 드리고, 오후에는 주일학교로 모인다. 남성 교인 수가 두 배 정도 되는데 다섯 그룹으로 나누어 공부한다. 교사들은 금요일 저녁 커를 목사와 만나 미리 공부한다. 이들은 이 모임을 즐기는 데 여러 가지 질문과 제안으로 폭소가 끊이지 않는다고 커를이 말하였다.

여성주일학교반은 커를 부인과 내가 나누어 맡고 있다. 문맹자는 커를 부인과, 비 문맹자는 나와 공부를 한다. 모두 합하여 16~18명 정도 정기적으로 출석하고 있고, 때로 구경꾼도 온다. 소요리문답 공부를 위하여 금요일 저녁에도 여성과 소녀들의 모임이 있지만, 지난 몇 주 동안은 성탄 찬송을 가르치고 있다. 오르간이 진주로 오고 있지만, 이들에게 성탄 선물이 되게 하려고 아직 말을 안 하고 있다. 이들은 자신들의 찬송가를 사랑하며 부르지만, 비 문맹자는 배우기 어려워한다. 스콜스와 나는 이들을 위하여 화요일 저녁 글을 가르치고 있다. 처음에는 많이 왔지만 금방 포기하기도 한다….

진주에서의 여성 사역 중 가장 필요한 것은 한국인 전도부인이다. 우리 교회로 오는 여성은 우리가 가르칠 수 있지만, 그 숫자는 양동이에 물 한 방울과 같다. 성읍에 복음을 듣지 못한 수천의 여성이 있어 우리는 최선을 다하고 있다. 그러나 전도부인의 사역에 비하여 효과적이지는 못하다.

먼저는 외국인 여성이 이웃집 마당을 마음대로 드나들 수 없다. 이곳 사람은 아직 외국인과 습관 되지 않았다. 길을 갈 때 남성들은 우리를 빤히 쳐다보며 나쁜 말을 한다. 혼자 다닐 수 없을 정도이다. 전도부인과 다니면 그녀가 앞서가 주변을 살펴보고 가도 되는지 들어서도 되는지 안내한다.

그들의 가장 큰 역할은 복음 전도이다. 한국말을 완벽하게 하기에 어떻게 대처하고 말해야 하는지 안다. 이곳의 여신자 중에 아직 그 역할을 할만한 사람이 없다. 아직 초신자들이고 자기 가정에서 할 일도 많다. 그러나 몇 명은 복음을 전하기 원하고 있고, 우리의 방문을 반겨주고 있다. 또 우리 외국인을 구경하러 오는 사람들에게 전도할 기회도 찾는다.

여러분에게 이것을 쓰는 이유는 이곳의 필요를 알고 함께 기도하기 위함이다. 여러분의 기도는 우리에게 큰 힘이고 도움이다. 한 예로 오전에 나는 공부를 하고 오후에는 집을 방문하며 전도하고 있다. 그러나 전도부인도 없고 나의 한국어도 제한적이라 나가기가 꺼려진다. 지난 화요일은 특별히 어려웠다. 교인들 집은 다 방문하였고, 그 후 누구를 찾아야 할지 몰랐다. 아침 공부 시간 내내 그 생각으로 마음이 무거웠다. 나는 기도하며 어디를 방문해야 할지 인도하심을 바랐다.

우리의 집은 산자락에 서 있다. 이곳에서 보면 진주 성읍이 다 보인다. 나는 순회를 나가기 전 읍내를 한번 둘러 보았다. 그때 한 생각이 마음을 스쳤다. "오늘 고향의 여선교연합회 모임이 있는 날이지. 그들이 나를 위하여 기도할 거야." 그리고 주님의 말씀이 생각났다. "네가 어디로 가든지 네 하나님 여호와가 너와 함께 하느니라." 순간 모든 염려가 사라졌다. 오히려 나의 믿음 없음을 꾸짖었다. 나는 즉시 출발하였다. 어디로 가는지도 모른 채 말이다. 어떤 문이든 열릴 것이다….

한번은 커를의 조사가 연결해준 여성의 집을 방문하였다. 지금 한국인들은 '김치'(절인 배추, 상추, 무)를 만드는 때이다. 우리가 이 집 마당을 들어섰을 때 그 일로 여성들은 분주하였다. 큰 광주리에 배추와 무가 담겨있고, 많은 항아리가 놓여 있어 마당이 비좁았다. 한쪽에는 지붕을 이을 새 볏단과 장작더미가 쌓여있었다. 어디에 서야 할지 모르고 있을 때 우리를 구경하러 온 아이들과 여성들까지 마당에 들어왔다.

이때가 전도하기 좋은 순간이다. 물론 모두 환영하지는 않지만, 우리의 전도에 관심을 보이는 여성들이 있기 마련이다. 한 여성은 말하였다. "부인. 나는 예수쟁이가 될 수 없어요. 나는 글을 읽지 못합니다." 그녀는 전에 복음을 듣고 교회에 갈 생각도 했지만, 글을 읽지 못하여 포기하였다고 한다. 어떤 여성들은 교회에 성경과 찬송 책이 있어 글을 읽어야만 하는 줄 생각하였던 것 같다. 이 여성은 주일에 교회 오겠다고 약속하였다. 그리고 그녀는 그 약속을 지켰다.

진주의 어두움은 깊다. 공중 권세 잡은 자들이 다스리고 있다. 이곳 교인들의 기도 중에 진주는 한국에서 가장 사악한 곳이라고 하며 회개하기도 한다. 친애하는 친구 여러분, 사악한 곳에서 싸우는 이곳 일꾼들을 위하여 기도해 달라.

진주, 12월 11일
켈리
('더 크로니클', 1908년 3월 1일, 2-3)

14. 몰려드는 여성들

지난 편지 이후로 한국의 새해가 지나갔다. 한국인들에게는 매우 중요한 기간이고, 우리의 일에도 영향을 끼친다. 2월 2일 주일이 구정이었다. 몇 명의 교인들이 우리와 함께 송구영신 예배를 드렸다. 집에서 귀신에게 기도하는 것보다 우리와 함께 지난 한 해를 감사하며 새해를 맞아 얼마나 좋은가. 구정 다음 날부터 2주간의 휴일로 우리의 여성 사역도 대부분 중단되었다.

커를 박사의 남성성경반으로 인하여 우리는 교회당을 쓸 수 없었지만, 금요일 저녁은 찬송가 부르기라 여성들도 합류하였다. 합류라고는 하지만 각각 다른 방에 앉아 부른 것이다.

진주교회는 찬송을 잘 부른다. 그런데 마을 남성들이 와 함께 부르면 종종 재미있는 상황이 된다. 서로 농담을 잘한다. 한 남성이 찬송가 일 절을 혼자 불렀는데 부르자마자 큰 웃음이 터져 나왔다. "여러분이 웃어도 괘념치 않아요. 내가 내 마을로 가 부르면 나보고 다 잘 부른다고 합니다!" 여성들도 찬송가 부르기를 매우 즐긴다. 어떤 노인 여성은 찬송을 읽는 것처럼 부르는데 빠른 찬송가는 느리게 부르고, 느린 찬송가는 먼저 마친다….

어느 주일은 많은 여성이 왔다. 여성 방이 다 차서 더는 들어올 수 없을 정도였고, 곧 창문밖에도 여성들이 붙어섰다. 창문이 가려지자 예배당이 어두워졌다. 대부분 구경나왔거나 오르간 소리를 듣기 위해 나왔다. 예배가 마치자 남성들이 자신들의 방에서 나갔고, 그 자리에 밖에 있던 여성들이 초청받았다. 커를의 조사 박 석사와 우리의 언어교사 문 석사가 그들에게 설교하였다. 설교를 듣는 그들의 얼굴 표정을 이 편지에 담을 수 없어 아쉽다.

박 석사가 우상 숭배에 관한 죄를 말할 때 그들의 표정은 찡그려졌고, 문 석사가 예수 그리스도에 대하여 말할 때 그들은 놀라운 표정을 지었다. 이날 많은 사람이 복음에 대하여 들었다. 우리가 아침에 나와 그때 집에 갔을 때 2시 반이었다. 저녁에도 여성 방은 붐비었다.

진주교회에 참석하는 남성들의 친척 여성 몇 명이 이날 예배에 참석하였다. 이들은 사부량 사람들인데 진주에서 3마일 정도 떨어진 곳이다. 여성들은 아이들로 인하여 매 주일 교회 오기가 어려우니 누가 와 주일예배를 인도해주면 좋겠다고 하였다. 주일은 진주에 있어야 하니 주중에 가겠다고 나는 약속하였다. 그래서 매주 나는 교인 여성 한 명과 그곳을 방문하고 있다.

방문한 첫날 제법 많은 여성이 모였다. 그 작은 마을의 여성과 어린이 모두 외국 여성을 구경하기 원하였다. 모임은 어린이들로 시끄러웠고, 특히 집주인의 8살 난 딸이 말을 안 들었다. 같이 간 교인이 그 아이의 모친에게 딸을 꾸짖으라고 하였다. 그 모친은 나에게 물었다. "아이를 때리는 것은 죄가 아닌가요?" 그 기회에 나는 솔로몬 이야기를 하였다. 화가 나서 아이를 꾸짖는 것은 잘못이기에 화를 먼저 가라앉히고 가르쳐야 한다고 하였다. 그녀는 자신은 화날 때 아이를 때리지 않는다고 하였다. 그날 이후로는 사부량에서 3명 그리고 이웃 마을에서 2명이 모여 조용히 성경공부를 하였다. 모두 도시의 여성들보다 순박하고 배우는 것을 소중하게 여겼다….

진주, 2월 29일

켈리

('더 크로니클', 1908년 6월 1일, 1-3)

15. 필수 모친의 문답

봄이 지나며 날씨가 따뜻해지니 주일예배에 교인이 늘어났고, 그로 인하여 우리는 기뻤다. 남성 공간은 이미 찼고, 여성도 50~60명이 정기적으로 참석하고 있다.

지난 4월, 3번의 주일 모두 비가 왔다. 봄비는 따뜻했지만 세차게 쏟아졌고, 얼마 안 되어 길은 질척거렸다. 우리는 읍내의 길을 내다보며 말하였다. "오늘은 여성들이 밖에 안 나오겠어요. 우산이 있어도 길이 너무 나빠요." 그러나 예배당에 도착하니 빈 바닥이 없었고, 여성들의 얼굴은 밝았다. 한 여성은 맨발로 진흙 길을 걸어왔다. 또 다른 여성은 물이 속치마를 머리에 쓰고 왔다.

지난주일 우리 교회에 세례식과 성찬식이 있었다. 참여한 신자들이 평온하고 기뻐하는 얼굴을 여러분이 보았으면 얼마나 좋았을까. 동시에 우리는 기대했던 교인이 '떨어져 나가서' 슬픈 마음도 있었다.

세 명의 젊은이가 세례를 받았다. 이들은 신실하였고 회심의 모습이 뚜렷하였다. 이번에 세례받은 여성은 없었지만, 2명이 세례공부반에 들어왔다. 이 반에 들어오려면 예비반을 거쳐야 하는데 상당한 시험을 받는다. 한국 여성들은 수줍어하고 조용하여 남성 목사와 대면하는 것 자체를 매우 힘들어한다. 목사님의 질문에 올바르게 답하는 것은 둘째치고도 말이다.

필수 모친은 교회에 2년 다녔고 커를 박사를 알기에 다른 여성들에 비하여 크게 수줍어하지 않았다. 그녀는 읍내에서 2리 떨어진 곳에 살고 있는데, 그곳에서 나에게 제일 먼저 문을 열어준 여성이다. 또한, 그녀를 통하여 그 인근 4개의 마을도 방문할 수 있었다.

나는 그녀를 종종 방문하면서 그녀의 신실함을 보았다. 그래서 그녀에게 세례받기를 권하였던 것이다. 긴장하는 그녀를 본 커를은 시험 보는 동안 함께 해달라고 나에게 부탁하였다. 그녀는 커를과 박 석사로부터 등을 돌리고 한쪽 편에 앉아 질문에 대답하였다. 작은 방이었기에 대답하는 소리를 들을 수 있었다.

필수 모친은 자신의 두 손을 마주 잡은 채 긴장하며 질문에 대답하였다. "무슨 뜻의 질문인가요? 부인, 무슨 질문인가요?" 그녀는 몇 번 혼란스러워하며 나에게 다시 물었다. 내 가슴이 철렁하였다. 한 시간 전 내가 질문을 하였을 때 그녀는 대답을 잘하였었다. 결국, 그녀는 시험에 통과하였다.

이곳의 사역은 빠르게 성장하고 있다. 더 이상의 일꾼 없이 지탱하기 어렵다. 진주에서 7마일 정도 떨어진 득개 마을에는 교인들이 집을 사 예배당으로 개조하였다. 커를 박사가 가능한 주일마다 가보고 있다. 지난번 다녀와서 그는 나에게 그곳의 여성들이 많아 나도 방문하는 것이 좋겠다고 하였다. 우리의 고참 여성 3명이 지난번 그곳을 방문하였었다. 멀고도 거친 길이었고, 숙소도 좋지 않아 냄새도 많이 났다고 하였다. 그러나 그들은 나와 또 가겠다고 하였다.

어느 날 우리 4명은 그곳에서 온 학생 한 명과 매서인 김 석사와 함께 득

개로 갔다. 중간의 많은 대화로 멀리 있는 길이 그렇게 피곤하게 느껴지지 않았다. 우리가 도착하자 여성들이 나왔다. 30분 만에 예배당이 꽉 찼고 밖에도 많이 서 있었다. 나를 보고자 하는 그들을 위하여 나는 문가에 앉았다. 나는 두 시간 반 동안 창조주와 주님에 관하여 이야기하였다. 그 후 한 여성이 우리를 식사에 초대하였다. 그곳에 가니 김 석사가 한 무리의 남성에게 전도하고 있었다. 식사 후 다시 예배당으로 가니 여성들이 아직 우리를 기다리고 있었다. 최소한 10명이 더 자세히 배워 기독교인이 되기를 갈망하였다.

늦은 오후, 우리가 떠날 때 흰옷을 입은 40명 정도의 사람이 우리를 배웅하였다. 돌아오는 길에 아직 방문하지 못한 마을들을 보았다. 이들을 방문하지 못하면 이들이 어떻게 구원의 소식을 들을 수 있을까. 복음이 전하여지면 믿을 텐데 말이다. 열린 기회로 인하여 주님을 찬양한다. 오! 그리고 더 많은 선교사를 보낼 수 있도록 기도해 달라.

진주, 5월 28일
켈리
('더 크로니클', 1908년 8월 1일, 5-6)

16. 부잣집 청년

부산에서 편지를 쓴 지 오래된 것 같다. 친근한 이곳으로 나는 돌아왔고, 이곳은 내가 한국인을 처음으로 알고 사랑하게 된 곳이다. 선교 사역을 처음 시작한 곳인데 떠나 있던 지난 8개월 동안이 꿈만 같다. 진주에서 사귄 사람들로 인하여 나의 사랑과 기쁨은 더 증가하였다. 이들은 내 옆에 앉아 생명의 길을 더 배우기 원하였고, 우리가 자신들에게 돌아오기만을 기다린다고 하였다.

뜨거운 열기는 모든 선교사로 하여금 일을 천천히 하도록 하였다. 두 주

전 스콜스와 나는 진주를 떠나 이곳 부산에 와 우리 동역자들을 만나는 기쁨을 가졌다. 우리는 이 방문을 기다려 왔다. 그런데 떠나는 날 비가 억수로 쏟아졌다. 우리의 실망을 상상하겠는가. 그다음 날도 비가 올 것 같았지만 우리는 더 기다릴 수 없었다. 90리(30마일)를 목표로 이날 길을 재촉하였다. 보통 뜨거운 햇볕을 우리는 두려워하는데 이번에는 불어 난 시냇물을 건너야 하고 진흙의 산을 넘어야 하는 무서움이 있었다.

스콜스는 커틀의 큰 일본 말을 탔고, 나는 작은 나귀를 탔다…. 우리는 고생 끝에 마산포에 도착하여 부산으로 가는 기차를 탈 수 있었다. 기쁘게 말에서 내려 우리는 기차 안의 의자에 앉았다. 그리고 다음 날 부산에서 우리 동료들을 만나 얼마나 반가웠는지 모른다. 이번 여행길에서 우리를 보호하시고 이곳에서 동료들을 만나게 해주신 하늘의 아버지께 감사하였다.

...

진주의 우리 선교 활동은 고무적이다. 예배 참석하는 교인의 수도 꾸준하다. 생명의 말씀이 듣는 이들의 마음을 움직이기를 기도한다. 우리 여성반은 절대 한가한 날이 없다. 열심히 배우며, 배운 것을 다른 사람에게 전하기를 힘쓴다. 7월 중순 저녁 모임은 취소되었다. 더운 낮에 일하고 밤에 공부하기는 쉽지 않다. 그뿐만 아니라 모기와 날아다니는 개미 등이 끊임없이 모임을 방해하였다.

비와 열기는 순회에도 영향을 미치고 있다. 아픈 사람을 제외하곤 교회 밖 교인들을 거의 방문하지 못하고 있다. 어느 날 아침 식사를 할 때 한 심부름꾼이 와 우리의 심방을 원하는 한 가정의 초청을 전하였다. 그 집은 부잣집인데 그 집 아들이 가정에 문제를 일으키고 있었다. 그 아들의 행실로 모친의 얼굴에 주름이 깊었고, 아프기까지 하였다. 그로 인하여 그녀는 더욱 열심히 신앙생활을 하였다. 하나님 안에서만 오직 위안을 얻었고, 그분만이 아들을 변화시킬 것이라고 확신하였다.

그날 오후 내가 그녀의 집을 심방하였다. 그녀는 더운 방에 누워 힘들어 하고 있었다. 그녀는 성경 말씀을 들었고, 나의 설명을 목마른 자 같이 받았다. 그녀의 아들을 위하여 함께 기도하였다. 그리고 그녀는 찬송가 몇 곡을 들으며 큰 위로를 받았다.

그다음 날 그녀는 일어나 우리를 방문하였는데 다른 여인 같았다. 그녀와 그녀의 아들을 위한 기도를 요청한다. 젊고 부자인 아들이 회심하면 진주에 큰 영향을 미칠 것이다. 그 자신의 영혼과 모친과 이곳 성읍 사람들을 위하여 그가 죄에서 벗어나 바위 위에 우뚝 설 수 있게 말이다.

부산, 8월 24일
켈리
('더 크로니클', 1908년 11월 1일, 3-5)

17. 전도부인 강은혜

우리의 새 전도부인 이름을 알려드린다. 몇 달 전 여러분이 전도부인 고용을 위한 비용을 보냈다고 하였을 때, 나는 함께 할 전도부인이 이곳에 아직 없지만, 몇 개월 같이할 여성은 있다고 말하였었다. 그 여성이 바로 새 전도부인이 되었다. 그녀는 보통 '오봉주의 모친'이라고 불리지만, 그녀의 진짜 이름은 강은혜이다. (강이 성이고, 은혜는 '그레이스'란 뜻의 세례명이다.)

그녀는 10월 1일부터 전도부인을 시작하였다. 이곳 어두운 이웃을 위하여 그녀가 하나님의 일을 잘 감당하기를 기도하며 믿는다. 지난달 그녀는 51권의 복음서를 팔았다. 그녀와 함께 순회 나가는 것은 큰 도움이며 위안이다. 그녀는 또한 주일에 여성반을 가르칠 능력이 있다. 지난달 그녀는 주일마다 덕개에 가서 신자가 되려는 여성들을 가르쳤다.

앤더슨 부인은 편지에 '베이비 미션 밴드'(아기선교동아리)를 언급하면서, 진주의 아기들 이름과 생년월일을 보내 달라고 하였다. 그녀가 농담인지는 모르겠지만 최근 우리 교회와 관련된 가정에 아기가 몇 명 태어났다. 그래서 우리도 아기선교동아리를 만들 수 있을지 모르겠다. 아마 부모들은 좋아할 것 같다. 다만 어려운 부분은 소년과 소녀선교동아리도 필요하다는 것인데, 이 일을 이끌기에 우리는 지금 일이 너무 많다. 기도하면서 생각하다

보면 어떻게 해야 할지 좀 더 분명해질 것 같다.

진주, 11월 7일
켈리
('더 크로니클', 1909년 2월 1일, 3-4)

18. 아담슨의 환등기 상영

아담슨 씨가 두 주간 진주를 방문하며 인근 지역을 돌아보았다. 지난 두 달 동안 이곳에 목사가 없었으므로 이곳 교인들은 그의 방문을 감사하였다. 진주의 많은 사람에게 그의 이번 방문은 오래 기억될 것인데, 그가 보여준 마법 같은 환등기 때문이다. 한국인은 '구경'하는 것을 매우 좋아한다. 특히 환등기 상영은 인기가 높았다.

먼저 목요일 저녁 남자와 소년들을 위하여 예배당에서 예수의 일생을 상영하였다. 홍보가 잘 안 되었는데도 많은 사람이 참석하였다. 예배당 문을 지키는 교인은 사람들을 통제하느라 애를 먹었고, 입장하지 못한 사람들의 불평 소리를 다 들어야 하였다.

우리는 특별히 여성들이 자신 주님의 일생의 장면들을 볼 기회를 가져 기뻤다. 이들 중 많은 여성은 읽지를 못하여 그 이야기를 듣기만 하였기 때문이다. 상영 후에 몇 여성이 말하기를 전에는 자신들에게 주어진 은혜와 사랑을 잘 몰랐지만, 이제 눈으로 보니 확실히 깨달았다고 하였다.

예배당 안에서 환등기를 상영하는 것은 힘들고 위험하기도 하여 다음에는 야외에서 하기로 하였다. 마침 날씨도 좋아 많은 사람이 모였다. 먼저 온 사람들은 준비되는 동안 예배당 안에서 기다리다 상영이 시작된다고 하니까 모두 뛰어나갔다….

모두 자리에 앉자 송 조사가 기도를 인도하였다. 그리고 상영될 탕자의 비유를 설명하였다. 마침내 상영이 시작되자 모두 조용하였다…. 이날 상영을 본 사람은 500명가량이다. 상영의 결과가 무엇인지는 모르지만, 이들은 그 내용을 쉽게 잊지 못할 것이다. 이들 구경꾼이 주님께로 돌아오기를 기도한다.

지난주 나는 전도부인과 덕개 마을에서 이틀을 보냈다. 몇 명의 여성들이 배우기를 간절히 원하였다. 머리가 흰 한 여성은 전에 사도행전을 샀는데, 그 내용이 무슨 뜻이지 다 알고자 하였다. 나는 말하기를 이 책은 다 배워 불경처럼 읽는 것이 아니라 그 의미를 알아 실천하는 것이라 하였다. 그녀가 불경처럼 책을 읽는 습관이 있었기 때문이다. 그녀는 특히 한 구절을 계속 되뇌었다. "누구든지 주의 이름을 부르는 자는 구원을 얻으리라."

진주, 11월 27일

켈리

('더 크로니클', 1909년 3월 1일 2-3)

19. 한국인 동역자들

한국인의 새해 기간은 모두 바쁘다…. 전도부인이 판매하는 성경책도 잘 안 팔리고, 그녀의 전도에 귀를 기울이는 사람도 적다. 집집이 다듬이질하는 소리로 전도하는 우리의 말소리는 바람 속에 흩어지는 느낌이다. 그러므로 불신자 집은 덜 방문하고, 그동안 교회에 뜸한 교인들을 찾아다녔다. 한 가지 반가운 사실은 이 기간에 예배에 참석하는 인원이 줄지는 않았다는 사실이다. 오히려 여성 칸이 꽉 차서 반을 나누어 앉을 수 없을 정도였다.

여학교의 학생들이 많아지면서 예배당도 더 좁아지게 되었다. 심각한 문제이다. 구정 전에 스콜스의 출석부에 34명의 학생이 있었는데, 새 학기가 되면 더 많은 학생이 더 등록할 것이라고 한다. 그러면 그녀는 이미 읽을 수 있는 상급반 학생을 위하여 다른 방법을 찾아야 할 것이다.

우리의 동역자들은 소명에 충실하다. 두 명의 매서인은 자신들의 지역을 순회하고 있고, 박 석사와 문 석사는 진주와 하동에서 개최할 남자성경반을 준비하고 있다. 이들 두 명 모두 훌륭한 질문자들이다. 문 석사는 이달 초 하동에서 성경반을 염두에 두고 전도와 설교를 하였다. 박 석사는 단성에서 일주일 공부반을 열었다. 적은 수가 참석하였지만, 그는 최선을 다하였고 남은 시간에는 노방 전도를 하였다. 지금은 이곳과 인근의 남성들을 위하여 읍내에서 성경반을 열고 있다.

오늘은 장날이라 오후에 공부를 멈추고 모두 장에 가 전도하였다. 그러나 중국인 배우들이 먼저 와 볼 만한 공연을 하였기에 사람들이 그리로 대부분 몰려갔다.

새해 전 송구영신 예배 시 박 석사는 남성성경반이 열리기 전까지 매일 저녁 모여 기도하며 준비하자고 제안하였다. 모두 진심으로 동의하였고, 그 후 은혜로운 기도 모임이 계속 열렸다. 기도회가 끝날 때 모두 아쉬워할 정도였다. 모임 시 종종 드려진 기도는 이 어두운 진주에 올해 선교사를 더 보내 달라는 기도였다. 이것은 우리가 그리는 매일의 기도이기도 하다.

진주, 1월 29일

켈리

('더 크로니클', 1909년 4월 1일, 2-3)

20. 최소한 12개의 교회

한국인 교사들이 신실하게 일하고 있다. 주일예배에 종종 300명이 참석하고 있고, 베란다에도 남성과 소년들로 붐빈다. 이들 대부분은 읍내에서 온 사람들이다. 진주 밖 마을에도 교회와 예배 모임이 생겼다. 550,000명이 사는 이 어두운 곳에 5~6년 전만 해도 작은 기독교인 모임 하나만 있었다. 그러나 지금은 최소한 12개의 모임이 있고, 어떤 곳은 교인이 70명을 넘는다. 진주에서 선교 활동을 시작한 커를 박사는 진주 교인들은 스스로 예배당을 짓고, 선교사처럼 밖으로 나가 복음 전도를 하였다고 말하였다.

켈리

('더 크로니클', 1909년 5월 1일, 15)

21. 하나님과 악령 사이에서

진주의 예배당은 매 주일 교인들로 차고 넘친다. 조사들은 시골 지역의 교회도 성장하고 있다고 보고하고 있다. 지난달 두 개의 새 예배 모임이 생겨났다. 이곳에서 12마일 떨어진 마을의 15명의 남성이 한 사랑방에 모여 예배를 시작했다고 하였다. 또 다른 마을은 17마일 떨어져 있는데 비슷한 숫자가 모인다고 한다. 두 곳 모두 예배 인도자가 없기에 진주에서 지도자가 가야 한다. 이 말은 이제 총 9곳에 우리가 누군가를 보내어 예배를 인도해야 한다는 의미이다.

두 명의 전도부인도 주일마다 7~8마일 떨어진 마을을 방문하며 여성 모임을 인도하고 있다. 그보다 더 멀리 떨어진 곳의 자매들도 이들을 부르고 있다. 이런 초청은 새 선교사가 이곳에 도착한 후에나 가능하다.

아마 여러분은 작년에 쓴 나의 편지를 기억할 것이다. 두 명의 나이든 여성이 우리 집에 와 기독교에 대하여 배우기 원하였는바, 그 이후 이들은 정기적으로 예배에 참석하고 있다. 그중 한 명은 신앙이 깊어졌고, '길가의 소녀'였던 그녀의 딸과 함께 교회에 나오고 있다. 그 딸도 열심이다. 이 둘을 위하여 기도해 달라. 이들 모두 과거의 죄악 된 삶에서 벗어나기 원하지만, 이곳의 악령은 그들을 쉽게 놓아주지 않는다.

또 다른 여성은 아직 회심의 증거를 보이지 않는다. 얼마 전 그녀가 아팠을 때 다시 귀신에게 기도하는 유혹에 넘어갔다. 아직 자신의 마음을 하나님께 온전히 드리지 못한 모습이다. 하나님과 악령 사이에서 방황하는 그녀와 다른 여성들을 위하여 기도를 요청한다.

진주, 3월 31일
켈리
('더 크로니클', 1909년 6월 1일, 4)

22. 하동의 여성들

지난 4월 우리의 편지에 주일예배 시간이 조정되었음을 언급하였다. 참석을 원하는 사람 모두 예배당 안에서 예배할 수 있도록 한 것이다. 5월 첫 주부터 시작되었는바, 여성과 소녀들이 먼저 예배를 드리고, 남성들은 그 후 예배를 드렸다. 잘 진행되었고, 온 사람 모두 예배당에 앉을 수 있었다. 설교자에게는 물론 연속 예배를 인도하기가 쉬운 일은 아니었다. 그러나 많은 수의 교인이 예배에 참석한다는 것은 진주 사역에 희망이 넘친다는 말이다. 한국인 동역자들과 함께 하나님께 감사드린다.

학교 운영에 대한 전망도 좋다. 40여 명의 소녀가 참석하고 있고, 그와 비슷한 수의 남학생들도 출석하고 있다.

진주 지역에서 올라오는 보고도 고무적이다. 지난 12월 초 방문하였던 하동에서 여성들이 우리를 다시 초청하여 더 가르쳐달라고 하였다. 5월 15일 나와 두 명의 전도부인이 그곳에 가 두 주간 머물며 바쁜 시간을 보냈다.

하동의 사랑스러운 여성들을 만나 반가웠지만 가장 좋았던 것은 지난번 결단한 22명의 여성 중 한 명만 제외하고 모두 열심이었다. 더군다나 4명의 여성이 더 들어왔다. 그 한 명의 여성은 딸을 둔 노인으로 무당이었다. 기독교인이 되면 무당 일을 포기해야 하는데 어떤 다른 일을 하며 생활을 이어 갈지 고민하고 있다.

이곳의 3명의 여성과 7명의 소녀는 이제 글을 제법 배웠는데, 이들의 신실함의 결과이다. 그중 한 명은 70살이다. 나머지 여성들도 열심히 배우고 있다. 우리가 두 주 있는 동안 이들은 예습과 복습도 잘하였다. 이런 여성들을 가르치는 일은 항상 긴장된다.

우리가 두 번째 계명을 배울 때 한 여성이 물었다. "달을 예배하는 것도 죄인가요? 그렇다면 나는 죄인입니다. 나는 매달 한 번씩 달에게 절을 하였어요." 그녀의 순수함이 드러났고, 아직 배울 것이 많다는 뜻이었다.

우리의 작은 오르간은 찬송가 부를 때만 좋은 것이 아니라 전도하는 데도 유용하다. 찬송 속에 있는 복음적인 내용을 구경꾼들에게 설명할 수 있다. 전도부인은 전도하기에 바빴고, 116권의 복음서를 팔았다. 우리는 하동에서 열매를 기대할 만하다. 뿌려진 모든 씨앗이 풍성한 열매를 맺기를 기도해 달라.

켈리

('더 크로니클', 1909년 8월 2일, 2)

23. 진주에서의 하루

오늘이 정월 대보름이다. 여학교는 문을 닫았고, 누구를 방문하기도 부적절한 날이다. 우리의 언어교사도 출타하였다. 그러므로 쌓인 편지에 답장을 쓰면서 조용한 날을 보내기를 기대한다.

그러나 아침 식사를 마치자마자 누가 문을 두드린다. 박 석사이다. 지난번 떠날 때와는 달리 그의 얼굴이 밝아 우리의 환영을 받는다. 그는 진주의 남성들을 위한 성경반을 준비하고 있었다. 그는 우리에게 질문이 많았지만 만족할 만한 답을 항상 주지는 못한다. 오늘부터 그 성경반이 열린다. 우리는 가능한 한 그들 도우며 격려하였다. 그가 떠나자 우리는 다시 펜을 들었다.

10분 정도 지났을까 또 누가 문을 두드린다. 한 맵시 있게 차려입은 여성이 옷을 아무렇게나 입고 머리에 감을 담은 광주리를 얹은 하인 소녀 한 명이 들어왔다. 자신의 교사에게 새해 선물로 주기 위함이다. 감은 너무 익어 터지고 곰팡이도 났지만, 우리와는 달리 한국인들은 이것을 좋아한다.

또 한 명의 작은 여성이 대문 안으로 들어섰다. 교회에 정기적으로 나오는 똑똑한 사람이다. 그녀는 믿지 않는 여성 한 명을 데려왔는데 외국인의 집을 구경하기 원하였단다. 그들은 감탄하며 우리 선교관을 둘러보았다. "이 집은 이 세상의 것이 아닙니다. 천당에 있는 것 같습니다." 우리는 이 집은 언젠가 없어질 것이지만 우리가 예배하는 하나님이 하늘에 마련한 집은 더 좋다고 대답하였다.

"그곳에서는 나이도 먹지 않습니까?" 다른 여성이 물었다. "예. 모든 육신은 죄로 썩을 것입니다. 그러나 우리의 영혼은 영원히 삽니다." "우리가 듣기로 선교사님들은 밥을 먹지 않는다고 합니다. 그러면 무엇을 자시고 사십니까?" 질문은 계속되었다. 마침내 그들은 구경을 잘했다며 감사하였고, 안 믿는 여성도 주일에 나와 예배를 보겠다고 하였다.

이제 우리는 편지를 써 내려가는데 박 석사의 모친이 불쑥 들어왔다. 자신의 손녀가 손가락을 다쳤는데 약을 발라 달라고 하였다. "왜 밖에 놀러 나가지 않습니까?" 그녀가 물었다. 고향의 친구들에게 편지 쓰는 것이 더 좋다고 하자 그녀는 잘 안 믿는 눈치였다. 그녀는 우리에게 좋은 친구이지만, 제 아들을 하나님의 일을 하도록 내놓아 더 좋다….

그녀가 떠날 때 정오가 되었다. 오늘은 요리사가 휴가이므로 우리는 부엌에 가 뭔가를 요리하였다. 그때 또 한 명의 방문자가 왔다. 눈이 밝아 초롱초롱한 한 노인이다. 그녀는 위로와 친교가 필요하였고, 우리는 그녀의 이야기를 들었다. 그녀는 이제야 글을 배우기 시작하였는데 저녁이 되면 피곤하고 눈이 흐려 잘 보지 못하겠다는 것이다. 그때는 자신의 손자가 학교에서 배워 성경을 읽어준다고 하였다. 우리는 남녀학교로 인하여 감사한다. 이런 방법으로 교회에 나오는 노인과 부모가 적지 않다.

또 문이 열렸다. 교회에 나오는 부잣집 여성의 하인이다. 주인의 심부름으로 무언가 불편한 것을 부탁하러 왔다. 우리는 그 문제를 듣고 해결해 주었다. 마침내 점심을 먹는데 오후 2시이다.

우리는 문을 걸어 잠갔다. 그리고 우리를 초청한 한 교인 여성 집으로 향하였다. 우리가 그 집에 들어서자 "부인. 부인"하는 큰 소리가 들렸다. 6명의 젊은 여성 교인들이 우리에게 달려왔다. 그들도 이 집을 방문하고 있었다. 이 집 아들은 엄마를 찾으러 급히 나갔고, 곧 그녀가 숨을 헐떡이며 들어왔다. 우리의 사양에도 불구하고 그녀는 음식을 내왔다. 우리는 여성들과 함께 앉아 그들의 이야기를 들었다. 그들은 서로 놀리며 장난쳤는데, 이교도 여성들과는 다른 모습이었다. 이 집에서는 그녀만 기독교인인데 지난주에는 남편을 데리고 나왔다. 남편만 믿으면 가족 모두 나올 것이라고 그녀는 흥분하며 말하였다.

우리가 집으로 돌아올 때 해가 지고 있었다. 저녁 식사 전에 아침에 시작한 편지 하나만 끝낼 수 있었다. 식사 후에 박 석사가 다시 나타나 성경반이 어떻게 진행되었는지 보고하였다. 그리고 곧 여성들이 저녁반 공부를 위하여 들어왔다. 처음 보는 한 명의 여성도 같이 왔다….

이제 그들도 모두 돌아갔다. 하루가 갔다. 우리 주님을 위하여 작은 일을 한 날이지만, 일의 양 보다는 그 마음을 주님이 받아주실 줄 믿는다.

켈리

('더 크로니클', 1909년 8월 2일, 8-9)

24. 양반과 백정의 화해

최근 우리는 무거운 마음으로 '더 크로니클'에 편지를 써 왔다. 싸움과 미움과 불일치에 관한 이야기를 하기 쉽지 않았기 때문이다. 감사한 것은 이제 모두 그 어려움이 지나갔다. 맹렬한 분노 속에 교회를 급히 떠난 사람들,

그리고 힘을 사용하여 우리의 사역에 흠집을 낸 사람들이 몇 주 후에 미안하다는 말을 간접적으로 전하며 다시 교회로 돌아오고 싶다고 하였다. 그러나 다른 곳에서 예배드리는 사람들도 함께 돌아갈 때만 할 수 있을 것이라고 하였다.

어떤 교인들은 백정들과 함께 앉아 예배를 드려야 한다면 다시 돌아가지 않을 것이라는 단호한 태도였다. 그러나 대부분 교인은 수치스러운 감정을 억누르고 있었다. 우리는 이들이 느끼는 그 감정을 극복하도록 도울 수 있다고 생각하여 7월 22일 목요일 회의를 소집하였다.

우리 모두에게 두려운 시간이었다! 한국인은 급하고, 불같고, 흥분을 잘하지만, 우리는 우리의 모든 힘을 동원하여 이 문제를 해결하려 하였다. 우리 하나님의 능력을 의지하여 앞으로 나아가기 원하였다. 그리고 이날 오후 큰 승리가 있었다.

어떤 교인은 어떤 일이 있어도 그만 돌아오기를 원하였지만, 다른 교인은 백정과 함께 앉으면 체면을 잃는다고 생각하였다. (한국인에게는 이것이 중요하다.) 그래서 백정들은 양반들이 돌아오기 쉽게 자신들이 몇 주 교회에 안 나오겠다고 양보를 하였다. 우리는 떠난 자들이 수치심을 극복할 수 있는 시간을 갖도록 백정들의 제안을 받아들이기로 하였다.

이 결정을 모임에 알리자 몇 명은 여전히 완강하였지만, 지도자들을 포함한 대부분은 감동을 받았다. 믿음이 약한 자들을 위하여 이번 주일에 백정들이 안 나온다면 떠난 사람 모두 다시 나올 수 있도록 노력하겠다고 하였고, 이른 시일에 백정들도 다시 나오도록 하겠다는 의견이었다.

오! 그 남성들의 입에서 나오는 말이 얼마나 반가웠던가. 그들은 얼마 전까지만 해도 '절대로 절대로 백정들과 함께 앉지는 않을 것'이라고 거부한 사람들이다. 대부분 사람의 얼굴에서 변화되고 기대하는 표정이 보였다!

교회의 분열로 인하여 괴로워하였던 한 교인이 말하였다. "하늘을 나는 것 같다. 내 등에서 큰 짐이 떨어져 나간 것 같다!" 그의 말이 우리의 심정이었다. 우리는 눈물을 안 보이려 했지만 참기 어려웠다. 교인들은 한 명씩 우리에게 다가와 자신들의 죄로 인하여 큰 슬픔을 주어 미안하다고 하였다.

지난주일 우리 교회는 다시 사람들로 붐볐다. 기쁨의 컵이 넘쳐 흘렀다. 많은 사람의 뺨 위에 감사의 눈물이 흘렀다. 다만 백정 교인들이 지금 우리와 함께 없다는 사실만이 슬픔으로 남아있었다. 그러나 약한 형제들을 위하여 당분간 그들만 함께 모이고 있으므로 감사하다.

조건부 항복

다음 화요일 우리는 몇 주간의 휴식을 위하여 모두 떠난다. 우리가 떠나기 전에 백정들이 다시 돌아와 하나 되기를 고대하지만 기대하기 어려울 것 같다.

오늘 저녁, 우리가 식사하고 있는데 반대하는 자들의 지도자 한 명이 찾아왔다. 그의 목소리가 밖에서 들려오자 우리는 식사를 더 할 수 없었다. 그가 무슨 이유로 왔는지 모를 뿐 아니라, 그의 불같은 성격 그리고 돈 많고 영향력 있는 위치 때문이다. 그는 자신이 원하는 것은 무엇이든 다 갖는 사람이다.

그 안의 사자가 그러나 오늘 저녁은 조용하였다. 좋은 소식을 갖고 그가 온 것이다. 보통 한국인들은 중심을 말하기 전 다른 말로 빙빙 돌리는데 오늘은 유난히 더 그랬다. 그가 흥분되어 있다는 것이 분명하였다. 결국, 그는 자신이 온 목적을 말하였다. 오늘 오후 회의가 있었는데 백정에 대한 편견에서 벗어나는 데 모두 성공하였다는 것이다. 그리고 내일 그들이 교회에 나오도록 초청하여 목사와 부인들이 떠나기 전 일치된 모습을 보고 기뻐하기 원한다고 하였다.

오! 어떻게 하나님을 찬양할까? 모든 존귀와 영광을 하나님께 드린다. 그분의 인도하심과 역사하심이 이 가난하고 약한 사람들에게 올바른 길을 주셨고, 악한 마귀 같은 생각을 이기게 해 주셨다. 이곳의 모든 하나님의 자녀들에게 염려되고 슬픈 시간이었지만, 의의 평화로운 열매를 예비해 주셨다. 우리는 약한자가 어떻게 강해졌는지 보았고, 기쁨 속에서 우리 교회의 성장을 기대한다.

진주, 7월 31일
켈리
('더 크로니클', 1909년 10월 1일, 2-3)

25. 삼천포 방문

지난달은 뜨거운 햇빛으로 인하여 밖으로 잘 다니지 못하였다. 스콜스는 7월 2일 방학을 하였고, 그 후 그녀는 언어시험 준비에 매진하고 있다. 우리가 부산에 가면 시험을 볼 것이다.

전도부인과 나는 진주에서 70리 떨어진 삼천에 가기로 전에 약속하였지만, 교회의 문제로 지금까지 가지 못하고 있었다. 그리고 지금은 너무 더워 그곳까지 갈 엄두를 못 내고 있었다. 그러나 그곳에서 또 한 번의 초청이 들어와 이번에는 며칠 갈 계획을 하였다.

이곳은 해안 마을로 매우 천천히 복음을 받아들이고 있다. 우리의 조사 두 명이 그곳에서 얼마간 활동한 결과 그곳에 작은 예배 모임이 생겼다. 매주 50~60명의 남성이 모이고 있다. 그러나 목회 활동은 아직 초기 단계이다. 그중 매우 작은 인원만 진짜 기독교인이기 때문이다.

그곳의 여성들에게 접근하기도 똑같이 어렵다. 외국인 여성을 보기 위하여 매일 구경꾼이 모여들지만, 우리의 전도에 이렇게 무관심한 사람들은 처음 본다. 4명의 여성만 우리의 전도에 큰 관심을 보였다. 그들은 진정으로 기독교인이 되기를 원하였고, 주일예배에 참석하기 원하였다. 그러나 우리가 떠나면 누가 이들을 가르칠 것인가. 어려운 순회 여정에서 무거운 마음을 가지고 우리는 돌아왔다.

이제 좀 쉬고 나니 다시 희망이 솟았다. 다음번 방문할 때는 옥토에 씨가 뿌려지기를 기도한다. 여러분도 함께 기도해 달라.

진주, 7월 31일

켈리

('더 크로니클', 1909년 10월 1일, 3)

26. 첫 기독교 장례식

진주 그룹은 마산포에서 좋은 가마를 찾는 데 어려움을 겪었지만, 그 이후의 여정은 순탄하였다. 초저녁에 우리는 진주에 도착하였다. 생각보다 일찍 도착하여 우리는 조용히 입성하나 하였지만, 우리의 기대는 어긋났다. 진주성 밖의 마지막 언덕을 넘을 때 우리의 남학생과 친애하는 여성들이 꼭대기에 보였다. 남학생들은 우리를 보자마자 다시 줄을 섰고, 최대한 예의를 갖추어 라이얼 목사를 환영하였다.

여성들은 줄을 맞출 수 없을 정도로 더 흥분해 있었다. 우리는 반갑게 인사하고 함께 행진하기 시작하였다. 곧 우리는 스콜스의 보조교사 순복이와 그의 남편 박 조사를 만났다. 그들은 여학생들과 함께 나왔다. 깨끗하게 입은 소녀들이 반짝이는 눈으로 자신들의 교사를 환영하였다. 그들은 수줍어하면서도 다시 만난 스콜스를 보며 기뻐하였지만, 순복이처럼 표현하지는 않았다. 만약 그들이 순복이처럼 하였다면 모두 엉켜 산 아래로 굴러떨어졌을 것이다!

좀 더 가니 이번에는 남성들이 기다리고 있었다. 그들은 점잖게 우리를 환영하였고, 특히 자신들의 새 목사인 라이얼과 한국어로 이야기를 나누려 하였다. 이들을 모두 다시 만나 너무 반갑다. 이들에게 다시 돌아와 얼마나 기쁘고 행복한가!

장례식

한 가지 슬픈 일이 우리를 기다리고 있었다. 몇 년간 병중에 있던 노인 교인 한 명이 이틀 전 사망하였다는 것이다. 마침 우리가 도착하는 날 오후 교회에서 새로 산 묘지에서 장례식을 하였다. 우리는 그녀를 다시 보기 원하였었지만, 그녀가 평화 속에 본향으로 돌아갔다는 이야기를 듣고 하나님께 감사하였다.

우리가 떠나기 전 그녀와의 대화에서 그녀는 하나님을 믿지만 죽는 것이 두렵다고 하였었다. 그러나 막상 그 순간이 다가오자 그녀는 의연하게 맞았다고 한다. 자기 아들에게 좋아하는 찬송가를 불러 달라고 하였고, 기도한 후 고요히 숨을 거두었다.

진주교회에 온 첫 고향으로의 부름이었다. 어둡고 죄악 된 진주에서 최소한 한 명이 하나님의 품에 안겼고, 우리에게 승리의 기쁨을 주었다. 주일에 그녀가 그립겠지만, 그녀가 어디에 있는지 우리가 알고, '결코 다시 나가지 않기에' 기쁘다. 박 석사가 장례예배를 인도하였다. 첫 기독교인 장례식이라 큰 관심을 받았다고 우리는 들었다. "많은 사람이 주목하는 가운데 선포된 잊지 못할 설교였다."

사역에 대한 평가

우리가 떠나 있는 동안에 진주와 주변 교회들도 대부분 잘 있었다. 진주에는 아직 몇 달 전에 있었던 분쟁으로 씁쓸한 느낌이 남아있다. 옛것과 불순한 것과 의롭지 못한 것이 있다면 자비하신 하나님께서 다 순결케 해주실 것을 기도한다.

남해의 선교활동은 마침내 희망이 보인다. 우리의 두 번째 조사 문 석사와 또 한 명의 매서인이 그곳에서 일하였고, 우리가 돌아왔을 때 매우 격려되는 보고를 하였다. 마침내 문이 열리기 시작하고 있고, 다섯 개의 마을에서 관심을 보이고 있다고 한다.

본능적으로, 어떤 때는 태생적으로 스코틀랜드 사람 같은 문 석사가 말하였다. "이제 좀 되어가는 것 같습니다. 그러나 뭔가 보일 때만 확실히 알 수 있습니다." 그는 조심스레 말하였지만, 희망차게 말하였다. 그를 대신하여 여러분의 기도를 구한다.

판성과 삼천은 여전히 앞이 잘 안 보이는 곳이다. 이곳에서 일하는 조사 박 석사와 매서인 김소식을 위하여 기도해 달라.

남학교와 여학교는 새로운 열정으로 개학이 되었다. 기쁘게도 남학교는 정부에 등록되었다. 공식적인 이 승인은 능력 있는 새 교사와 더불어 남학생 사역을 더 희망차게 만든다.

지금 우리 여학교를 대신하여 특별히 노력하는 고향의 한국인 친구 여러분을 항상 생각한다. 여러분과 여러분의 사역에 하나님이 함께하시기를 기도한다.

진주, 9월 29일
켈리
('더 크로니클', 1909년 12월 1일, 3-4)

27. 덕개와 차골

이달 초, 전도부인과 나는 하동과 곤양을 방문하기 희망하였다. 그러나 그 주는 큰비가 내려 못 갔다. 그래서 우리는 근처의 마을 방문하였는데 덕개와 차골이다. 그날은 마침 덕개에 사는 한 노인의 61번째 생일이었다. 한국인들이 중요하게 지키는 생일이다. 우리가 도착하자 그녀는 반가움을 금치 못했다. "사람들은 부인이 오늘 못 올 거라고 하였지만 나는 오늘 오시라고 기도했습니다." 그녀는 기도가 응답되었다고 좋아하였다.

우리가 이곳에 머무는 동안 그녀는 우리를 자신의 손님으로 여겼다. 그녀가 우리에게 제공한 숙소는 사람 사는 곳이라기보다 동물이 있는 곳 같은 모습이었지만, 우리를 향한 따뜻함과 사랑이 그것을 극복하게 하였다. 설명하기 어려운 모습의 많은 음식이 공궤되었지만, 우리는 저녁 식사를 건너뛰었다. 그 후 성경반이 있었는데 그 작은 방에 13명의 신자 여성과 7명의 구경꾼이 모여 앉았다. 우리가 하룻밤밖에 묵을 수 없었기에 여성들은 더 배우기를 원하였다. 자정이 지나서야 우리는 마침내 쉴 수 있었다.

다음 날 이들은 우리가 떠나기 전 다시 왔다. 그러나 우리는 차골교회로 가야 하기에 짧은 공부와 기도만 할 있었다. 나이든 여성은 눈물을 흘리며 말하였다. "곧 다시 와 우리를 가르쳐 주세요. 우리 마음이 아직 캄캄합니다."

한국인 신부

우리가 차골로 가는 첫 이유는 그곳 지도자 딸을 만나기 위함이었다. 그녀는 다음 주 박 석사의 형제와 결혼한다. 이날 신랑이 보낸 혼수가 도착하였다. 그녀의 부모는 혼수를 풀어 보며 이야기하였다. 그러나 신부는 내내 부끄러워 벽을 보고 앉아있었다. 누구보다도 먼저 혼수품을 보고 싶었을 텐데 말이다.

마침내 요청에 따라 그녀는 손가락을 내밀었고, 반지를 끼워보았다. 그러면서도 부끄러워 어찌할 줄 몰랐다. 그녀는 우리 진주교회의 신자 신랑을 맞이하게 되어 하나님께 감사해야 할 것이다.

순복이는 위험한 질병에서 서서히 회복되고 있다. 그로 인하여 스콜스는 몇 주 동안 학교 일을 혼자 보고 있다. 그녀는 용감하고 훌륭하게 잘 감당하고 있지만, 지난주 다른 일로 갑자기 부산에 가게 되어 학교 문을 닫을 수밖에 없었다. 수업은 없었지만, 학생들 대부분은 교회에 나와 주일예배를 드렸다.

세례문답 시험

지난주 세례문답반 학생들을 위한 시험이 있었다. 박 조사와 문 조사가 시험을 주관하였는데, 학교 여학생들이 교회의 남성과 여성보다 대답을 훨씬 더 잘했다고 하였다. 4명의 학생인데 12살부터 15살 사이이다. 문답시험은 우리에게도 쉽지 않다. 그러나 교육을 잘 받은 순전한 신앙을 가진 학생들은 문제없이 다 대답을 하였다.

한 소녀에게 어떤 성경 구절을 좋아하는지 물었다. 마태복음 5장 3절이라 대답하였다. '천국이 그들의 것임이요.'가 무슨 뜻인지 문답자가 다시 물었는데, 13살 소녀가 답하기 어려운 질문이었다. 그러나 그녀의 대답은 그녀가 단순히 암기만 하지 않았다는 것을 의미하였다. "그 말씀은 하나님과 가까이 있다는 뜻입니다." 그녀는 그것이 자신의 해석이라고 고백하였다.

여학생 3명은 교인 가정에서 왔다. 그들도 만족할만한 성경 지식과 회심이 있으므로 세례식에 안 받을 이유가 없었다. 그러나 가장 나이가 어린 학생은 비기독교인 가정에서 왔다. "만약 부모님이 교회에 못 나가게 하거나, 믿지 않는 자와 결혼하라" 하시면 어떻게 하겠냐는 질문이 있었다. 그녀는 잠시 침묵하였는데 입술을 꼭 다물며 고개를 숙였다. 어린 마음이 요동친 것이다.

이윽고 그녀는 얼굴을 들었다. "예수님이 말씀하시기를 '의를 위하여 핍박받는 자는 복이 있다' 하셨습니다. 그 말씀만 생각하고 예수님을 따르겠습니다." "그러나 우리 관습 중에 부모님이 중매한 남자를 거절할 수 있는가?" 질문이 계속되었다. 그 아이는 다시 대답하였다. "없습니다." 이제 문답자가 이긴 것 같았다. 그러나 그녀는 지지 않았다. "만약 저를 묶는다고 해도 예수님 믿는 것을 포기하지 않겠습니다." 그녀가 신앙을 지키도록 기도하는 것은 우리의 몫이다. 6명의 여성이 시험에 통과하였고, 세례식에 참여하였다.

노인 후보자

우리의 친애하는 한 노인은 3년 이상 교회에 나오고 있었다. 그녀는 글을 모르고 기억력도 안 좋아 세례문답에 실패하고 있었다. 그러나 그녀는 하나님의 교회에 들어오려는 굳센 믿음이 있었다. "저는 못 하지만요 다시 시험을 볼 것입니다." 그녀는 다시 시험에 응하였고 이번에는 매우 조심스럽게 대답을 하였다. "하나님은 몇 분입니까? 10분, 20분, 30분?"

시험 후에 그녀는 다음과 같이 말하였다. 하나님은 항상 한 분이라고 그녀는 믿어왔는데 시험관이 10분, 20분 30분? 이라고 질문하니 그녀는 삼위일체를 생각하며 혼동하게 되었다고 한다. 그녀는 숫자를 정확하게 대답하는 대신 단호하게 대답하였다고 한다. "몇 분 되십니다."

주일 아침, 그녀는 다른 5명의 여성과 4명의 여학생 그리고 3명의 남성과 3명의 남학생과 더불어 공식적으로 교회에 세례자로 받아들여졌다. 이 숫자는 교인의 수에 비하면 적은 것 같지만, 다른 후보자들은 여러 이유로 보류되었다. 그중 상급반 여학생 한 명이 열심인데, 부모가 반대하며 기독교인 되는 것을 막고 있다. 친구들만 세례받는 모습을 보는 것은 그녀에게 힘든 일이다. 흐느끼며 우는 그녀를 교사가 사랑과 지혜로 위로하였다.

진주, 11월 30일
켈리
('더 크로니클', 1910년 2월 1일, 4-5)

28. 세례문답반의 중요성

이번 달은 우리 선교사들에게 좋은 달이었다. 첫째 고향의 '미우라 바자회'가 잘 마쳤다고 들었다. 이것은 우리에게 의미가 크다. 더군다나 추수할 것이 많은 이곳으로 새 선교사가 곧 파송될 수 있다고 하니 말이다. 또한, 이제 여학교 건물을 지을 수 있는 기금이 준비되었다니 교사와 학생들은 불편함과 나쁜 환경 그리고 이번 추위를 조금만 더 참으면 될 것이다.

여학생들도 이 소식을 들으며 기뻐하였다. 오전뿐만 아니라 오후에도 자신의 교실에 앉아 공부할 수 있다니 말이다. 스콜스 양도 기뻐하는 것은 칠판과 학생 사이 자신이 가르치는 공간이 넓어져서 뿐만 아니라, 더 많은 학생을 받을 수 있기 때문이다. 그러면 더 많은 소녀가 '어린이의 친구'에 대한 이야기를 들을 수 있다.

본격적인 추위가 시작되어 시골 순회를 못 하고 있다. 두 명의 전도부인도 복음서 60권밖에 못 팔았지만, 여성 교인들을 가르치는 일은 쉬지 않고 하고 있다. 심한 추위에도 불구하고 화요일과 금요일 저녁반에 좋은 수의 여성이 참석하고 있다.

조사와 매서인들은 추위에도 불구하고 시골 교회와 지역에서 일하였다. 그리고 격려되는 결실이 있었다. 진주에서 10마일 정도 떨어진 소일에서 박석사가 세례문답반에 들어 올 교인을 시험하였다. 처음에 여성들은 부끄럽고 자신 없어 적극적이지 못하였다. 그러다 16살 소녀가 앞으로 나섰다. 그녀는 모든 질문에 대답하였고, 허입되었다. 몇 명의 여성도 용기를 내었고, 3명이 통과되었다. 이들은 작년부터 읽기도 배우고 있다. 이 교회는 진주교회

밖에 세워진 교회 중 두 번째로 여성과 소녀들이 세례문답반에 들어왔다. 또 다른 교회는 하동교회이다.

기독교인에게는 세례문답반이 더 깊은 신앙으로 들어갈 기회이다. 그들이 변화하는 모습을 보는 것은 특권이다. 성찬식에 참여하는 것과 같은 은혜이다. 노력은 하지만 지식이 짧아 실패하는 교인들을 보는 것은 실망이다. 그러나 그들도 실망은 하겠지만 진짜 신앙인은 포기하지는 않는다.

진주, 1월 31일

켈리

('더 크로니클', 1910년 4월 1일, 2-3)

29. 커를 박사의 복귀

지난 편지 이후로 진주에 많은 변화가 있지만 대부분 좋은 소식이다. 커를 박사 부부와 그의 아이들이 다시 돌아온다는 확실한 소식에 우리 모두 기뻐하고 있다. 그가 19일에 도착한다는 전보에 이곳 사람들은 흥분을 감추지 못하고 있다. 교사나 남학생들은 그날과 그 전날 수업은 뒤로하고 교회를 치장하거나 보수하였다. 그들이 일을 모두 마쳤을 때 예배당은 매우 깔끔하고 아름다웠다.

그날 이른 오후 커를 일행이 도착하기로 한 시간, 교복을 입은 남학생과 여학생, 교사, 여성과 남성들 모두 마중 나가 기다렸다. 늦은 저녁에야 그들이 도착했고, 자신들의 선교사와 그 가족을 사랑하는 마음으로 교인들은 행진하며 성읍으로 들어왔다. 빨간 등을 들고, 찬송을 부르며, 승리한 모습이었다.

커를 부부가 복음을 들고 진주에 온 지 이제 4년 좀 넘는다. 그때는 환영도 없었고, 누구도 알지 못한 채 밤늦게 도착했었다. 외롭고 피곤한 첫 입성이었다. 지금은 많은 교인이 그들을 환영하며 집까지 행진하는 모습을 볼 때 하나님이 진주에서 하신 일을 기뻐하며 찬송한다.

휴가 후에 충전된 모습으로 돌아온 친구들의 모습을 보니 좋다. 의사가 다시 왔다는 사실로 우리 주변의 많은 사람이 안심하고 있다. 특히 우리의 조사인 박 석사와 문 석사는 크게 들떠있고, 환자 몇 명은 벌써 커를을 방문하였다. 우리의 앞 베란다는 임시로 기다리는 곳으로 쓰이고 있는데 비어있을 때가 거의 없다. 만약 커를이 안보일 때 창고에 가면 그곳에서 그는 약을 만들고 있다. 어떤 환자는 너무 아파 가마를 타고 온다. 어떤 환자는 가족의 등에 업혀 온다. 걸어서 스스로 오는 환자도 있다. 배돈기념병원이 세워지면 환자들을 다 만족스럽게 치료할 수 있으니 얼마나 좋을까….

우리 모두 클라크 양의 진주 도착을 고대하고 있다. 부산에 왔다고 들었는데 다음 달 이곳에서 만나기를 희망한다.

진주, 3월 31일
켈리
('더 크로니클', 1910년 6월 1일, 3)

30. 문둥병 소녀

7월은 선교사들의 움직임이 많은 달이다. 라이얼 부부가 지난주 휴가로 떠났고, 클라크와 스콜스와 나는 이틀 후 떠날 것이다. 커를 가족도 곧 떠날 준비로 바쁘다. 지난겨울과 봄에 우리는 부산의 친구들과 선의의 경쟁을 하였다. 그러나 뜨거운 여름이 다가오자 자연스레 시원한 바람이 부는 부산에서 만나기로 하였다! 이곳 교인들의 사랑은 우리가 떠날 때 잘 드러난다. 심지어 그리운 호주로 떠날 때도 우리의 마음은 이들의 반응에 복잡하다….

비가 계속 오고 땅이 질어도 주일 예배당은 빈자리가 없다. 예배당을 확장해야 한다는 의견이 다시 힘을 얻고 있다. 6개월 전에 분노 속에 떠나 따로 예배를 드리던 교인들이 이달 한국식 표현대로 '새 마음을 먹고' 다시 우리와 예배를 드리고 있다. 분열되었던 교회가 다시 한번 하나가 되었다. 이런 분열이 다시 일어나지 않도록 기도해 달라.

지난 몇 주 뜨거운 열기로 인하여 아픈 사람이 많았다. 스콜스는 15일 말라리아로 고생하는 몇 학생을 염려하며 방학하였다. 방학식 때 6살부터 15살 사이의 48명 여학생은 커를의 집에 초청받아 즐거운 놀이와 찬송을 부르는 시간을 가졌다. 물론 한국의 맛있는 음식도 함께 먹었다. 학생들은 즐거워하였는바 모두 깨끗한 교복에 머리도 곱게 빗고 있었다. 말라리아로 오지 못한 학생들이 안타까울 뿐이었다.

대부분의 '더 크로니클' 독자는 클라크가 길가에서 구제한 작은 문둥병자 소녀를 기억할 것이다. 그 후 그녀는 그 소녀를 계속 돌보고 있다. 처음에 우리는 그녀의 병이 심각하여 고칠 희망이 없으리라 생각하여 부산의 나환자 병원으로 보낼 생각을 하였다. 그곳에서 그녀는 평생 치료를 받을 수 있기 때문이다. 우리는 이번 주 그녀를 부산으로 데려갈 계획을 하였다. 그런데 그 소녀가 거의 죽어가고 있다고 그녀에게 식사를 주는 클라크의 조수가 보고하였다. 그리고 그 소녀는 이곳 어두운 진주에서 온갖 배척 속에 고생하다 선한 목자의 품에 안겼다. 다른 이들의 죄악으로 외롭게 돌봄도 받지 못하다 하나님이 보낸 일꾼의 돌봄 속에 떠난 것이다.

7월 31일

켈리

('더 크로니클', 1910년 11월 1일, 2)

31. 청혼받은 켈리

메리 켈리는 선교사들의 활동 상황을 돌아보기 위하여 진주를 방문한 맥켄지 목사를 만나 청혼을 받았다.

(『맥켄지가의 딸들』, 2012, 73)

32. 다시 한국으로

켈리 양은 1월 17일 시드니에서 출발하는 이스턴호를 타고 한국으로 돌아가기를 희망하고 있다. 그녀는 아마도 1월 12일 멜버른을 떠나 시드니로 향할 것이다. 가능하면 맥켄지 씨가 그녀를 홍콩에서 만날 것이다.

켈리는 건강이 많이 좋아졌으며, 의사도 그녀가 1월에 떠날 수 있도록 승인하기 희망한다고 하였다.

('더 크로니클', 1912년 1월 1일, 2)

33. 환송 모임

켈리가 한국으로 떠나기 전날인 13일 오후, 빅토리아여선교연합회의 많은 여성이 회관에 모여 켈리를 환송하며 축복해 주었다. 마세돈과 발라렛 등 먼 곳에서도 여성 대표가 참석하였고, 브리즈번의 동료도 참석하여 관심을 더 높이었다.

켈리와의 친교 후, 진주에 함께 싸운 동료인 스콜스 양을 마음으로 환영하는 순서도 있었다.

켈리는 사랑스러운 성격과 멈추지 않는 헌신, 그리고 작은 것에도 신실한 태도로 고향과 해외의 관계되는 모든 사람의 존경과 사랑을 받고 있다. 몇 회원들은 켈리를 자랑스럽게 여기며, 여행 선물을 증정하였다.

하퍼 여사는 친구들을 대표하여 연설하며 켈리의 미래를 축복하는 친구들의 염원을 전하였으며, 건강이 회복되어 한국으로 다시 돌아가 감사함을 전하였다.

노블 맥켄지 목사에게도 축하의 메시지를 보내었고, 오랜 기간 열매 맺고 행복한 사역이 되기를 기원하였다.

마지막으로 레거트 목사가 모인 사람들의 마음을 담아 기도하였다. 그리고 모두 옆 방으로 가 준비된 오후 다과를 함께 나누었다.

('더 크로니클', 1912년 2월 1일, 7)

34. 상해에서의 결혼식

메리 켈리 양과 노블 맥켄지 목사가 2월 13일 상해에서 결혼하였다는 소식이 전보로 도착하였다. 우리는 맥켄지 부부를 축하하며, 건강과 능력으로 한국에서 오랫동안 사역하기를 희망한다.

('더 크로니클', 1912년 3월 1일, 9)

35. 바로 잡음

켈리 양의 결혼에 관한 내용 중 지난 호에 실수로 잘못 기재되어 유감이다. 그들은 2월 10일 홍콩의 샌 피터스교회에서 결혼하였고, 휴잇 목사가 주례하였다.

결혼식 후 켈리는 그녀의 소식을 애타게 기다리는 동료들에게 짧은 소식을 보낼 수 있었다. 그녀는 자신의 남편과 상해에 며칠 머물며 가구를 살 것이라 하였다.

('더 크로니클', 1912년 4월 1일, 5)

36. 맥켄지 부인의 진주 방문

이달의 가장 큰 행사는 맥켄지 부인이 진주를 잠깐 방문한 것이다. 맥켄지 부부가 도착하는 날, 큰 무리가 몇 마일이나 마중을 나가 그들을 맞았다. 여성들은 단체로 나와 메리를 보기 원하였고, 그들에게는 그녀가 여전히 '켈리 부인'이었고, 그렇게 남을 것이다.

그녀가 호주로 휴가를 떠나 있을 때 태어난 아기들을 모친들은 보여주기 원하였고, 여기저기서 그녀의 시선을 끌려고 하였다.

맥켄지 목사에게는 많은 원망 섞인 말이 쏟아졌다. '도둑'이라는 말은 그중에서도 친절한 표현이었다. 우리는 모두 맥켄지 부인을 만나 반가웠고, 그녀의 건강해진 모습도 보기 좋았다.

그러나 그들의 방문은 너무 짧았다. 월요일 아침, 많은 신실한 친구들이 또다시 모여 그들에게 '안녕'을 고하였다. 그다음 날인 화요일 30마일 떨어진 하동에서부터 몇 여성들이 그녀를 만나고자 걸어서 도착하였다. 그러나 그녀가 이미 떠난 것을 알고 그들은 매우 실망하였다.

그다음 날 그들은 커를 부인을 방문하였다. 커를 부인은 왜 어제 안 오고 오늘 왔느냐고 물었다. 그들은 어제는 너무 슬프고 피곤하여 울기만 하였다고 대답하였다….

캠벨

('더 크로니클', 1912년 6월 1일, 5)

*메리 켈리는 그 후 노블 맨켄지의 부인으로 부산에서 오래 활동하다 1939년 은퇴하고 귀국하였다. 이들의 딸 헬렌과 캐쓰가 후에 부산에서 일신기독병원을 설립한다.

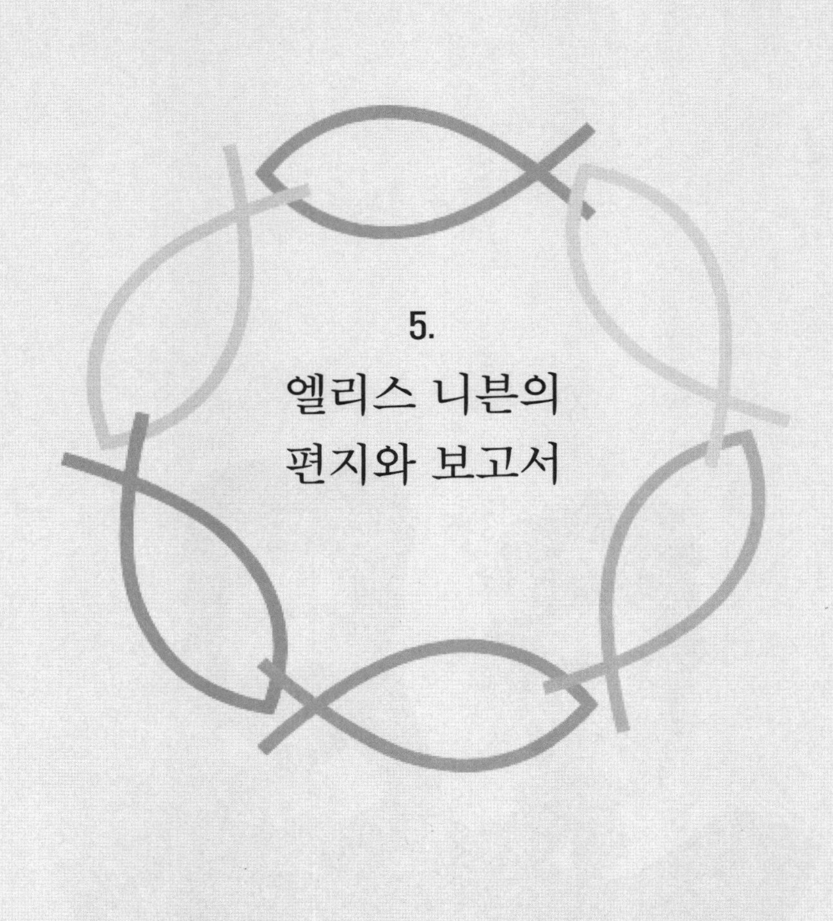

5.
엘리스 니븐의 편지와 보고서

앨리스 니븐과 메리 켈리 Alice Niven & Mary Kelly(1905)

앨리스 니븐 Alice Niven(Photo-'더 크로니클', 1907)

앨버트와 앨리스 라이트 Albert & Alice Wright(Photo-'더 크로니클', 1941)

1. 뉴질랜드에서 온 새 학생

지난주 우리는(디커니스훈련원) 뉴질랜드에서 새로 온 학생 앨리스 니븐 양을 환영하게 되어 반가웠다. 그녀는 '모코이아'호를 타고 도착하였다. 그녀는 더니든에서 왔으며, 후에 페르시아로 선교 활동을 나가기를 희망하고 있다.

('더 메신저', 1901 07 26, 496)

2. 니븐의 사역

4월 28일 호손에서의 모임은 매우 흥미롭고 유익하였다. 많은 회원이 참석하였고, 매코노치 목사가 사회를 보았다…. 두 명의 연사가 있었는데 중국에서 온 플로렌스 캠벨 양과 몬태규 지역 디커니스 니븐 양이었다. 진실한 강연으로 듣는 자들의 마음에 큰 인상을 주었다. 큐, 캠버웰, 오번, 그리고 웨스트 호손의 친구들도 참석하였고 따뜻한 환영을 받았다.

모임 후에 저녁 식사가 있었다. 그리고 참석자들은 자발적으로 헌금하여 가난한 사람을 위하여 일하는 니븐의 사역을 후원하기로 하였다. 모두 1파운드 10실링 6다임이 모였다.

('더 메신저', 1903 05 08, 295)

3. 디커니스 안수식

지난 수요일 총회 회관은 많은 사람으로 붐볐다. 바아 양, 라이트 양 그리고 니븐 양이 2년 과정을 수료하여 따로 세우는 예배였다. 총회장이 사회를 보면서 아름다운 기도와 설교를 하였고, 서약 시간도 있었다. 매크레이 스튜어트가 중보기도를 하였고 그들을 오른손의 악수로 환영하였다. 스킨과 테이트 목사가 권면하였다.

('더 메신저', 1903 05 15, 307)

4. 한국으로 가는 니븐

디커니스 니븐의 사직 소식에 아쉬움이 표시되었다. 그녀는 외국 현장(한국)으로 가게 되었다.

('더 메신저', 1905 02 10, 55)

5. 건강보고서

우리의 의사 제이미슨 박사로부터 건강보고서를 받은 후, 디커니스 니븐을 한국선교사로 받아들였다. 그녀는 켈리 양과 함께 9월 25일 시드니로 떠날 것이다. 이것은 일 년 전 멘지스가 총회 회관에서 우리에게 새 선교사를 보내 달라고 호소한 지 꼭 일 년 되는 날이다.

우리 연합회는 이 두 사랑스러운 여성들을 위하여 기도하고 지원할 것이다. 떠나기 전까지 시간이 많지 않음으로 니븐이 모든 지부를 방문하기 어려운 점을 양해해 달라. 그럼에도 그녀는 갈 수 있는 곳은 다 방문하며 여러분을 만날 것이다. 9월 11일 총회회관에서 열릴 기도회와 21일 총회 모임 중에서도 그들을 만날 수 있다.

('더 메신저', 1905 09 01, 633)

6. 호손교회에서의 연설

호손교회는 니븐 양에게 특별한 관심이 있다. 그녀가 몬태규에서 디커니스 사역을 할 때 그녀의 봉급 일부를 지원하였기 때문이다. 그러므로 지난 8월 마지막 화요일 여선교연합회 모임에 많은 친구가 그녀의 연설을 들으러 왔다.

이날 오후 비가 내렸다. 그럼에도 많은 사람이 모여 해외선교의 필요성에 대한 그녀의 호소에 귀를 기울였다. 국내 선교 경험이 있는 그녀는 국내에서는 복음을 들을 기회가 많지만, 이방 땅의 수백만 명은 복음을 들을 기회가 없다고 하였다. 해외 선교는 오래전에 주신 주님의 지상명령이라고 강조하면서, 자신을 위하여 기도해 달라고 하였다.

('더 메신저', 1905 09 08, 648)

7. 스펜서 기차역에서

스펜서 역에서 우리의 사랑하는 친구들과 작별한 후, 여러분이 준 많은 선물을 정리하느라 애를 먹었다. 기차 짐칸에서 우리의 짐을 찾아 가방에 모두 담았다. 우리는 그 작업을 마치고 자리에 앉아 즐거운 웃음을 웃었다.

시드니에서의 행복한 시간을 보내고, 토요일 11시 30분 서큘러 키에서 그곳의 호주 친구들과 작별하였다. 우리의 기도가 얼마나 놀랍게 응답되었던가. 마침내 항해를 떠나게 되어 이별의 슬픔은 모두 사라질 정도였다.

('더 메신저', 1905 10 06, 733)

8. 엥겔의 기대

켈리와 니븐을 우리 중에 맞게 되어 큰 기쁨이다. 우리는 이들이 이곳에 꼭 필요한 일꾼들이라 믿으며, 언젠가 자신들의 몫을 다 할 수 있기를 기대한다. 지금 이들은 먼저 언어 문제와 씨름하고 있다. 이들은 우수한 한국어 학생이 될 것인데 대단한 각오와 열정을 보이기 때문이다. 디커니스훈련원에서 공부하는 습관을 체득한 이들은 경험 있는 선생의 가르침을 받으려 할 뿐만 아니라 능동적으로 도움을 구할 것이다.

짧은 시간에 언어를 정복하고자 하는 의지가 건강보다 앞서는 것이 위험이라면 위험이다. 그러나 이런 상황에도 이들은 멘지스의 조언에 귀를 기울일 것인바, 그녀는 이곳 여선교연합회의 대모의 역할을 자연스럽게 맡고 있다.

('더 메신저', 1906 02 23, 77)

9. 습관되는 것 습관되지 않는 것

써야 할 내용이 많아서 어디서부터 시작해야 할지 모르겠다. 이곳의 대부분 환경은 우리의 과거의 것과는 완전히 다르다. 그럼에도 우리는 새 삶에 잘 적응하고 있고, 점차 우리가 함께 사는 이 이방 사람들에게 습관 되고 있다. 이들의 언어도 점점 친숙해지고 있다. 한국인 남성이 우리 집 안에 들어와 그 못생긴 검은 모자를 쓴 채 앉는 것도 이제 이상하지 않다. 우리가 식사할 때 창문으로 우리를 들여다보는 사람들의 시선도 더는 염려되지 않는다.

우리가 일본인 구역의 상점을 갈 때 약 20명의 소년과 남성이 외국인 여성들을 빤히 쳐다보는 것도 습관이 되었다. 길에서 여성들은 우리 보러 어디를 가느냐고 묻고, 우리와 함께 걸으며 우리의 외모에 대하여 평가를 한다. (한국인들이 우리에게 관심이 없다고 우리는 불평할 수 없다!)

좁고 더러운 골목길이 처음에는 미로 같았지만, 지금은 멜버른의 콜린스 가처럼 익숙하다. 초가지붕과 낮은 천장, 흰 종이로 바른 벽, 그리고 창문도 없는 작은 예배당에서 사람들은 바닥에 앉아 예배를 드린다. 한쪽에 앉은 남성들, 간단한 설교 그리고 기도와 우리가 아는 찬송…. 이 모든 것이 평범한 일상이다.

절대로 습관이 안 되는 것도 있다. 우리를 쳐다보는 그 말로는 설명할 수 없는 눈길들, 마을을 지날 때 느껴지는 그 형용할 수 없는 냄새이다. 이런 상황을 위하여 우리가 디커니스훈련을 받았다고 생각했지만, 그것은 잘못된 추측이었다. 우리의 오감은 계속하여 격한 충격을 받을 것이다. 거룩한 은혜가 한국인들의 삶 속에 변화를 일으킬 때까지 말이다.

그런데 가장 습관 되기 어려운 것은 따로 있다. 그리스도의 구원을 위한 한국인들의 말할 수 없는 필요성이다. 특히 주일에 동래의 시장에서 '썩어질 육신을 위하여' 경쟁적으로 장사하는 사람들이 내 마음에 와닿았다.

('더 메신저', 1906 05 04, 235)

10. 동래읍 방문

나는 브라운이 매주 동래를 방문할 때 함께 갔다. 우리가 성 입구에 들어설 때 한 여인이 우리에게 다가와 친절하게 환영을 하였다. 그녀는 성탄주일 세례를 받은 우리를 기다리던 진실한 교인이다. 우리가 좀 더 가자 이제는 아이들이 '부인'을 만나러 나왔다. 이들이 브라운을 환영하는 모습을 보면 7마일 걸어온 것이 가치가 있었다! '새 부인'에게도 큰 관심을 보였다. 방은 우리를 위해 준비되어 있었다. 우리는 신을 벗고 허리를 숙여 작은 방으로 들어갔다. 종이를 바른 미닫이문을 통과해서 말이다.

식사 후에 우리는 함께 성경을 읽고 기도를 하였다. 우리는 또 다른 아주 작은 방으로 들어갔다. 그곳에는 모친, 두 명의 딸, 그리고 입양한 아이 한 명이 방바닥에 앉아 있었고, 몇 명의 구경꾼도 있었다. 이미 12명이 앉아 있었는데, 우리 둘도 끼어 앉았다. 우리는 이들과 잠시 대화를 나눈 후 예배를 드렸다. 이들은 노래 부르기를 즐기는 것 같았다. 작은 손풍금이 이런 상황에서 필요할 것이다. 한국인 여성은 자신들만의 노래하는 방식이 있다. 악기는 이들의 노래를 더욱 흥겹게 할 것이다.

주일은 완전하였다. 우리의 이웃은 매우 조용하여 우리가 이방 땅에 사는 것을 거의 잊고 산다. 장날에도 말이다! 그러나 우리가 병자를 방문하기 위하여 장마당을 지나서 갈 때 이 땅이 귀신의 땅인지 금방 느낀다. 사고팔고 소리치고 격해있는 사람들의 모습이다. 무거운 짐을 지고 허리가 휘어있는 사람들도 많다. 한 무리의 더럽고 돌봄을 받지 못한 어린이들도 우리의 뒤를 따른다.

병자를 방문하고 말씀을 전하고 우리의 집으로 돌아왔다. 그리고 기다리던 여성들이 집 안으로 들어왔다. 이들이 '부인'하며 짓는 표정을 보는 것은 기쁜 일이다. 해외 선교가 고단한 것이라면 보상도 있는바, 이 여성들의 사랑을 얻는 것이 그중에 하나이다.

여성들이 모두 도착하였을 때 우리는 소요리문답반을 시작하였다. 이들은 십계명을 배우고 있는데, '반복이 가르침의 정신'이라는 말이 맞는다….

저녁 식사 후에 우리는 예배를 드렸다. 16명이 참석하였다. 끝날 때 즈음 몇 명의 여성이 기도하였다.

나는 작은 방과 사랑스러운 여성들을 뒤로하고 떠나 섭섭하였다. 부산까지의 길은 싱그러웠다. 멘지스와 켈리가 우리를 마중을 나왔다. 다시 모두 집에 모여 반가웠다.

부산, 1월 26일
('더 메신저', 1906 05 04, 235)

11. 그리스도가 없는 무덤

3주 전 나는 동래 읍내에 갔다. 그곳에서 나는 남문 안에 있는 교인 집에 며칠 머물렀다. 집주인인 봉남이의 모친과 전도부인은 근처 온천을 가기를 원하였다. 나도 이들과 동행하여 그 주변을 산책하며 구경하였다. 대부분 황폐한 모습이었는데 이 땅의 영적 상태와 같았다. 그때 장례 행렬이 지나갔다. 네 명의 인부가 관을 옮기고 있었고, 그 뒤를 상복을 입은 네 명이 따랐다. '영광스런 부활과 그리스도가 없는' 무덤에 묻힐 것이다.

또 다른 광경이 내 눈에 들어왔다. 밝은색의 옷을 입은 한 여성이 머리도 가리지 않은 채 5명의 남성과 지나갔다. 안타깝게도 수천 명의 이러한 무희가 이 사회를 부도덕하게 만들고 있다. 이들을 주님께로 이끌 수만 있다면 얼마나 좋을까!

...

어느 날 울산의 한 신도 여성이 자기의 아들을 데리고 왔다. 그 아들은 방탕하였지만 이제 다른 삶을 살기 원한다고 하였다. 나의 박 교사는 매일 그를 가르치며 도왔고, 교회의 청년들도 그를 지원하였다. 그는 이제 좀 정상으로 돌아온 것 같은데 집으로 돌아가기 전 확실하게 주님을 받아들이기를 바란다.

우리는 새 일꾼이 부임하기를 기도하며 희망하고 있다. 누가 올 것인가? 아직 어떤 일을 해야 할지 모르는 사람이 있다면 한국을 생각해 보지 않겠는가? 한국은 작고 멸시당하는 나라지만 하나님은 이곳에서 놀라운 일을 시작하셨다.

('더 크로니클', 1907 08 01, 2-3)

12. 제사 음식

이달 17일 엥겔 부부와 아이들이 안전하게 도착하였다. 우리는 이들을 다시 보게 되어 반가웠다. 적지 않은 우리의 사람들이 초량에 가 그들을 따뜻하게 환영하였다. 이들은 여러분의 소식과 여러분이 보낸 선물을 가지고 왔다. 여러분의 소식을 들으며 선물 상자를 열면서 여러분이 가까이 있음을 느끼었다. 그것 자체가 기쁨이다. 한 명 한 명에게 감사를 전한다.

우리는 또한 여러분 몇 명이 한국에 지원하였다는 사실에 기뻐하였다. 우리는 하나님께 계속하여 기도하여 왔고, 목요일 저녁에 이 목적으로 기도회를 열고 있다. 지금이 한국을 전도할 기회인데 이때가 얼마나 오래 지속될지는 모르겠다.

요즘 제사 철이라 많은 사람이 자신의 죽은 조상에게 바칠 음식을 준비하고 있다. 그런데 비가 계속 내려 이들에게 안 좋은 상황이다. 오늘 사람들은 밥과 생선 등을 준비하여 내일 가정에서 혹은 산소에서 제사를 지낼 것이다. 이들은 이미 산소 벌초를 다 마쳤을 것이다. 남성과 소년들이 초록의 산을 오르는 모습은 볼만하다. 이들은 이때 가장 깨끗한 하얀 옷을 입는다…. 이때가 믿음이 약한 교인들이 시험을 받는 때기도 하다. 이들이 조상 제사에 참여하거나 드려진 음식을 먹지 않기를 기도한다.

9월 21일.

('더 크로니클', 1907 12 01, 1)

13. '목사 부인'으로 돌아온 브라운

어제는 행복한 주일이었다. 우리 교인들이 많이 왔고, 엥겔은 '거할 곳이 많도다'라는 제목의 설교를 하였다. 예배 후 아직 엥겔 가족을 환영하지 못한 교인들이 그들을 둘러쌓고 환영하였다.

오후에는 '목사'와 그의 아내를 만나기 위하여 읍내에서 4명의 여성이 왔다. 제사 후에 여성과 아이들은 하루나 이틀 쉰다. 색색의 옷을 입은 아이들은 시소를 타고, 여성들은 이웃집에 놀러 간다. 많은 여성이 우리 선교관을 구경하러 방문하였다. 15명의 여성과 아이들이 전도부인의 안내로 위층을 볼 수 있도록 하였다. 그들이 다 구경하고 응접실에 앉을 때 전도부인은 전도하였다. 주님을 믿으면 이런 집보다 더 좋은 집에 갈 수 있다고 전도한다! 여성들은 우리 집이 천당 같다고 생각하는데 더 좋은 곳에 갈 수 있다는 말에 다들 놀란다.

한국 관습 중에 결혼한 친구 집에 놀러 가 노는 것이 있다. 그래서 오늘 엥겔 부인이 재봉질하고 있는데 3~40명 되는 여성과 소녀들이 놀러 왔다. 이들의 장난스러운 질문을 피하려 엥겔 부인은 일을 더 하려 하였다. 그러나 이들은 한국에서 그런 법은 없다며 엥겔 부인을 재봉틀에서 끌어 내렸다. 그 후 여성들의 웃음과 비명이 끊임없이 들려 즐거운 시간을 보내고 있음을 알 수 있었다. 이들이 온 진짜 이유는 그녀가 '목사 부인'으로 다시 돌아와 기쁘다고 말하고 싶었던 것이다.

9월 23일 월요일.

('더 크로니클', 1907 12 01, 1)

14. 그리운 울산의 박 씨

부산에서 진행되는 선교 활동의 기쁨과 슬픔, 희망과 절망, 그리고 우리의 절박한 필요에 관하여 말할 수 있어 기쁘다. 먼저 멘지스가 최소한 당분간 떠나게 되어 슬프다. 우리는 안타깝지만, 주님의 지혜와 계획을 믿기에 망설이면서도 그녀를 기쁘게 떠나보낸다. 그녀는 휴식이 필요하다.

우리는 그녀가 떠난다는 사실을 가능한 끝까지 숨겼다. 교인들이 어떻게 나올지 알기 때문이다. 우리가 '아버지'로 부르는 심 장로의 늙은 부친은 그녀에게 작별을 고하면서 어린아이처럼 울었다. 무어가 멘지스와 함께 일본까지 가 빅토리아로 향하는 배에 그녀가 오르도록 도왔다. 그녀는 많은 사람의 기도와 함께 떠났으며, 하나님이 그녀를 다시 우리에게 보내주기를 희망한다.

이제 지금은 무어와 나만이 남았다. 작년 이맘때 이곳에는 5명이 있었는데 말이다. 다음은 내 휴가인데 내가 떠나면 누가 나의 자리를 대신할 것인가? 이곳에 자격증 있는 교사가 필요하며 빨리 와 언어를 습득해야 한다. 만일 교사 보충이 지연되면 우리 선교부에 가장 큰 어려움이 될 것이다.

오늘 아침 학교에는 30명이 들어갈 공간에 최소 100명이 출석하였다. 아침 경건회 시 금이는 많은 학생을 학교로 보내 달라고 기도했지만, 많은 자리의 필요성을 위하여는 기도하지 않았다. 나는 금이에게 물었다. "하나님이 그 기도를 들어주시면 그 학생들이 다 어디에 앉을 수 있을까?" 그녀는 생각해 보지 않았다는 표정으로 "어디든 다 앉아야지요." 하며 웃었다. 그 후 우리는 새 건물이 생길 때까지 더 많은 학생을 위하여 기도하지 않기로 하였다. 구정 때 학생들이 좀 떨어져 나갈 것이라는 생각이 위로가 될 정도이다….

성탄 예배 후에 교인들은 선물을 받았다. 엥겔에게 보낸 작은 거울을 남성들에게 주었다. 그들은 은밀하게 자신의 모습을 비추어 보았다. 2시 반까지 선물을 나누어주고, 우리는 엥겔 부인이 친절하게 제공한 식사 자리로 갔다. 저녁 7시에는 소녀반이 있어 금이와 나는 옷감이 들은 바구니를 들고 내려갔다.

소녀들이 공부할 때 구경꾼을 집안으로 들인 것은 큰 실수였다. 나는 그들이 들어와 보고 소녀반에 등록하도록 유도하기를 원하였는데 큰 오판이었다. 많은 여성이 밀고 들어와 우리 소녀들이 방해받는 지경이었다. 우리 지경에 이렇게 많은 여성이 있었다니. 이들은 많은 화초와 중국식 등으로 꾸민 우리 집에 큰 관심을 가졌다….

남성을 위한 겨울 반이 진행 중이다. 모두 즐거운 듯하다. 오랫동안 울산 모임의 지도자였던 박 씨가 우리는 그리웠다. 그는 가난하고 겸손한 사람인바 하나님이 진실하고 일관된 그를 들어 사용하셨고 울산의 모임은 커졌다. 늙은 전도부인의 아들이 그를 처음 그리스도께 인도하였고, 그로 인하여 가족과 동네 사람들은 그를 박해하였다. 한번은 그가 물을 길으러 갔는데 동네 사람들이 그를 막았다. 그는 참다못해 사람들에게 말하였다. "이것은 여러분의 물이 아닙니다. 하나님이 주신 물입니다." 사람들은 점차로 박해를 멈추었고 그를 존경하기 시작하였다. 그는 항상 애꾸눈인 자신을 하나님이 구원해 주실 줄 몰랐다고 간증하였다. 그의 한쪽 눈은 보지 못하기 때문이다.

박 씨는 예배당과 멀리 떨어져 살기에 수요일 저녁 기도회에 한동안 가지 못하였다. 죽기 전날 그는 교회에 왔고 밤새워 기도하였다. 아침에 그의 형제와 식사할 때 그는 말하였다. "예수님이 나를 필요로 하신다. 나는 곧 그의 곁으로 갈 것이다." 그는 외적으로 건강하였지만, 이것이 그의 마지막 말이었다. 그는 매 주일 울산에도 '목사'를 보내줄 것을 기도하였지만 그 기도의 응답을 받지 못한 채 세상을 떠났다.

부산, 1월 15일.
('더 크로니클', 1908 04 01, 2-3)

15. 3천 명의 독자

화요일 저녁은 소녀반이 열리지만, 그 시간 비가 퍼부어 나는 자유의 시간을 갖게 되었다. 그리고 여러분께 이렇게 편지를 쓴다. 이 편지를 읽는 고향의 회원이 거의 3천 명이라 들었다! 좋은 상황이다. 하나님이 함께하시고 이 3천 명이 힘을 합하면 못 할 일이 무엇인가. 3천 명의 '더 크로니클' 독자가 한국의 선교 활동을 위해 축복하고 있다! 3천 명이 더 많은 일꾼을 위하여 기도하고 있다! 이 사실을 생각하면 마음이 좋아진다. 추수의 주님께 계속 기도해 달라….

우리의 새 학교는 현실이 되고 있다. 엥겔이 건축을 감독하느라 매우 바쁘다. 학교는 개학하였는데 천연두와 홍역이 퍼지고 있어 학생 수가 66명을 넘지 못하고 있다. 지금 상황으로는 나쁘지 않다. 금이는 학생들이 차고 넘치는 것을 좋아하지만 건물이 완성될 때까지 우리는 이대로 갈 것이다….

지난달 우리는 상급반의 소녀 덕수를 잃었다. 울산에 있는 소년과 결혼을 한 것이다. 그녀는 다정하고 눈치 있는 여성이다. 결혼식 후에 우리는 그녀의 모친 집 잔치에 참석하였다. 신부가 작은 방에 앉았는데 엥겔 부인, 무어 그리고 내가 그녀와 마주 보며 식사하였다. 작은 상 위에 놓인 국수와 다른 반찬을 미끄러운 젓가락으로 집어 먹는 데 애를 먹었다.

부산, 4월 21일.

('더 크로니클', 1908 07 01, 6)

16. 빚을 다 갚다

오늘 학교에 온 학생들을 돌려보내 안타까웠다. 비가 너무 왔고, 또 올 것이다. 그들을 집에 머물게 하는 것이 상책이다. 한편 나는 공부를 할 수 있어 좋았다. '한국 가족 관계'에 관한 내용인데 언어 과정의 한 부분이고 다음 시험에 포함되어 있다. 그러다 나는 이번에는 내가 여러분께 편지를 쓸 차례인 것을 깨닫고 한국 가족 관계도를 접었다. 이곳의 가족 관계는 너무 복잡하여 어디까지 아는 것이 실제로 쓸모있는 것인지 모르겠다….

엥겔에게 동정이 간다. 사방에서 그를 부르고 있는데 부산의 시급한 일과 시골의 꼭 필요한 일 등이다. 하나님이 당분간 그가 모든 것을 내려놓도록 하셨다. 그는 현재 아파서 거동을 못 하고 있다….

주일학교를 마치고 돌아오는데 무어가 나를 문간에서 맞이하였다. '더 메신저'에 실린 좋은 소식을 알려주기 위함이었다. 여선교연합회가 그동안의 큰 빚을 다 갚았고, 한국에 새 선교사 파송을 독려하는 내용이었다. 우리는 그 내용을 읽으며 기뻐하였고, 주님을 찬양하였다. 이 내용이 해외선교위원회에 어떤 결과를 가져올까? 어떤 일이 일어날지 우리는 앙망하며 기다린다.

주간과 야간학교가 정상 운영되고 있다. 몇 상급반 학생들의 신앙 결단이 있기를 희망한다. 멘지스의 진실한 가르침을 잊어버리지 않을 것이다. 우리 유아반의 새 학생은 이제 7살이 된 심 장로의 작은 딸이다. 학교생활을 잘할 것이다. 이달 말 방학이다. 우리는 9월 중순에 새 학교에서 개학하기를 기대한다.

야간반은 현재 만족스럽지 못하다. 학생들은 아침 일찍 일어나 온종일 일하고 늦게 저녁을 먹는다. 그 후 야간반에 올 때는 이미 피곤하고 졸려 잘 배우지를 못한다. 어떤 아이의 이마에 한문으로 무엇이 쓰여있다. 우리는 그것이 무슨 의미인지 안다. 말라리아에 걸렸는데 더 심각해지지 않도록 부적을 붙인 것이다. 어떤 아이는 머리를 빗지 않고 왔다. 왜 머리를 빗지 않았느냐고 물었다. 귀신에게 절을 하고 치우느라 바빠서 못하였다고 대답하였다.

이 아이들에게 기독교 교육이 더 필요하다. 빛이 이들의 어둠보다 강하여 어둠을 물리칠 것이다.

부산, 7월 13일.
('더 크로니클', 1908 10 01, 3)

17. 새 학교에서의 성탄절

성과와 실망 그리고 기쁨과 슬픔이 있었던 또 한 해가 저물고 있다. 우리는 '에벤에셀'라고 크게 외친다. 한해가 아쉽게 지나고 있지만, 성탄절 기간은 즐겁게 보냈다. 여러분이 보내준 미션 박스를 통하여 주는 기쁨을 누리며 우리 사람들의 행복한 모습을 볼 수 있었다.

10시 반에 열린 성탄절 예배에 많은 교인이 참석하였다. 우리는 함께 주님을 찬양하며 예배하였다. 예배 후 엥겔은 남학생들에게 선물을 나누어 주었다. 60명의 밝은 얼굴이 밖에 줄을 서 기다렸다.

오후에 우리는 새 여학교에서 첫 모임을 하는 기쁨을 가졌다. 주간반과 야간반 학생들이 함께 단체 사진을 찍었다. 준비되면 그 사진을 여러분께 보낼 것이다. 학교의 남쪽 편에 두 개의 교실이 있고, 북쪽 편에는 긴 방이 있다. 긴 방에서 모두 모이는 경건회가 열리고, 평소에는 저학년 두 반이 공부할 것이다. 모두 170명의 학생이 모였고, 부모들도 들어올 수 있는 만큼 입장하였다.

어린이들은 성탄 찬송을 불렀고, 성경 구절을 암송하였다. 엥겔의 짧은 말씀 후에 학생들은 빅토리아의 여러분이 보내준 선물을 하나씩 받았다. 새 학교에 어린이들이 처음 모인 이 모습은 오래 기억할만하다. 새 학교 건축과 설비를 후원한 여러 친구에게 진정한 감사를 하며, 블라인드와 지도와 그림은 학생들에게 큰 흥밋거리다.

부산 미국선교회의 가치 있는 일꾼 한 명을 잃게 되어 깊은 유감이다. 휴가차 미국에 간 시드보탐 씨가 사고를 만나 사망하였다. 그를 잃어버린 것은 큰 손실이다. 그의 깊은 헌신과 꺼지지 않는 열정은 한국인들에게도 유명하다. 자신의 추수 밭에서 이러한 큰 일꾼을 데려가신 하나님의 뜻이 무엇일까. 우리가 알지 못하는 무한한 지혜가 있을 것으로 믿는다.

부산진, 1908년 12월 28일.
('더 크로니클', 1909 03 01, 4)

18. 박신연의 장로 안수식

나의 오랜 교사 박 씨가 우리 교회에서 장로 안수를 받았다. 금요일 그는 아담슨의 집에서 장로 시험을 보았는데 아담슨, 엥겔 그리고 심 장로가 있었다. 그리고 그는 시험에 잘 통과하였다. 토요일 당회가 있었고, 그 주일 오후 그를 장로로 안수하기로 결정하였다. 한국에서는 일이 빠르게 진행된다. 엥겔은 주일학교를 김 씨에게 맡겨 내가 안수 예배에 참석할 수 있도록 배려해 주었다.

유교의 어둠과 속박에서 벗어나 복음의 빛과 자유로 나온 그의 이야기는 감동적이다. 그가 장로직을 가볍게 여기지 않고, '안수'를 특권으로 여기는 것이 그의 얼굴 표정에서 읽혀졌다. 이제 우리에게는 두 명의 장로가 있다.

학교의 새 커리큘럼

저번에 언급한 대로 우리 학교는 변화 중이다. 제시된 교과과정을 따라야 하고 일본 당국의 승인을 얻어야 한다. 엥겔과 나는 제시된 것 중에 어떤 부분을 동의하지 않았기에 교과 내용을 완성하지 못하는 어려움을 겪었다…. 만약 우리가 교과 내용을 다 따른다면 매주 39시간을 강의해야 한다. 이것은 학생과 교사들에게 너무 많은 시간이다. 우리는 34시간으로 제한하려 하고 있다.

우리의 과목은 성경, 기본 윤리, 산수, 지리, 역사, 미술, 노래, 자연과학, 체육, 한글과 그리고 한문 쓰기이다. 저학년 학생들은 매물이에게 한문을 배우는데 아직 먹물을 어떻게 다루어야 하는지 모른다. 이들은 한문을 좋아해 조금만 배워도 크게 생각한다.

교육부는 각 반의 학생 나이도 알기 원하는 바, 학부모들은 놀랄 것이다. 일학년에는 7세부터 14세까지의 학생이 있고, 2학년은 8세부터 15세, 3학년은 8세부터 20세, 4학년은 12세부터 21세이다. 3학년에는 8살 아이가 있는가 하면 20살의 여성도 있는데 그녀는 학교를 오래 다녔다. 4학년의 12살의 학생은 21살의 언니보다 공부를 더 잘한다. 이 나이 차이는 시간이 지나면서 제대로 될 것이다.

학교의 정식 명칭은 이제 '부산진일신여학교'이다. '일신'은 나의 교사가 제안하였는바, 이것보다 더 좋은 이름은 없는 것 같다. 우리 주님을 통하여 한국에도 '새날'이 열렸기 때문이다.

몇 명의 우리 상급반 학생들이 곧 결혼하여 떠난다. 그들은 이미 기독교인이어서 새 가정에 신앙의 선한 영향력을 끼칠 것이다. 성탄절에 상을 받은 한 학생은 비기독교인 가정에서 왔다. 하루는 그녀의 모친이 그녀에게 겉옷이 필요하다고 하였다. 그녀는 모친에게 다음과 같이 대답하였다. "옷은 염려 마세요. 새 옷 보다는 엄마가 예수님을 믿는 것이 더 좋아요." 이런 학생은 주님의 왕관에 있는 멘지스와 금이의 보석일 것이다.

무어는 현재 서쪽으로 순회를 나가 나 혼자 있다. 그러나 식사 시간 전까지는 나 혼자 있다는 사실도 모르고 일한다. 누가 함께 있으면 좋겠다는 생각을 밥 먹을 때 한다.

두 주 후면 라이얼 부부를 환영할 것이다. 그리고 새 여성 선교사도 기다리고 있다. 그녀는 누구일까. 언제쯤 부임할까?

부산진, 1909년 3월 10일.

('더 크로니클', 1909 05 01, 5)

19. 새 학교의 모습

10분 전 9시이다. 고아원 원생들을 모아 함께 학교로 올라간다. 영연방의 좋은 학교에도 이런 모습은 못 볼 것이다. 햇볕이 뜨거워 양산이 필요하다. 피영에서 많은 일을 하는 지도자 박 씨의 딸 세윤이는 숙제를 다 마치고 고아원 문밖에서 가방을 옆에 끼고 기다리고 있다. 그녀는 다시 들어가 모두 나오라고 소리쳤다. 금이부터 작은 봉윤이 까지 모두 10명이 줄을 맞추어 나왔다. 이들은 모두 깨끗하고 단정하였고 반장의 말을 잘 따랐다. 모두 함께 아침 인사를 하였다. "안녕히 주무셨습니까?"

학생들은 줄 맞추어 걷는데 먼저 엥겔의 집 문 앞을 지나갔다. 그리고 몇 계단 올라가 왼쪽으로 돌아 신성한 나무의 뿌리를 넘는다. 그리고 신당과 타 여학교 운동장 사이의 길을 걸어간다. 그리고 개울을 건너는데 빨래하는 여성들이 우리가 지나가게 비켜준다. 우리는 웃으며 감사의 표시를 한다. 또 다른 좁은 골목을 걸어 오른쪽으로 돌면 더 많은 여성이 빨래 방망이질하고 있다. 그리고 또 한 번 개울을 건너면 우리 운동장이 나온다.

우리는 학교로 올라갈 때까지 '네'를 30번 정도 외친다. "선생님 안녕히 주무셨어요?" 반복되는 질문에 대한 대답이다. 그러면 종소리가 울리고 학생들이 모두 모인다. 기도로 하루가 시작된다. 기도 시간에는 모두 조용하고 정숙하다.

이제 유아반으로 가보자. 흰색과 파란색의 옷을 입은 아이들이 검사를 받기 위하여 마루에 앉아 손을 내밀고 있다. 지저분한 얼굴이나 손 혹은 목, 그리고 빗지 않은 머리카락이나 더러운 옷의 주인은 창피해한다. 여름에 아이들은 하얀 윗도리에 파란색 치마를 입고, 겨울에는 분홍빛 윗도리와 파란 치마를 입는다.

청결 검사 후에는 성경공부가 있다. 아이들은 현재 십계명을 배운다. 아이들이 열 개의 계명을 외우는 소리를 나는 좋아하는데 이들의 어머니와 할머니는 더 많은 시간과 고생을 하며 외우기 때문이다. 아이들이 평생 이 도덕법을 기억하고 따르기를 기도한다.

10시부터 진짜 어려운 시간이 시작된다. 더운 날씨에 아이들과 교사의 옷이 땀에 밴다. 12시쯤 되면 아이들은 축 처진 꽃과 같은 모습이다. 내 편지가 점점 길어지므로 9월에 개학이 되면 여러분이 다시 교실에 들어오기 바란다.

부산진, 7월 29일
('더 크로니클', 1909 10 01, 2)

20. 상투를 자른 박신연 장로

지난 한 달 나는 진주의 동료들과 일본에서 기다리던 휴가를 보냈다. 매일의 노동현장을 떠나 쉼을 갖는다는 것은 이곳에서 일해 본 사람들은 무슨 의미인 줄 알 것이다. 휴가를 통해 우리는 선교사의 삶에 끊임없이 요구되는 인내, 동정 그리고 에너지를 충전할 수 있었다. 휴가 동안 가장 더운 8월을 피할 수 있었고, 이달 초 부산으로 다시 돌아왔다.

돌아오고 나흘 만에 연례 공의회가 열렸고, 진주 동료들은 이제 그들의 선교부로 갔다. 무어와 나는 그들을 마산포까지 바래다주었다. 그림 같은 마산항을 보며 우리는 기뻤고, 언젠가 바쁜 항구가 될 것이다.

16일 다시 학교 일이 시작되었다. 그러나 학생들이 아직 다 등교를 하지 않고 있는데 음력으로 8월은 제사를 위한 그들의 아버지와 오빠 옷 준비를 도와야 하기 때문이다. 우리 학교를 오래 다닌 한 학생이 더는 학교 올 수 없다고 하였다. 이사를 한다는 것이다. 금이는 학교가 없는 곳으로 이사를 하면 더는 교육을 받지 못하기에 이곳에 남기를 원한다고 부친에게 말하라고 하였다. 다음 날 학교에 온 그 학생은 밝게 말하였다. "엄마가 나는 학교에 가야 한다고 하셨어요." 한국인들을 설득하기란 어렵지 않다. 때로 말이다.

생략하지 말아야 할 중요한 소식이 있다. 나의 교사이자 학교의 한문 선생인 박 장로가 상투를 잘랐다! 이제는 이것이 큰 소식은 아닐지 몰라도 상투는 타 종교와 관계가 있다. 또한, 젊은 사람은 상투를 쉽게 자를 수 있지만, 노인들에게 이것은 큰 결단이다. "왜 나 같은 노인이 상투를 잘라야 합니까?" 박 장로가 해 왔던 말이다.

어느 날 그가 엄숙한 표정으로 들어와 시계를 맞추었다. 표면적으로는 그렇게 보였지만 상투와 머리끈이 없는 모습을 우리에게 보여주러 왔다고 나는 추측하였다. 주일에도 그는 교인들에게 상투를 자르라고 강변하였다. 교회의 보수적인 몇 노인은 그의 충고를 못마땅하게 생각하였다. 모두 동시에 한마디씩 하려 하였고, 조용히 하게 시킬 수밖에 없었다.

부산진, 9월 25일.

('더 크로니클', 1909 12 10, 2)

21. 한 여성의 전도 방법

이것이 나의 올해 마지막 편지이다. 지난 한 해 동안 여러분의 기도와 관심에 감사를 표한다…. 이 땅에서 주님의 이름을 높이려는 여러분의 노력에 하나님의 큰 축복이 함께 하시기를 빈다.

3주 동안의 순회를 마치고 엥겔이 막 돌아왔다. 시골에서의 사역이 성장하고 있다는 그의 보고서는 격려가 된다. 항구에서의 선교 활동만 느리게 진행되고 있다고 한다. 그럼에도 신실한 친구들이 그곳에 있고, 우리는 다음과 같은 이야기를 듣고 있다.

어느 날 한 여성이 우리 집에 심부름을 왔다. 그녀는 '매우 바빠' 오래 있을 수 없다고 하는데, 무어가 무엇이 그리 바쁜지 물었다. 그녀는 시장에 물을 나른다고 하였다. 왜 물을 나르냐고 물었더니 그녀는 자신의 이야기를 하였다. 그녀는 자신의 마음이 아직 어둡고 무지하여 어떻게 복음을 전해야 할지 모른다고 하였다. 그러나 자신이 기독교인이란 것을 보여주는 한 방법을 찾았단다. 무더운 장날에 사람들은 매우 목이 말라 하기에 물을 주고, 또 '생명의 물'을 전할 기회도 찾는다는 말이었다.

이렇게 그녀는 장날마다 장마당에 앉아 원하는 사람들에게 시원한 물을 나누어 주고 있다. 이런 방법으로 한 사람이라도 전도되었는지 여러분은 궁금할 것이다. 3명이 있는데 지금 교회에 다니고 있다고 그녀는 말하였다. 진실로 그녀는 자신의 상을 잃지 않을 것이다.

부산진, 1909년 11월 26일.
('더 크로니클', 1910 02 01, 5)

22. 장티푸스에 걸린 무어

여러분은 나중에 무어의 편지가 왜 도착하지 않았는지 궁금해할 것이다. 그녀는 장티푸스 열로 아프다. 처음에 의사는 지금 만연하고 있는 독감인 줄 알았지만, 그것보다 더 심각한 것이었다. 서울에서 돌아온 어빈 박사는 그녀를 왕진하였고, 장티푸스로 진단하였다. 그는 내가 돌볼 수 있다고 하였지만, 나는 간호사를 두어 신속히 회복할 수 있도록 도와야 한다고 주장하였다.

무어도 처음에 간호사는 필요 없다고 하였지만, 의사가 권고하자 수용하였다. 미국장로회선교회의 간호사였던 카메론이 어제 서울에서 왔고, 나는 간호의 책임에서 벗어났다. 무어는 다른 장티푸스 환자들과 같이 많이 아프지 않고, 섬망 상태도 없어 감사하였다. 그녀는 많이 회복되어 일어날 수도 있지만, 재발을 염려하며 조심하고 있다. 어빈 박사도 매일 왕진하며 최선을 다하고 있다.

추신: 1월 11일

무어는 점차 회복단계를 지나고 있다. 간호사는 다음 토요일 서울로 돌아갈 것이다. 오늘 무어는 우유에 코코아를 타 마셨다. 며칠 후에는 음식도 먹을 수 있을 것이지만 매우 조심해야 한다. 어빈 박사는 4월이나 5월이 돼야 그녀가 다시 일을 시작할 수 있을 것이라 한다. 그는 무어에게 최고의 의사이다. 카메론 양과 어빈 씨는 한국에서 가장 전문적인 의료인이다.

부산진, 12월 28일.

('더 크로니클', 1910 03 01, 5)

23. 데이비스 부인을 빨리 보내주세요

우리는 이제 평시의 일을 되찾고 있다. 6주간 장티푸스로 누워있던 무어도 잘 회복되고 있어 감사하다. 그러나 시골 순회를 하려면 아직 시간이 많이 필요할 것이다. 금이는 최근 공부에 짓눌렸고, 며칠 쉬어야 하였다. 그녀는 이제 자신의 대부분 일을 다시 하고 있지만 어떤 것은 포기해야 하였다. 그녀와 매물이는 우리 학교 학생들이 즐거운 성탄을 보낼 수 있도록 최선을 다하였다.

무어와 나는 성탄절 계획이 있었지만, 무어가 아픈 관계로 특별 예배에 참석할 수 없었다. 학교 학생들은 성탄절 오후 학교에서 모임을 가졌다. 엥겔이 인도하였고, 미국선교회의 스미스 씨와 어빈 박사도 참여하였다. 그 후 학생들은 카슬메인 친구들의 친절함으로 선물을 받았고, 놀이를 하여 상품도 받았다. 엥겔 부인이 잠시 나와 교대하여 나는 아이들이 즐겁게 노는 모습을 볼 수 있었다. 교실은 성탄 분위기에 맞게 잘 장식되었다. 그런데 미국 국기는 있는데 우리의 유니언 잭은 안 보였다! (우리 학교에 우리의 국기가 필요한 것을 여러분께 알린다.) 미국 친구들은 우리의 농담에 즐겁게 웃었다.

나는 막 금이와 매물이와 이야기를 하고 떠나려는데 금이가 여선교연합회에 편지를 쓰냐고 물었다. 그럴 거라고 말하자 그녀는 말하였다. "데이비스 부인을 빨리 보내 달라고 말해주세요." 새해에 데이비스 양을 맞을 기대를 하고 있지만 좀 더 인내하고 기다려야 한다. 매우 따뜻한 환영과 많은 일이 그녀를 기다리고 있다.

부산진, 1월 27일.

('더 크로니클', 1910 04 01, 2)

24. 장관의 학교 방문

초등학교에서의 사역은 매일 오전 오후 같은 일이 반복된다. 그러나 학생들이 발전하는 모습을 보는 것은 매우 흥미로운 일이다. 어떤 때는 교육의 결과를 빨리 보고 싶지만 '인내의 필요'가 있다. 결국, 그 결과는 나올 것이기 때문이다. 상급반 학생 대부분은 기독교 과목을 좋아하지만, 그리스도의 편에 설 결단을 하기에는 아직 약하다. 이 여학생들을 위하여 기도해 달라.

얼마 전에 있었던 학년말 시험에서 11명의 상급반 학생 중에 7명이 합격하여 월반하였다. 우리 고아원의 학생인 홍이와 종이는 불합격하였는데 바빠서 일주일에 2~3일밖에 반에 나오지 않았기 때문이다. 세 번째 아이는 결혼하여 떠났다가 문제가 생겨 다시 학교로 돌아왔지만 일수를 너무 잃어버려 불합격하였다. 마지막 학생은 공부를 열심히 하지 않아 합격하지 못하였다.

나이가 많은 학생 중 한 명이 시험 바로 전에 엥겔 부인의 요리사와 결혼하였다. 결혼한 여성은 우리 학교에 올 수 없다는 소식에 그녀는 크게 실망하였다. 그녀의 남편이 말하기를 그녀가 죽을 만큼 울었다고 한다. 가정에 시

어머니가 있는 경우 학교에 다니기가 쉽지 않지만, 이 경우에는 남편이 시골에서 와 장모의 가정에서 함께 살므로 가능하다고 생각되었다. 그리고 가족원도 모두 그녀가 학교 다니기를 원하므로 평양에 있는 엥겔에게 문의하였다. 긍정적인 답변이 오자 그 학생은 뛸 듯이 기뻐하였다.

교육부 장관이 우리 학교를 방문하였다. 서울에서 그가 도착할 때 학생들이 부산역에 나와 환영하라는 지시가 내려왔다. 그러나 우리는 부산진역에 나가 환영하기로 하였다. 나이 많은 학생들을 제외한 70여 명의 학생이 흰색과 파란색의 교복을 입고 역에 모였다. 엥겔과 맥켄지가 기차에 올라 장관에게 인사하였고, 함께 기차에서 내렸다. 그리고 우리를 차례로 소개하였다.

다음날 장관은 우리 학교를 방문하였는데 한국인과 일본인 12명과 경찰 2명도 동행하였다. 학생들은 고개를 깊이 숙여 인사하였고, 엥겔은 장관에게 연설을 청하였다. 그러나 그는 바쁘다며 시찰을 곧 마무리하였다. 그는 명목상의 장관이고 부장관인 일본인이 실질적인 힘을 가지고 있다.

부산진, 5월 26일.
('더 크로니클', 1910 08 01, 2)

25. 고향을 그리워하는 마음

이것은 아마 켈리와 내가 휴가를 가기 전 마지막 편지가 될 것이다. 고향에 있는 여러분을 다시 만날 생각에 큰 기쁨이 있는 동시에 여기를 떠날 생각에 내가 얼마나 이곳에 뿌리를 내렸는지 알 수 있는 시간이기도 하다. 우리가 사랑하기를 배운 이곳 사람들을 떠날 생각에 비통하다. 이들은 우리가 떠나는 것을 보지 않기를 원하지만, 또 동정심으로 가득하다. "집을 오래 떠나 있어 부인의 모친이 부인을 얼마나 보고 싶어 할까요." 말하는 이들의 눈에는 눈물이 가득하고, 우리의 손을 꼭 잡는다.

지난번 무어의 부친이 사망하였다는 소식에 우리 모두 슬퍼하였다. 그녀는 장례식에 갈 수 없다는 생각에 더 상심하였고, 그 사실로 인하여 우리는 더욱 슬펐다. 그러나 그녀와 우리의 기도가 그곳의 남은 가족에게 힘이 되었을 줄 믿는다. 우리에게 잘 알려진 그녀의 부친 손편지를 더는 볼 수 없게 되었는바, 그의 편지는 정기적으로 우리의 편지함에 도착하곤 하였다….

어제 성찬 예배가 있었다. 5명의 새 수세자가 동참하였다. 이들은 이날 아침 세례를 받았다. 그중 한 명은 우리 학교 학생이다. 작년에 나는 그녀에게 세례받기를 권하였다가 그녀가 망설이는 모습에 연기했었다. 그 후에 나는 꾸준히 그녀를 관찰하였고, 신앙생활 성장의 증거가 뚜렷하였다. 그래서 이번에 세례를 받은 것이다.

부산진, 7월 25일.

('더 크로니클', 1910 10 01, 2)

26. 진주 방문

마침내 나는 진주를 방문하였다. 클라크가 왓슨 부인을 떠날 수 있게 되어 성탄절 전 그녀와 함께 왔다. 부산진은 현재 조용한데 이곳에서 많은 사람을 만나게 되어 이상하였다. 성탄절과 새해 기간에 여러 사람과 친교 하는 것은 기쁜 일이다. 진주의 선교 활동과 부근 지역을 보는 것은 흥미롭다. 켈리와 스콜스로부터 많은 이야기를 들어왔던 터라 모든 것이 낯설지 않았다. 송영을 부를 때 그 큰 개가 일어나 몸을 터는 모습까지도 말이다….

진주, 1월 2일.

('더 크로니클', 1912 03 01, 4)

27. 나환자요양원의 여성들

빅토리아에 있는 여러분에게 편지를 쓰는 내 순서가 돌아왔다. 작년에 내가 고향에서 휴가를 보내며 여러 지역을 방문하여 여러분과 우정이 더 돈독해졌다. 내가 머물렀던 가정의 친절한 주인들께 특별히 감사와 새해 인사를 드린다. 골번 밸리와 그 지역의 친구들이 이 편지를 보도록 꼭 보내 달라. 나는 여러분과의 만남을 종종 기억하며 영감을 받아 열심히 일하고 있다.

지난 토요일 왓슨 부부가 마산포로 떠나므로 이제 맥피, 알랙산더 그리고 나만 남아있다. 한편으로 기쁘고 다른 한편으론 슬프다. 왓슨 부인이 병에서 잘 회복되어 스스로 운동하는 모습을 보게 되어 매우 반가웠다.

다시 돌아와 일할 수 있어 기쁘다. 휴가를 다녀온 것이 느껴진다. 전도부인 감독과 동래 사역이 나에게 떨어졌다. 무어가 그랬던 것처럼 나는 주일에 그곳에 가 가르친다. 지난주일 183명이 참석하였다. 꽉 찬 예배당을 둘러보며 내가 처음 한국에 도착하였을 때 엥겔 부인이 작은 모임을 돌보던 때가 생각이 났다. 내가 가르치는 여성반에 당시 세례받은 여성과 소녀들도 있다.

금요일 오후에 나는 나환자요양원에 간다. 여성 나환자를 위한 활동이 잘 조직되어 있고, 이들과 함께 하는 것은 특권이다. 요양원에는 모두 50여 명이 있는데, 그중 26명이 여성과 소녀들로 나는 이들을 가르친다. 그곳까지 걸어가는데 40분 정도 걸리고, 옛 성곽 마을을 지나 다리를 건너 언덕을 넘어간다. 그러면 다시 바닷가가 나오는데 작은 어촌 마을이 두 개 있고, 그곳 언덕 뒤편에 요양원이 있다.

나는 언덕 위에 있는 여성들에게 손을 들어 인사를 한다. 잘 알아볼 수는 없지만 나를 마중 나온 나환자 여성들이다. 이들은 나를 기다리다 함께 요양원으로 간다. 이 여성들에게 더 해 줄 수 없는 상황에 가슴이 아파졌다. 나는 이들에게 성경을 천천히 가르친다. 그리스도의 일생을 공부하고 있으며, 그림 카드도 보여준다. 이들은 그림을 한참이나 들여다본다. 너무 아픈 두세 명만 빼고 여성 모두 참석하고 있다.

부산진, 2월 28일.

('더 크로니클', 1912 06 01, 3)

28. 울산과 언양 방문

2월 말 나는 맥피와 3명의 전도부인과 함께 울산에 갔다. 6년 전 브라운 양과 방문한 이후 처음인데 매우 흥미로웠다. 선교 활동이 많이 진전되어 있었다. 예전에는 작은 방에서 모였는데 지금은 좋은 예배당에서 모였다.

맥켄지 부인이 여러분에게 언급한 나환자 박수연이 영적으로 많이 성장해 있었다. 그녀의 발이 많이 상하여 교회를 못 나오고 있었지만, 우리의 성경반에는 힘들게 나와 열심히 배웠다. 그녀는 나에게 요양원에 들어갈 수 있게 해 달라고 간청을 하였다. "부인, 예수님은 나환자도 고쳐주셨어요. 저도 고침 받을 수 있는 믿음이 있습니다."…. 몇 주 전 울산에서 그녀와 그녀의 모친이 맥켄지로부터 세례를 받았었다.

우리는 성경반을 마치고 언양으로 향하였다. 이곳은 가난으로 인하여 영향을 받고 있었다. 이틀에 한 번만 음식을 먹을 수 있다는 말에 우리는 가슴이 아팠다. 작년보다 쌀값이 두 배이고, 이곳의 교회와 학교도 큰 어려움을 겪고 있다. 고향의 우리 교회가 이곳 학교를 도와주고 있어 감사하다. 부산진 교회 박 장로의 아들이 이곳 남학교의 교사를 하고 있다.

나는 이 편지를 동래 읍내교회의 지도자 여성 집에서 이 편지를 쓰고 있다. 만약 바울이 이 집에 머물렀다면 자신의 편지에 이 여인을 칭송하였을 것이다. 진실함과 열정으로 교회에 큰 책임을 느끼며 일하고 있는 여성이다…. 멘지스가 와 나와 하룻밤 함께 머물러서 기뻤다. 그녀는 이곳에 교회가 잘 발전하고 있다고 하였다.

동래 읍내, 5월 22일.

('더 크로니클', 1912, 08 01, 2-3)

29. 특별한 찬송

무더운 8월에 나의 정기적인 활동은 주일 동래 읍내에서의 성경반 강의가 전부였다. 오늘은 성경반이 요양원에서 열린다. 그곳에 가는 길은 항상 답답함이 있지만, 막상 도착하면 이들과 함께하여 기쁘다. 힘이 있는 여성들은 나를 마중 나오고 다른 여성들은 방에 있다가 예배당으로 모인다.

우리는 예배당에 앉아 먼저 조용히 기도한다. 그리고 함께 찬송을 부르는데 이들이 좋아하는 찬송이 있다. 그런데 오늘은 '오 해피 데이'를 가르쳐 달라고 하였다. 내가 작은 오르간을 연주하면 더 좋아한다. 어떤 여성은 목소리가 안 나와 찬송을 전혀 못 부르고, 대부분 여성도 목소리에 힘이 없다. 그러나 뭔가 다른 데서는 느끼지 못하는 특별함이 있다. 찬송 후에 출석을 부르고, 성경 암송을 한다. 그리고 '첫 제자를 부르심'이란 주제로 성경공부를 하였다. 진보는 매우 느리지만, 성과는 있다.

성경반 후에 나는 수연이에게 선물을 주었다. 미국 여성이 나에게 전해달라고 한 것이다. 작업 가방이었는데 모두 구경하였다. 수연이 눈가에 눈물이 맺히며 왜 자기에게 잘해주는지 모르겠다고 하였다. 내가 호주에 편지를 쓸 텐데 전하고 싶은 말이 있는지 여성들에게 물어보았다. 그들은 대답하였다. "비록 우리의 육신은 고칠 수 없지만, 영혼을 고쳐주셔서 감사합니다." "많은 은혜를 주셔서 감사합니다." "이 땅에서는 서로 만날 수 없지만 천당에서 기쁘게 만나요."

날씨가 선선해져 멕켄지 부인의 건강이 나아지는 것 같다. 멘지스는 미우라 가족의 18명 아이를 돌보느라 바쁘다. 알렉산더는 새 교과과정을 시간표에 맞추느라 머리 아파한다. 엥겔과 맥켄지 그리고 나는 곧 시골로 떠날 것이다. 그리고 한 달 안에는 우리의 새 동료들이 도착하여 환영하기를 기대한다.

부산진, 9월 26일.

('더 크로니클', 1912 12 01, 2)

30. 동래교회의 성탄예배

1913년의 첫 편지 쓰기가 나에게 떨어졌다. 여러분 모두에게 새해의 인사를 먼저 전한다. 지난 성탄절을 우리는 이곳에서 잘 보냈다. 이날의 나의 계획은 다음과 같았다. 아침 9시에 기차를 타고 동래읍으로 가 한국인들과 성탄예배를 드리고, 12시 기차로 돌아와 나환자요양원으로 가는 것이었다. 그곳에서 오후를 보내고 저녁에는 우리 교회로 돌아오는 일정이었다. 보람된 하루일 것 같지만, 그러나 계획대로 잘 안되었다. 알렉산더와 나는 아침 일찍부터 친구들이 준 선물로 바빴고, 의식과 같은 아침 식사도 있어서 기차를 거의 놓칠 뻔하였다.

내가 동래교회에 도착하였을 때 성탄예배와 선물 준비가 채 안 되어있었다. 그래서 예배가 10시 30분에 시작되지 못하고 12시 30분에 시작되었다. 그때 나는 요양원에는 못 갈 것으로 생각하고 실망하였다. 어린이들은 특송을 준비하였고, 예배당 안은 성탄 장식을 하였다. 이때는 꽃이 없어 소나무와 깃발로 장식하였다…. 예배 후 교인들은 종이에 싼 과자 선물을 받아 나갔다. 한 시간 후에는 또 다른 모임이 있는데 비기독교인 가정의 어린이를 위한 것이다.

비기독교인 가정의 어린이를 위한 활동이 우리의 장래 사역이 될 것이다. 교회 안의 주일학교는 좀 더 잘 조직되었고, 교회 밖의 아이들을 위한 반은 다른 시간에 다른 방법으로 운영되고 있다. 동래에 200여 명의 '이방인' 아이들이 오후 학교에 참석하고 있다. 이것은 우리에게 큰 기회이다. 이 일을 책임 맡은 남학교 교사 박길수는 나의 오랜 언어교사의 아들이다. 그가 어린이 성탄예배를 준비하였고, 잘 진행되었다…. 동래에서의 성탄절은 매우 성공적이었다.

울산, 언양 그리고 안평에서의 여성성경반은 좋았다. 시간만 되면 나는 이것에 대하여 많은 이야기를 쓸 수 있다. 모든 여성 교인이 읽을 수 있도록 우리는 가르치고 있고, 이런 기회가 아니면 그들은 거의 배울 기회가 없을 것이다.

오늘 우리는 선교부 회의를 세 시간이나 하였다. 모두가 자신이 의견을 피력하였고, 새해에 아무도 자기 일이 적다고 불평하지 않았다!

부산진, 1월 6일.
('더 크로니클', 1913 03 01, 3-4)

31. 떠나는 박신연 가족

이달은 특히 동료들이 많이 들락거린 한 달이었다. 먼저 맥켄지가 자신의 조수들과 울릉도로 떠났고, 나와 전도부인은 성경반이 준비된 월천으로 떠났다. 이틀 후에는 엥겔 부부와 프랭크가 평양으로 갔고, 무어는 며칠간 동래에 머물렀다….

27일 여학교가 방학한 후에 박 장로는 한문 교사직을 사임하였다. 그리고 그의 가족이 동래로 이사하여 작별하게 되었다. 맥켄지 부인과 나는 오랜 교사를 환송하기 위하여 역까지 나갔다. 그곳에는 이미 학생들이 그를 전송하기 위하여 나와 있었다. 그의 가족으로 인하여 동래의 사역은 힘을 얻겠지만, 우리는 큰 것을 잃게 되었다. 개인적으로도 그가 떠나게 되어 안타까웠다.

이날 밤 우리의 교사 매물이와 도선과 탄실이가 평양으로 떠났다. 매물이는 마침내 자신의 시간을 온전히 공부하는데 쏟게 되었다. 도선이는 자신의 모친을 돕기 위하여 사표를 내었고, 탄실이는 휴가 후에 새로 임명된 교사와 아마 함께 올 것이다.

학교 방학식 때 한 명의 목사도 참석하지 못하여 실망하였다. 전례가 없는 상황이었다. 상급반에서 네 명의 학생이 과정을 모두 마쳤다. 엥겔 혹은 맥켄지 혹은 김 장로도 없이 수료식은 간단히 진행되었다. 알렉산더가 사회를 보았다. 그녀는 한국어로 연설을 하였다. 박 장로도 짧은 연설을 하였고,

멘지스와 함께 졸업증과 상품을 주었다. 분홍색 상의와 파란 치마를 입은 4명의 졸업생은 리본이 있는 졸업장을 들고 박 장로 앞에 섰다. 이 중의 한 명은 이미 결혼하였고, 나머지 3명은 교사의 자리를 확보하였다. 한 명은 맥피를 도우러 마산포로 간다. 한 가지 매우 대견한 것은 이 학생들은 고향의 교회 후원에 감사하여 작은 선물을 여러분께 보낸다는 것이다.

부산진, 3월 31일.
('더 크로니클', 1913 07 01, 4)

*부산진일신여학교 첫 졸업생 4명의 명단: 문순검, 양귀암, 방달순, 박덕술

32. 산속의 가난한 교회

전도부인과 나는 지난 화요일 산에 있는 마을을 향해 떠났다. 그러나 기대하였던 것처럼 그곳에 도착하지 못하였다. 우리는 온천장에서 작은 기차에서 내렸는데 나의 침구는 동래역에서 내린 실수를 한 것이다. 또 비가 많이 내려 전도부인과 짐꾼과 나는 급하게 상의하여 다시 돌아가기로 하였다.

다음 날 우리는 다시 출발하였다. 역에 가보니 같은 낡은 기차가 기다리고 있었다. 돌아올 때는 같은 기차를 타지 않아 반갑다…. 우여곡절 끝에 우리는 두 시간을 걸어 산으로 올라갔고, 그곳에서 작은 예배당을 찾았다. 그곳 여성들은 매우 가난하여 일하느라 며칠씩 성경공부를 할 수 없었다. 그래서 전도부인과 나는 그들의 집을 방문하였다. 얼마나 가난하던가! 하루하루를 어떻게 살 수 있는지 모를 정도였다.

교회의 지도자는 어젯밤 기도회를 인도할 수 없었는데, 적당히 입을 옷이 없었기 때문이었다. 그는 사업에 실패하여 빚더미 위에 올랐고, 집 안의 모든 물건을 판 것이다. 심지어 가마솥까지 팔았다고 한다. 한국인이 이것 없

이 어떻게 밥을 해 먹을 수 있을까. 그럼에도 그는 가정과 교회를 위하여 최선을 다하고 있다.

우리는 그를 위한 옷을 구할 수 있었다. 그의 아내가 토요일 장마당에 갔다가 오후에 돌아왔다. 그리고 저녁 식사 후에 성경반에 왔다. 남편은 새 옷을 입고 와 예배를 인도하였다. 그는 키도 크다! 그녀의 남편을 위하여 빅토리아의 여성들이 무엇을 할지 기대된다. 홍 씨와 같이 좋은 옷을 입을 수 있기를 바란다.

이곳에서 우리는 5일간의 성경반을 마치고 새벽에 산에서 내려왔다. 눈이 녹아 산길은 진흙 길이었다. 우리의 정기 성경반에 참석하지 못하는 여성들을 위하여 이들을 좀 더 자주 방문해야 하겠다.

새해 초에도 성경반으로 바빴다. 부산진에서 열린 반에 외국인 여성 교사가 모두 다섯 명이었다. 각자의 분야가 다 있었다. 부산진 성경반 후에 나는 미국선교회 지경인 밀양으로 가 이곳 출신 여성 두 명의 반을 지원할 계획이다. 그곳에는 비교적 좋은 숙소가 있으므로 그곳 여성들과 유익한 시간을 가질 수 있을 것이다.

그 후 4월 중순에 열리는 기장, 언양 그리고 울산의 여성성경반을 지도할 것이다. 기억하였다가 꼭 기도해 달라. 4월 15일부터 6월 15일까지이다.

산성, 1월 16일.

('더 크로니클', 1914 04 01, 3)

33. 요양원의 성탄절

나환자들을 위한 성탄 선물은 그들뿐만 아니라 우리도 즐겁게 한다. 성탄 이브 날에 나는 맥켄지 부인에게 갔다. 우리는 다음 날 나누어줄 선물을 포장하였다. 요양원에는 72명이 있고, 요양원 밖에는 더 많은 사람이 있다. 성탄절 날씨는 참 좋았다. 아마 이곳에 있는 동안 제일 따뜻했던 것 같다.

요양원 배가 아침 10시에 오기로 했지만, 우리는 걷기로 했다. 배가 시간을 잘 못 맞추기 때문이다. 역시 우리가 요양원에 도착할 때쯤 배가 도착하였다. 먼저 우리는 예배를 드렸는데 멕켄지가 인도하고 그의 한국어 교사가 설교하였다. 원생 모두 참석하였고 깨끗한 옷을 입고 있어 다르게 보였다. 많이 아픈 환자들도 다 왔는데, 죽음이 가까운 소녀도 참석하였다. 그녀는 안타깝게 다음 날 사망하였다. 나의 여성들은 마리아의 감사기도를, 남성들은 스가랴의 예언을 암송하였다. 그리고 여성들이 찬송하였다.

그 후 여러분이 보낸 성탄 선물을 나누어주었다. 맥켄지는 남자 칸에서 나는 여자 칸에서 각각 나누어주었다. 여성들은 따뜻한 목도리를 받았고, 남성들은 손수건을 받았다. 나는 봉지에 손수건과 장갑 그리고 향 주머니를 담아 소녀와 여성들에게 주었다. 라벤더 주머니가 충분치 않아 나이든 여성들에게만 돌아갔다. 모두 자신의 선물에 만족하며 즐거워하였다. 여러분이 이 모습을 보았더라면 좋았을 것이다. 그러나 나는 그 모습이 보기 힘들다. 계속 기억하기는 어려운 장면이다….

그 후 그들은 커튼으로 나뉜 남녀 자신들의 공간에서 게임을 하며 놀았다. 이날 저녁 나는 동래에 가기로 약속하였기에 흥겹게 노는 중에 나와야 하였다. 이들이 잠시나마 육체적인 아픔을 잊고 즐겁게 노는 모습에 나는 격려되었다. 저녁에 이들은 특별 식사를 할 것이다. 이들을 후원하는 고향의 여러분께 감사한다. 나환자를 위한 사역은 매우 힘들다. 그러나 그들에게 뭔가 줄 수 있어 좋고, 그것으로 그들은 위로받고 기뻐한다.

('더 크로니클', 1914 07 01, 3)

34. 병영의 여성들

첫 가을 성경반이 울산과 언양에서 열렸다. 나는 작은 해안 기선을 타고 그곳으로 올라갔다. 나와 함께 다니던 조력자 정백명이 그리웠다. 그녀는 얼마 전 은퇴하였다. 순회의 짐을 꾸려서 다니는 것은 생각보다 복잡하여 혼자 하기는 어렵다….

4시간 반 후 나는 배에서 내려 버스를 타고 8마일 정도를 더 갔다. 그곳에서 나의 짐을 옮겨줄 짐꾼을 기다리고 있는데 큰 모자를 쓴 한 여성이 급하게 나에게 다가왔다. 그녀는 최근 기독교인이 된 그곳 관원의 아내였다. 그녀는 나를 환영하며 기쁘게 안내하였다.

피영에서의 성경반은 6일 동안 계속되었다. 우리는 즐거운 시간을 함께 가졌다. 75명이 등록하였고, 50~60명이 매일 참석하였다. 이 반과 다음 반은 지금까지의 성경반 중에 아주 좋은 반이었다. 지난번 노력이 이렇게 열매를 맺고 있어 나는 많은 격려를 받았다.

많은 여성이 자신의 신앙으로 인하여 심한 고난을 받고 있다. 어떤 이는 집에서 쫓겨나기도 하였다. 아무리 마음이 강한 사람도 이들의 이야기를 들으면 눈물이 날 것이다. 어떤 여성은 남편의 반대에도 불구하고 성경반에 계속 나왔다. 남편은 가정을 부수겠다고 하며 화를 내었다. 그때 그녀는 말하였다. "당신은 육신의 필요로 밖에 나가지만, 나는 영적인 필요를 채우러 나가는데 왜 막습니까?"

세 명의 관원 아내의 방문이 있었다. 그중 두 명은 언양의 성경반에 참석하였는데, 울산으로 이직을 한 것이다. 그들은 이곳에서 교회를 다니고 있다. 높은 관원의 아내가 작은 서양 여성과 오르간을 보려고 교회를 처음 방문한 이야기를 여러분은 들었을 것이다. 그 후 그녀는 기독교인이 되었고, 자신의 신분을 이용하여 다른 관원들의 아내에게도 영향을 끼치고 있다.

이 새 지역에 많은 일이 기다리고 있다. 어떤 지역은 여성 선교가 시작되지도 않았다. 나는 마치 나 자신이 멀리서 전쟁의 냄새를 맡고 달려가는 말과 같이 느껴진다. 며칠 후에 김해에서 첫 성경반이 열릴 것이다. 멘지스는 나와 함께 가기를 기대하였지만 나는 갈 수 없어 알렉산더와 갈 것이다.

요양원의 이분이에 관한 소식을 여러분은 들었을 것이다. 그녀에게 나병이 다시 돌아왔다. 그녀가 그곳의 여성과 소녀들을 가르치고 있으며, 봉급을 받으며 결국 나의 역할을 떠맡을 것이었다. 나는 이제 예전처럼 그곳에 정기적으로 가지 않는다. 때로 분이와 전도부인이 일을 잘하는지 보러 간다.

맥켄지의 사택 건축이 잘 진행되고 있다. 계약된 대로 완공될 수 있을 것 같다. 그러면 아마 우리는 미우라학원과 학교 사이에 있는 멘지스의 집에 다시 머물 것 같다.

부산진, 11월 16일.

('더 크로니클', 1915 02 01, 3)

35. 약혼한 니븐

니븐이 라이트 목사와 약혼하였다는 소식을 전해 왔다. 그리고 그녀는 사표를 제출하였다. 그동안 그녀의 훌륭한 선교 활동에 감사하며 축하하기로 동의하다. 그리고 아쉽지만, 그녀의 사표를 받기로 하다.

해외 선교 총무 캠벨

('더 크로니클', 1915 04 01, 8)

36. 결혼 선물

자신의 결혼을 축하하여 감사하다는 니븐의 편지를 읽다. 해밀톤 여사는 니븐이 성취한 일을 매우 높게 평가하였다. 여선교연합회가 지급하는 생명보험을 결혼 선물로 1916년 말까지 내기로 하다. 9월 말 니븐이 결혼하면 로란드 여사가 다시 한번 보고하기로 하다.

해외 선교 총무
('더 크로니클', 1915 07 01, 7)

*엘리스 니븐은 알버트 라이트의 부인으로 부산에서 계속 봉사하다 건강이 나빠져 1927년 한국에서 운명하였다.